股权搭建“税务+法律”风险破局

肖太寿　钟天宁　周桂玲　著

中国财经出版传媒集团
中国财政经济出版社
北京

图书在版编目(CIP)数据

股权搭建“税务+法律”风险破局 / 肖太寿，钟天宁，周桂玲著．-- 北京：中国财政经济出版社，2025．5．--ISBN 978-7-5223-3949-8

Ⅰ．D922.220.4

中国国家版本馆CIP数据核字第20256LC919号

责任编辑：孙丛丛　　责任校对：张　凡

封面设计：MX DESIGN STUDIO Q:1765628429　　责任印制：史大鹏

股权搭建“税务+法律”风险破局

GUQUAN DAJIAN “SHUIWU+FALǙ” FENGXIAN POJU

中国财政经济出版社 出版

URL：http：//www.cfeph.cn

E-mail：cfeph @cfemg.cn

社址：北京市海淀区阜成路甲28号　邮政编码：100142

营销中心电话：010-88191522

天猫网店：中国财政经济出版社旗舰店

网址：https：//zgczjjcbs.tmall.com

北京中兴印刷有限公司印刷　各地新华书店经销

成品尺寸：170mm×240mm　16开　17.5印张　250 000字

2025年5月第1版　2025年5月北京第1次印刷

定价：98.00元

ISBN 978-7-5223-3949-8

（图书出现印装问题，本社负责调换，电话：010-88190548）

本社图书质量投诉电话：010-88190744

打击盗版举报热线：010-88191661　QQ：2242791300

PREFACE

前　言

企业股权搭建实操业务是一项系统工程，存在不少“税务+法律”风险。股权搭建必须要实现两个目标：一是原始股东或原始创始人紧紧掌握公司的控制权；二是依托于原始股东不丧失公司控制权的前提下，实现公司合法合理纳税，降低税收风险，提升企业税收安全的目标。因此，股权搭建的逻辑思路：第一，必须遵循《公司法》、公司章程和税法相互融合的法律保障前提下，策划企业股权架构的布局；第二，企业股权布局全过程中必须贯彻“原始股东不丧失公司控制权”；第三，股权布局必须控制税收风险，合法纳税。

为了提高广大企业的老板和财务负责人对企业自身“税务+法律”风险的管控能力，笔者结合自己多年在税务实践中的职业经验和对国家最近颁布的新税收政策的研究，特意编写这本**《股权搭建“税务+法律”风险破局》**，以供大家参考。

本书从篇章结构来看，主要分为五章：股权搭建中的“税务+法律”风险；股权搭建“法律风险”破局：掌握公司控制权；股权搭建“税务+法律”风险破局：商法融合思维；股权搭建“税务+法律”风险破局：股权布局控税；股权搭建“税务+法律”风险破局：以增资扩股方式引进新投资者。

第一章：股权搭建中的“税务+法律”风险。

本章主要介绍：企业股权搭建中存在以下四方面的“税务+法律”风险：一是个人股东直接持有公司股权要承担较重的税收负担，承担连带法律责任。二是认缴出资股东在5年出资期限内未缴足资本面临四项法律风险：

被债权人要求认缴出资加速到期；认缴出资股东在认缴期届满前转让股权，在未履行出资范围内承担连带责任；应当承担赔偿责任；将丧失其未缴纳出资的股权。三是"人格混同"导致公司债权人追究股东、关联公司承担连带赔偿责任。四是股权配置比例不当导致原始创始人失去公司控制权。

第二章：股权搭建"法律风险"破局：掌握公司控制权。

本章主要详细介绍企业股权搭建中存在的"法律风险"：主要集中于公司原始创始人或原始股东失去公司的控制权。为了让原始股东或原始创始人永远掌握公司的控制权，必须活学活用以下三方面掌握公司控制权的秘诀：一是**设计掌握公司控制权的最优股权比例；二是设计三层股权架构；三是通过"三大工具、六大策略"掌握公司控制权**。其中"三大工具"是指：股东协议、公司章程、股东会和董事会，这"三大工具"中最重要的工具是公司章程。通过公司章程的巧妙设计，分别从**股权层面、股东会层面、董事会层面、董事长层面、管理（CEO）层面、法定代表人层面**等六大策略上进行股权布局搭建，实现原始股东牢牢掌握公司的控制权。

第三章：股权搭建"税务+法律"风险破局：商法融合思维。

所谓的"商法融合"，是指企业发生的各项商业活动，必须在国家法律的合法框架下，将法律与商业活动完美协调统一起来，规避法律风险，实现商业价值和社会价值一致的企业管理实践活动。在企业股权架构实践当中，商法融合主要体现为商事组织法与税法或税收政策的相互融合。具体体现在两个方面：一方面是**《民法典》《个人独资企业法》《合伙企业法》与税法的融合**；另一方面是**《公司法》与税法的相互融合**。

本章主要分析三种常用的股权架构主体的税负，从税负的角度分析公司创始人、财务投资者应如何选择公司主体股权架构。基于三种常用的股权架构主体的税负分析，以**《公司法》与税法的相互融合为切入点**，重点分析"定向分红"和限制性股权转让的商法融合思维。

第四章：股权搭建“税务 + 法律”风险破局：股权布局控税。

所谓的“股权布局控税”，是指企业通过公司股权架构设计，既实现原始股东（创始人）紧紧掌握公司控制权，又实现合法节税和股权激励目标的一种股权安排策略。“股权布局控税”既必须遵循“**既不丧失公司控制权又合法控税**”的新思维，又遵循以下股权搭建的逻辑思路：第一，必须遵循《公司法》、公司章程和税法相互融合的法律保障前提下，策划企业股权架构的布局；第二，企业股权布局全过程必须贯彻“原始股东不丧失公司控制权”；第三，股权布局必须控制税收风险，合法纳税。因此，“股权布局控税”是指在合法的法律框架下进行的“**既不丧失公司控制权又合法控税**”的企业股权搭建策略。

第五章：股权搭建“税务 + 法律”风险破局：以增资扩股方式引进新投资者。

企业引进新的投资者经常面临两种方式：一是股权转让方式；二是增资扩股方式。在以上两种引进新的投资者方式中，如果选择股权转让方式，则新股东的资金是支付给股东转让方，而且会涉及股权转让要缴纳所得税和印花税。如果选择增资扩股方式，则增资扩股方式不涉及任何税收问题，而且新投资者的投资资金是支付给被投资者企业，实现被投资者融资的目的。因此，企业在选择引进新的投资者时，优先选择增资扩股方式。

本书具有以下特点：

1. 内容具有新颖性和创新性。本书是基于《公司法》《合伙企业法》《民法典》《企业所得税法》及其实施条例、《个人所得税法》及其实施条例以及国家颁布的最新税收政策而编写的税务实践之书。巧妙地把最新税收政策应用到企业股权布局控税设计中，具有很强的新颖性和时代的创新性。

2. 实用性和操作性强。本书收集了较多的实例，特别是股权布局控税搭建的众多实例是笔者本人在长期税务咨询实践中收集的真实案例，方便读者阅读后了解怎样在税务实务中处理各类业务中存在的可能涉税风险点，富有实际操作性和可行性。

希望本书能够成为各大律师事务所、会计师事务所、税务师事务所、财税咨询公司、企业管理咨询公司等财税中介机构，各地税务干部、财务总监、财务部经理、企业家或老板的培训教材，也可以成为广大教师、科研人员、税务机关工作人员、税务师、注册会计师和税务律师的参考用书。

由于时间仓促，书中错误之处在所难免，敬请读者谅解！

肖太寿

2025年3月于北京

CONTENTS

目 录

第三章
股权搭建“税务+法律”风险破局：商法融合思维 / 108

第五章 股权搭建“税务+法律”风险破局：以增资扩股方式引进新投资者 / 243

第一章

股权搭建中的“税务+法律”风险

企业股权搭建中存在不少“税务+法律”风险，概括而言，主要有以下四方面：一是个人股东直接持有公司股权要承担较重的税收，承担连带法律责任；二是认缴出资股东在5年出资期限内未缴足资本面临四项法律风险：被债权人要求认缴出资加速到期、认缴出资股东转让股权在未履行出资范围内承担连带责任，应当承担赔偿责任、将丧失其未缴纳出资的股权；三是“人格混同”导致公司债权人要求股东、关联公司承担连带赔偿责任；四是股权配置比例不当导致原始创始人失去公司控制权。

第一节　自然人直接持有公司股权的法律、税务风险

个人持有公司股权是指个人股东投资设立一家实体经营活动的公司时，直接持有该实体公司的股权。根据《公司法》和《个人所得税法》及相关法律法规的规定，个人直接持有公司股权存在一定的财务、税务和法律风险，具体分析如下。

（一）自然人直接持有公司股权的法律风险：对公司债务承担连带责任

1.不能证明公司财产独立于股东自己财产的，应当对公司债务承担连带责任

根据《中华人民共和国公司法》（以下简称《公司法》）第二十三条第三款的规定：“只有一个股东的公司，股东不能证明公司财产独立于股东自己

的财产的，应当对公司债务承担连带责任。”根据此条法律规定，如果只有一个自然人股东或只有两夫妻股东的有限责任公司，该股东不能证明公司财产独立于股东自己的财产的，应当对公司债务承担连带责任。

2.个人股东与公司存在人格混同，则对公司债务承担连带责任

《公司法》第二十一条规定：“公司股东应当遵守法律、行政法规和公司章程，依法行使股东权利，**不得滥用股东权利损害公司或者其他股东的利益。**

公司股东滥用股东权利给公司或者其他股东造成损失的，应当承担赔偿责任。”

《公司法》**第二十三条**规定：“公司股东滥用公司法人独立地位和股东有限责任，逃避债务，严重损害公司债权人利益的，应当对公司债务承担连带责任。股东利用其控制的两个以上公司实施前款规定行为的，各公司应当对任一公司的债务承担连带责任。”

如何理解“滥用行为”？根据《全国法院民商事审判工作会议纪要》（法〔2019〕254号，以下简称《九民纪要》）第二条第（四）项的规定，“滥用行为”，在实践中常见的情形有**人格混同、过度支配与控制**[①]**、资本显著不足**[②]等。

① 《九民纪要》第二条第（四）项第11点规定：公司控制股东对公司过度支配与控制，操纵公司的决策过程，使公司完全丧失独立性，沦为控制股东的工具或躯壳，严重损害公司债权人利益，应当否认公司人格，由滥用控制权的股东对公司债务承担连带责任。实践中常见的情形包括：（1）母子公司之间或者子公司之间进行利益输送的；（2）母子公司或者子公司之间进行交易，收益归一方，损失却由另一方承担的；（3）先从原公司抽走资金，然后再成立经营目的相同或者类似的公司，逃避原公司债务的；（4）先解散公司，再以原公司场所、设备、人员及相同或者相似的经营目的另设公司，逃避原公司债务的；（5）过度支配与控制的其他情形。控制股东或实际控制人控制多个子公司或者关联公司，滥用控制权使多个子公司或者关联公司财产边界不清、财务混同，利益相互输送，丧失人格独立性，沦为控制股东逃避债务、非法经营，甚至违法犯罪工具的，可以综合案件事实，否认子公司或者关联公司法人人格，判令承担连带责任。

② 《九民纪要》第二条第（四）项第12点规定：资本显著不足指的是，公司设立后在经营过程中，股东实际投入公司的资本数额与公司经营所隐含的风险相比明显不匹配。股东利用较少资本从事力所不及的经营，表明其没有从事公司经营的诚意，实质是恶意利用公司独立人格和股东有限责任把投资风险转嫁给债权人。由于资本显著不足的判断标准有很大的模糊性，特别是要与公司采取“以小博大”的正常经营方式相区分，因此在适用时要十分谨慎，应当与其他因素结合起来综合判断。

《九民纪要》第二条第（四）项第12点规定：“认定公司人格与股东人格是否存在混同，最根本的判断标准是公司是否具有独立意思和独立财产，最主要的表现是公司的财产与股东的财产是否混同且无法区分。**在认定是否构成人格混同时，应当综合考虑以下因素：**

（1）股东无偿使用公司资金或者财产，不作财务记载的；

（2）股东用公司的资金偿还股东的债务，或者将公司的资金供关联公司无偿使用，不作财务记载的；

（3）公司账簿与股东账簿不分，致使公司财产与股东财产无法区分的；

（4）股东自身收益与公司盈利不加区分，致使双方利益不清的；

（5）公司的财产记载于股东名下，由股东占有、使用的；

（6）人格混同的其他情形。

在出现人格混同的情况下，往往同时出现以下混同：**公司业务和股东业务混同；公司员工与股东员工混同，特别是财务人员混同；公司住所与股东住所混同。**人民法院在审理案件时，关键要审查是否构成人格混同，而不要求同时具备其他方面的混同，其他方面的混同往往只是人格混同的补强。”

3.按照注册资本认缴制而设立公司的个人股东，未履行或者未全面履行出资义务，则对公司债务承担连带责任

（1）**“未履行或者未全面履行出资义务”的司法界定。**

《九民纪要》第二条第（二）项第6点规定：“在注册资本认缴制下，股东依法享有期限利益。债权人以公司不能清偿到期债务为由，请求未届出资期限的股东在未出资范围内对公司不能清偿的债务承担补充赔偿责任的，人民法院不予支持。但是，下列情形除外：①公司作为被执行人的案件，人民法院穷尽执行措施无财产可供执行，已具备破产原因，但不申请破产的；②在公司债务产生后，公司股东（大）会决议或以其他方式延长股东出资期限的。”

基于以上法律规定和全国司法判例结论，所谓的“股东未履行或者未全

面履行出资义务”是指在公司章程约定的注册资本认缴期限届满以后，股东对其认缴的注册资本未缴足的行为。反之，股东在公司章程约定的注册资本认缴期限未届满之前，未缴足其认缴的注册资本，不属于“股东未履行或者未全面履行出资义务”。

（2）注册资本**认缴股东对企业无力偿还的债务，在公司章程约定的注册资本认缴期限届满之前，股东不承担赔偿责任。**

《公司法》**第四条**规定：“有限责任公司的股东以其认缴的出资额为限对公司承担责任；股份有限公司的股东以其认购的股份为限对公司承担责任。”第四十九条规定：“股东应当按期足额缴纳公司章程规定的各自所认缴的出资额。”

根据《九民纪要》第二条第（二）项第6点的规定，除了前述两种规定情形以外，在公司章程约定的注册资本认缴期限未届满之前，未缴足注册资本的股东，不承担公司无力偿还债务的责任。

基于以上法律规定，“有限责任公司的股东以其认缴的出资额为限对公司承担责任”的前提条件是：股东在公司章程约定的注册资本认缴期限5年已经届满以后。因此，认缴出资的股东对企业无力偿还的债务，在公司章程约定的注册资本认缴期限5年届满之前，不承担赔偿责任。

（3）**“未履行或者未全面履行出资义务”（在公司章程约定的注册资本认缴期限5年届满，仍然未缴足认缴注册资本）股东的法律风险：在未出资本息范围内对公司债务不能清偿的部分承担补充赔偿责任。**

《最高人民法院关于适用〈中华人民共和国公司法〉若干问题的规定（三）》（法释〔2014〕2号）**第十三条第二款规定：**“公司债权人请求未履行或者未全面履行出资义务的股东在未出资本息范围内对公司债务不能清偿的部分承担补充赔偿责任的，人民法院应予支持；未履行或者未全面履行出资义务的股东已经承担上述责任，其他债权人提出相同请求的，人民法院不予支持。”基于此法律规定，如果注册资本认缴制公司的个人股东，在公司章程约定的注册资本认缴期限5年届满后，还未缴足注册资本，即该个人股东属于**“未履行或者未全面履行出资义务”，必须在未出资本息范围内对公司**

债务不能清偿的部分承担补充赔偿责任。

（4）**在公司章程约定的认缴出资期限5年届满前，未缴足注册资本的认缴股东发生股权转让的法律风险：对公司债务承担补充责任。**

《公司法》第八十八条第一款规定：“股东转让已认缴出资但未届出资期限的股权的，由受让人承担缴纳该出资的义务；受让人未按期足额缴纳出资的，转让人对受让人未按期缴纳的出资承担补充责任。”

（5）**在公司章程约定的认缴出资期限5年届满后，未缴足注册资本的认缴股东发生股权转让的法律风险：在出资不足的范围内承担连带责任。**

《公司法》第八十八条第二款规定：“未按照公司章程规定的出资日期缴纳出资或者作为出资的非货币财产的实际价额显著低于所认缴的出资额的股东转让股权的，**转让人与受让人在出资不足的范围内承担连带责任；受让人不知道且不应当知道存在上述情形的，由转让人承担责任。**”

根据《最高人民法院关于民事执行中变更、追加当事人若干问题的规定》第十九条的规定，“作为被执行人的公司，财产不足以清偿生效法律文书确定的债务，其股东未依法履行出资义务即转让股权，申请执行人申请变更、追加该原股东或依公司法规定对该出资承担连带责任的发起人为被执行人，在未依法出资的范围内承担责任的，人民法院应予支持。”

基于以上法律规定，在公司章程约定的注册资本认缴期限5年届满后，未缴纳或者未足额缴纳出资的股东转让股权后对公司债务仍要在其未依法出资的范围内承担法律责任，原股东向公司债权人承担法律责任后可依法向股权受让方追偿。

例如：2022年1月1日，自然人股东张某和李某共同认缴注册资本1000万元设立一家有限责任公司，公司章程约定的认缴注册资本认缴期限为公司注册成立后的3年内（注册资本认缴期限为2022年1月1日至2024年12月31日），张某占比50%，李某占50%。其中实缴注册资本20万元，张某和李某各自实缴10万元。3年后因经营过程中双方意见不合，李某以10万元将该公司50%股权转让给王某。股权转让后王某起诉法院，要求李某补齐认缴的500万元中欠缴的490万元。最后几轮判决法院终审判决王某胜诉。最后李某因不懂法律倒贴了490万元的教训。

（6）**公司申请破产时，认缴注册资本的股东，不受出资期限的限制，需加速实缴认缴的注册资本以便承担偿还债务。**

《中华人民共和国企业破产法》第三十五条规定：“人民法院受理破产申请后，债务人的出资人尚未完全履行出资义务的，管理人应当要求该出资人缴纳所认缴的出资，而不受出资期限的限制。”**《最高人民法院关于适用〈中华人民共和国公司法〉若干问题的规定（二）》（法释〔2008〕6号）**第二十二条规定，“公司解散时，**股东尚未缴纳的出资均作为清算资产**。股东尚未缴纳的出资包括到期应缴纳、未缴纳出资，以及**依照《公司法》第二十六条和第八十条的规定**分期缴纳尚未届满缴纳期限的出资。公司财产不足以清偿债务时，债权人主张未缴出资股东，以及公司设立时的其他股东或者发起人在未缴出资范围内对公司债务承担连带清算责任的，人民法院应依法予以支持。”

基于以上法律规定，企业因亏损债务无力偿还申请破产时，认缴股东作为连带责任人应加速实缴来承担偿还债务。

（7）**认缴出资的股东在公司章程约定的出资期限未届满前，将面临被债权人催缴出资的风险。**

《公司法》第五十四条规定：“公司不能清偿到期债务的，公司或者已到期债权的债权人有权要求已认缴出资但未届出资期限的股东提前缴纳出资。”基于此规定，自2024年7月1日之后新注册的公司，在公司章程中约定的股东出资认缴期限的5年之内，或者2024年6月30日之前注册的公司（简称为“存量公司”），在三年过渡期限内（自2024年7月1日至2027年6月30日），到市场监督管理局重新备案修改后的公司章程，修改后的公司章程中全体股东一致同意约定的股东出资期限调整到自市场监督管理局备案修改后的公司章程之日起的5年之内。只要存在股东已经认缴出资但未缴足注册资本的情况，公司债权人就完全有权利向未履行缴足注册资本的股东行使催缴出资权利。

（二）个人股东直接持有公司股权的税务风险：承担较重的税收

1. 自然人股东从直接持股的核心公司（被投资法人公司）分回的股息、红利等权益性投资收益必须依法按照20%的比例税率缴纳个人所得税

根据《中华人民共和国个人所得税法》第二条第（六）项和第三条的规定，利息、股息红利所得应当缴纳个人所得税，适用比例税率为20%。因此，如果自然人或个人作为创业公司或实业公司的股东，则自然人股东从创业公司或实业公司分配回来的股息、红利必须依法按照20%的比例税率缴纳个人所得税。

2. 自然人股东将直接持股的核心公司（被投资法人公司）的未分配利润转增资本必须依法按照20%的比例税率缴纳个人所得税

根据《国家税务总局关于进一步加强高收入者个人所得税征收管理的通知》（国税发〔2010〕54号）第二条第（二）项第1点的规定：“加强企业转增注册资本和股本管理，对以未分配利润、盈余公积和除股票溢价发行外的其他资本公积转增注册资本和股本的，要按照‘利息、股息、红利所得’项目，依据现行政策规定计征个人所得税。”

因此，自然人股东以核心公司（被投资法人公司）的未分配利润转增资本必须依法按照20%的比例税率征个人所得税。

3. 自然人股东从直接持股的核心公司（被投资法人公司）借钱消费超过一年未归还，必须依法按照20%的比例税率缴纳个人所得税

根据《财政部 国家税务总局关于规范个人投资者个人所得税征收管理的通知》（财税〔2003〕158号）第二条的规定：“纳税年度内个人投资者从其投资企业（个人独资企业、合伙企业除外）借款，在该纳税年度终了后既不归还，又未用于企业生产经营的，其未归还的借款可视为企业对个人投资者的红利分配，依照‘利息、股息、红利所得’项目计征个人所得税。”

另外，依据《国家税务总局关于印发〈个人所得税管理办法〉的通知》（国税发〔2005〕120号）规定：“加强个人投资者从其投资企业借款的管理，对期限超过一年又未用于企业生产经营的借款，严格按照有关规定征

税。”该规定是对“年度终了后不归还”的解释，即年度终了后不归还的借款是指期限超过一年又未用于企业生产经营的借款。

4.企业出资购买房屋及其他财产，将所有权登记为投资者个人、投资者家庭成员的，则依照20%股息红利计征个人所得税

根据《财政部 国家税务总局关于企业为个人购买房屋或其他财产征收个人所得税问题的批复》(财税〔2008〕83号)第一条、第二条的规定，企业出资购买房屋及其他财产，或企业投资者个人、投资者家庭成员向企业借款用于购买房屋及其他财产，将所有权登记到投资者个人、投资者家庭成员名下，不论所有权人是否将财产无偿或有偿交付企业使用，其实质均为企业对个人进行了实物性质的分配，应依法按照“利息、股息、红利”所得，以20%税率计征个人所得。

5.个人股东将直接持股核心公司的未分配利润用于投资形成的平行股权架构，必须视同先分配后投资，将承担缴纳20%个人所得税

如图1-1、图1-2所示：王秀梅是A公司的直接100%持股的股东，A公司目前有未分配利润5000万元，王秀梅计划将其中的2000万元未分配利润与王先生共同投资设立B公司，并在B公司占有20%的股权。在图1-1中，视同A公司向王秀梅分配利润，然后王秀梅将分配回来的未分配利润再投资到B公司名下。王秀梅必须按照20%的税率申报缴纳个人所得税。而在图1-2中，为了不缴纳个人所得税，王秀梅以A公司为投资主体设立B公司，让A公司和B公司形成母子公司架构，而无法形成平行股权架构。

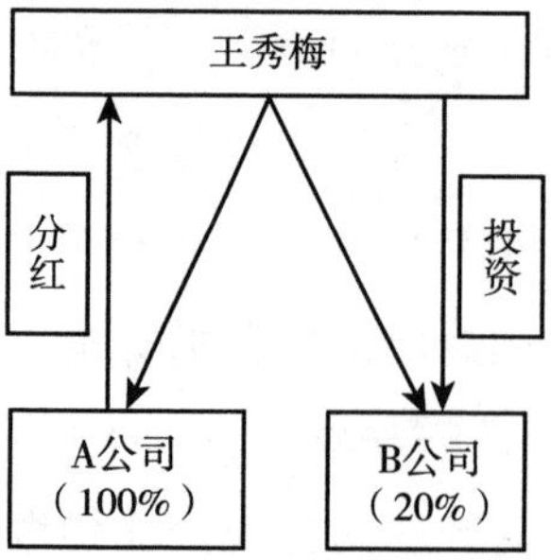

图1-1 再投资的股权架构1

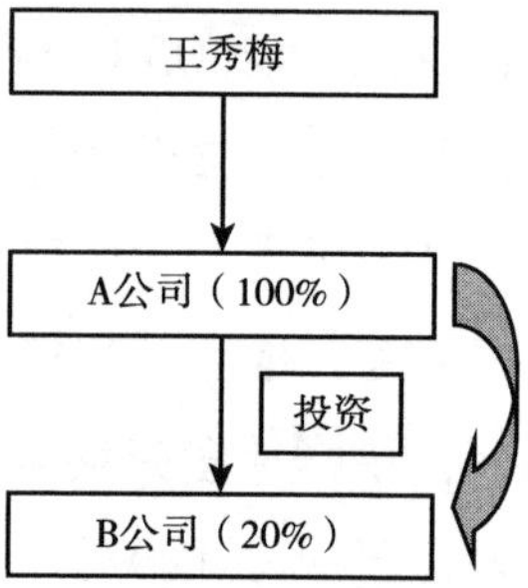

图1-2 再投资的股权架构2

6.个人持股的有限责任公司在上市前进行的“股改”，在净资产折股环节会产生个人所得税

有限责任公司在上市之前，必须改为股份有限公司，即“股份制改造”（简称“股改”）。在股改中有一个重要环节是“净资产折股”，其中包含了未分配利润和盈余公积转增注册资本。依据我国现有税法的规定，如果有限责任公司的股东是居民个人，净资产折股环节会产生个人所得税。

第二节 认缴出资股东在5年出资期限内未缴足资本的法律风险

（一）法律风险一：被债权人要求认缴出资加速到期

《公司法》第五十四条规定：“公司不能清偿到期债务的，公司或者已到期债权的债权人有权要求已认缴出资但未届出资期限的股东提前缴纳出资。”该条规定是为了保护公司债权人的利益，强化了认缴出资股东的法律责任。

（二）法律风险二：认缴出资股东转让股权在未履行出资范围内承担连带责任

《公司法》第八十八条规定：“股东转让已认缴出资但未届出资期限的股权的，由受让人承担缴纳该出资的义务；受让人未按期足额缴纳出资的，转让人对受让人未按期缴纳的出资承担补充责任。未按照公司章程规定的出资日期缴纳出资或者作为出资的非货币财产的实际价额显著低于所认缴的出资额的股东转让股权的，转让人与受让人在出资不足的范围内承担连带责任；受让人不知道且不应当知道存在上述情形的，由转让人承担责任。”基于以上法律规定，未履行出资义务的股东发生股权转让的情况下，股权转让人和受让人的出资责任区分为如下三种情况分别处理。

1.第一种情况：认缴出资股东在认缴出资期限未届满之前，转让股权的法律责任

认缴出资股东转让已认缴出资但未届出资期限的股权的，由受让人承担缴纳该出资的义务；只有在受让人未按期足额缴纳出资的情况下，转让人对受让人未按期缴纳的出资才承担补充责任。

【案例分析1：认缴出资股东在出资期限届满前未缴足资本而转让股权的法律责任】

（一）基本情况

1.甲公司有自然人股东A和法人股东B于2023年1月1日注册的有限责任公司，认缴出资资本5000万元，其中自然人股东A认缴注册资本2000万元，占股权比例40%，已经实缴了1000万元，法人股东B认缴注册资本3000万元，占股权比例60%，已经实缴了3000万元，《公司章程》约定的自然人股东A认缴注册资本的出资期限是2027年7月30日。

2. 2024年10月1日，自然人股东A将其在甲公司的40%股权全部转让给自然人股东C，自然人股东C没有完全继续履行自然人股东A认缴未缴纳的1000万元的出资义务，只缴纳了500万元出资，还有500万元出资没有缴纳。

3. 2026年7月，甲公司拖欠中国银行1亿元，没有能力偿还银行贷款，中国银行起诉甲公司，同时把原股权转让人自然人股东A一起作为被告，要求自然人股东A承担清偿债务500万元的连带法律责任。请问自然人股东A是否应承担清偿债务500万元的补充责任？

（二）法律分析

1.《公司法》关于“认缴出资股东转让股权”的规定及其法律分析

根据《公司法》第八十八条第一款规定，转让已认缴出资但未届出

资期限股权的股东（转让人），对受让人未按期缴纳的出资承担补充责任，必须同时满足以下两个条件：

第一个条件：股权转让人必须在《公司章程》中约定的出资期限未届满前发生的股权转让行为。

第二个条件：股权受让人在《公司章程》中约定的剩余出资期限已经届满后，没有继续履行原股权转让人未缴足的出资义务。

2.《九民纪要》关于“认缴出资股东享有期限利益”的规定及其法律分析

《九民纪要》第二条第（二）项第6点规定：**“在注册资本认缴制下，股东依法享有期限利益。债权人以公司不能清偿到期债务为由，请求未届出资期限的股东在未出资范围内对公司不能清偿的债务承担补充赔偿责任的，人民法院不予支持**。但是，下列情形除外：

第一，公司作为被执行人的案件，人民法院穷尽执行措施无财产可供执行，已具备破产原因，但不申请破产的；

第二，在公司债务产生后，公司股东（大）会决议或以其他方式延长股东出资期限的。”

基于《九民纪要》关于“认缴出资股东享有期限利益”的规定和全国司法判例结论，得出以下两点结论：

（1）所谓的“股东未履行或者未全面履行出资义务”是指在公司章程约定的注册资本认缴期限届满以后，股东对其认缴的注册资本未缴足的行为。反之，股东在公司章程约定的注册资本认缴期限未届满之前，股东未缴足其认缴的注册资本，不属于“股东未履行或者未全面履行出资义务”。

（2）注册资本认缴股东对企业无力偿还的债务，在公司章程约定的注册资本认缴期限届满之前，股东不承担赔偿责任。

3.认缴出资股东不享有出资期限利益的两种法定情形

《中华人民共和国企业破产法》第三十五条规定：“人民法院受理破产申请后，债务人的出资人尚未完全履行出资义务的，管理人应当要求该出资人缴纳所认缴的出资，而不受出资期限的限制。”《最高人民法院关于适用〈中华人民共和国公司法〉若干问题的规定（二）》第二十二条规定：“公司解散时，股东尚未缴纳的出资均应作为清算财产。股东尚未缴纳的出资，包括到期应缴未缴的出资，以及依照《公司法》第二十六条和第八十条的规定分期缴纳尚未届满缴纳期限的出资。”这两条规定的法理在于公司破产或解散清算后，主体资格将消灭，不能再作为权利主体向股东主张履行出资义务，如不适用加速到期规则，则事实上导致了股东能够逃避出资义务。

因此，在注册资本认缴制度下，**认缴出资股东不享有出资期限利益的两种法定情形是：**一是发生公司破产；二是出现公司解散清算。如果出现以上两种法定情形，无论企业公司章程中约定的认缴出资期限是否届满，未缴足认缴注册资本的股东，必须在其未缴足注册资本的范围内承担债务清偿责任。

4. 认缴出资股东“享有出资期限利益”不能作为裁判依据，应适用出资加速制度

《最高人民法院关于印发〈全国法院民商事审判工作会议纪要〉的通知》（法〔2019〕254号）规定：“纪要不是司法解释，不能作为裁判依据进行援引。”《中华人民共和国公司法》第四条规定：“有限责任公司的股东以其认缴的出资额为限对公司承担责任；股份有限公司的股东以其认购的股份为限对公司承担责任。”第四十九条规定：“股东应当按期足额缴纳公司章程规定的各自所认缴的出资额。”第五十四条规定：“公司不能清偿到期债务的，公司或者已到期债权的债权人有权要求已认缴出资但未届出资期限的股东提前缴纳出资。”

基于以上法律规定和法律分析，得出以下结论：在公司章程约定的注册资本认缴期限未届满之前，未缴足注册资本的股东，要承担公司无力偿还债务的责任。但是，有限责任公司的股东以其认缴的出资额为限对公司承担责任，公司不能清偿到期债务的，公司或者已到期债权的债

权人有权要求已认缴出资但未届出资期限的股东提前缴纳出资，在其未缴纳出资的范围内承担债务清偿责任。

5. 2024年7月1日之前，股东转让未届出资期限的股权，受让人未按期足额缴纳出资的，股权转让方不承担补充责任

《最高人民法院关于适用〈中华人民共和国公司法〉时间效力的若干规定》（法释〔2024〕7号）第四条规定：“公司法施行前的法律事实引起的民事纠纷案件，当时的法律、司法解释没有规定而公司法作出规定的下列情形，适用公司法的规定：（一）股东转让未届出资期限的股权，受让人未按期足额缴纳出资的，关于转让人、受让人出资责任的认定，适用公司法第八十八条第一款的规定。”

但是《最高人民法院关于〈中华人民共和国公司法〉第八十八条第一款不溯及适用的批复》（法释〔2024〕15号）明确规定：“2024年7月1日起施行的《中华人民共和国公司法》第八十八条第一款仅适用于2024年7月1日之后发生的未届出资期限的股权转让行为。对于2024年7月1日之前股东未届出资期限转让股权引发的出资责任纠纷，人民法院应当根据原公司法等有关法律的规定精神公平公正处理。本批复公布施行后，最高人民法院以前发布的司法解释与本批复规定不一致的，不再适用。”

基于以上法律规定，2024年7月1日之前，**股东转让未届出资期限的股权，受让人未按期足额缴纳出资的，股权转让方不承担补充责任。2024年7月1日之后发生的**未届出资期限的股权转让行为，受让人未按期足额缴纳出资的，转让人对受让人未按期缴纳的出资承担补充责任。

（三）分析结论

1. 甲公司不需要调整注册资本的认缴期限

由于甲公司是2024年7月1日之前注册的老公司（或称为“存量公司”），且其《公司章程》约定的自然人股东A认缴注册资本的出资期限

截至2027年7月30日，小于5年期限，根据《国务院关于实施〈中华人民共和国公司法〉注册资本登记管理制度的规定》（国务院令第784号）第二条的规定，甲公司不需要调整注册资本的认缴期限。

2. 自然人股东C承担继续履行自然人股东A未出资部分的缴纳义务

由于自然人股东A转让股权给自然人股东C发生的时间是2024年10月1日，即在甲公司的《公司章程》约定的截止出资期限（2027年7月30日）未届满之前发生的股权转让行为。自然人股东A未缴足的1000万元认缴注册资本，根据《中华人民共和国公司法》第八十八条第一款规定，由自然人股东C承担履行出资义务。

3. 自然人股东A要承担500万元偿还债务的补充责任

本案例中的甲公司拖欠中国银行的贷款是发生在《公司章程》约定的剩余出资期限之内的民事行为。自然人股东C没有履行出资500万元的义务是发生在《公司章程》约定的出资期限未届满之前，虽然根据《九民纪要》第二条第（二）项第6点的规定，自然人股东C享有出资期限利益，不承担赔偿法律责任，但是《最高人民法院关于印发〈全国法院民商事审判工作会议纪要〉的通知》规定：“纪要不是司法解释，不能作为裁判依据进行援引。”而且《中华人民共和国公司法》第五十四条规定：“公司不能清偿到期债务的，公司或者已到期债权的债权人有权要求已认缴出资但未届出资期限的股东提前缴纳出资。”

因此，中国银行起诉甲公司偿还贷款1亿元，对甲公司以其公司法人财产不足偿还之后剩下的债务，中国银行有权要求已认缴出资但未届出资期限的自然人股东C提前缴纳出资承担500万元的连带法律责任。同时根据《最高人民法院关于适用〈中华人民共和国公司法〉时间效力的若干规定》第四条第（一）项的规定，自然人股东A也要承担500万元偿还债务的补充责任。

【案例分析2：数次转让未实缴资本股权，出让人对公司债务不承担义务的法律分析】

（一）基本情况

1. 仁和有限责任公司（简称“仁和公司”）成立于2007年6月，原注册资本10万元，发起人股东为蔡某（认缴出资3万元）、徐某（认缴出资7万元）。

2. 2016年4月，蔡某、徐某分别将其股权转让给张某、王某。张某、王某形成新的股东会决议，将公司注册资本增至500万元，其中张某认缴出资150万元，王某认缴出资350万元，出资期限均为2027年6月。此后，仁和公司注册资本增至3000万元，其中张某认缴出资900万元，王某认缴出资2100万元，出资期限均为2027年6月。

3. 2018年10月，王某将其2100万元股权转让给钱某。2018年11月的公司章程载明，张某认缴出资900万元，钱某认缴出资2100万元，出资期限均为2027年6月。

4. 2019年6月，张某将其900万元股权转让给李某。同月的公司章程载明，李某认缴出资900万元，钱某认缴出资2100万元，出资期限均为2027年6月。2019年7月，李某将其900万元股权转让给赵某。同月的公司章程载明，赵某认缴出资900万元，钱某认缴出资2100万元，出资期限均为2027年6月。

5. 2019年8月，赵某将其900万元股权转让给钱某，钱某成为仁和公司唯一股东。同日，钱某作出股东决定，修改公司章程，将股东认缴出资期限修改为2029年7月。

以上股权转让的流程和股权架构如图1–3所示。

由于仁和公司欠款3000万元无力偿还，债权人孙某将公司历史股东张某、王某、李某、赵某、钱某追加为被执行人。请问历史股东张某、王某、李某、赵某、钱某该不该承担3000万元的偿还债务的法律责任？

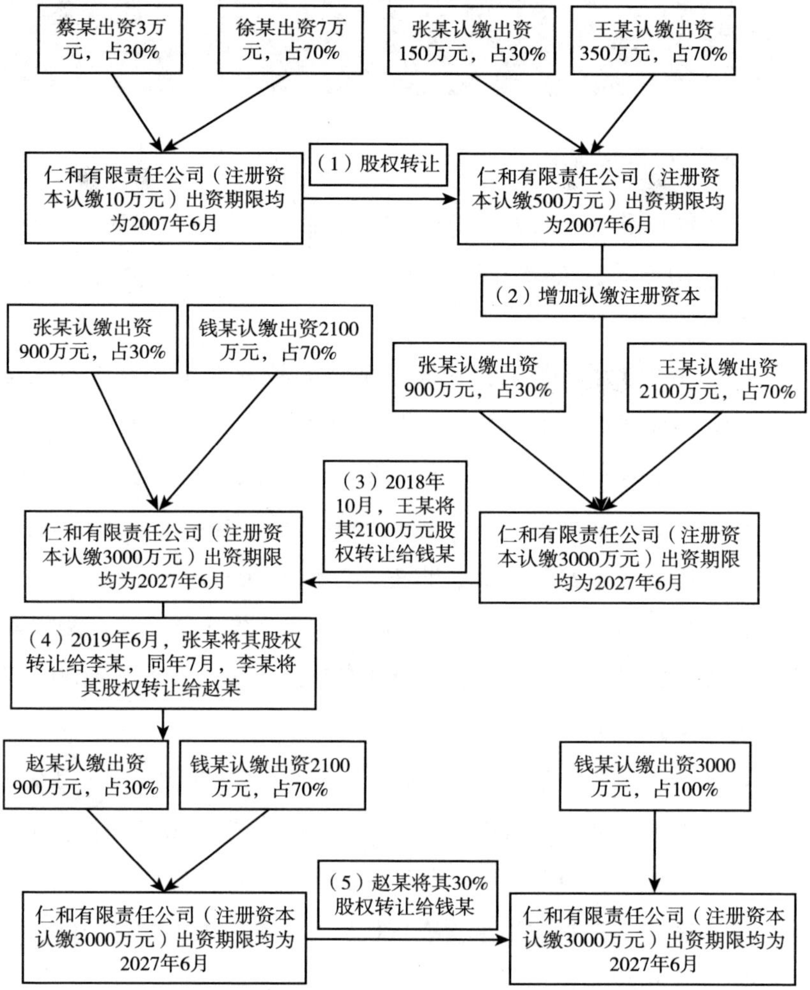

图1-3 股权转让流程及其股权架构

（二）法律分析

1.法律依据

《公司法》第四十九条第一款规定：“股东应当按期足额缴纳公司章程规定的各自所认缴的出资额。”第八十八条第一款规定：“股东转让已认缴出资但未届出资期限的股权的，由受让人承担缴纳该出资的义务；受让人未按期足额缴纳出资的，转让人对受让人未按期缴纳的出资承担补充责任。”《最高人民法院关于适用〈中华人民共和国公司法〉时间效力的若干规定》（法释〔2024〕7号）第四条规定：“公司法施行前的法律事实引起的民事纠纷案件，当时的法律、司法解释没有规定而公司法作出规定的下列情形，适用公司法的规定。”即2024年7月1日之前发生的股权转让行为，如果股东转让未届出资期限的股权，受让人未按期足额缴纳出资的，关于转让人、受让人出资责任的认定，适用《中华人民共和国公司法》第八十八条第一款的规定。但是《最高人民法院关于〈中华人民共和国公司法〉第八十八条第一款不溯及适用的批复》（法释〔2024〕15号）明确规定：“2024年7月1日起施行的《中华人民共和国公司法》第八十八条第一款仅适用于2024年7月1日之后发生的未届出资期限的股权转让行为。对于2024年7月1日之前股东未届出资期限转让股权引发的出资责任纠纷，人民法院应当根据原公司法等有关法律的规定精神公平公正处理。本批复公布施行后，最高人民法院以前发布的司法解释与本批复规定不一致的，不再适用。”基于以上法律分析，2024年7月1日之前，股东转让已认缴出资但未届出资期限的股权的，由受让人承担缴纳该出资的义务；受让人未按期足额缴纳出资的，转让人对受让人未按期缴纳的出资不承担补充责任。

2.分析结论

由于新修订的《中华人民共和国公司法》第八十八条规定不溯及既往，即对新修订的公司法施行之后发生的有关行为或者法律事实具有法律效力，不溯及之前，所以债权人孙某追加被告张某、王某、李某、赵某、钱某为被执行人，缺乏法律依据，张某、王某、李某、赵某，不能就仁和公司的债务不能清偿的部分向债权人孙某承担补充责任，是完全合理合法。只能由钱某对不足部分承担补充责任。

2.第二种情况：认缴出资股东在认缴出资期限届满之后，转让股权的法律责任

已届出资期限，但转让人未按照公司章程规定的出资日期缴纳出资的情况下，认缴出资股东转让股权，转让人与受让人在出资不足的范围内承担连带责任，受让人不知道且不应当知道存在上述情形的，由转让人承担责任。

【案例分析3：认缴出资股东在出资期限届满后仍未缴足资本而转让股权的法律责任】

（一）基本情况

1. 甲公司为自然人股东A和法人股东B于2023年1月1日注册的有限责任公司，认缴出资资本5000万元，其中自然人股东A认缴注册资本2000万元，占股权比例40%，已经实缴了1000万元，法人股东B认缴注册资本3000万元，占股权比例60%，已经实缴了3000万元，《公司章程》约定的自然人股东A认缴注册资本的出资期限是2027年7月30日。

2. 2029年10月1日，自然人股东A将其在甲公司的40%股权全部转让给自然人股东C，自然人股东C不知道自然人股东A已经认缴未缴足注册资本的客观事实。

3. 2029年11月，甲公司拖欠中国银行1亿元，没有能力偿还银行贷款，中国银行起诉甲公司，同时把原股权转让人自然人股东A一起作为被告，要求自然人股东A承担清偿债务1000万元的连带法律责任。请问自然人股东A是否应承担清偿债务1000万元的法律责任？

（二）法律分析

1.《中华人民共和国公司法》的规定及其法律分析

《公司法》第八十八条第二款规定：“未按照公司章程规定的出资日期缴纳出资或者作为出资的非货币财产的实际价额显著低于所认缴的出资额的股东转让股权的，转让人与受让人在出资不足的范围内承担连带责任；受让人不知道且不应当知道存在上述情形的，由转让人承担责任。”基于此法律条款的规定，已认缴出资但已届满出资期限的股东（转让人）转让股权的，必须在出资不足的范围内承担连带责任。

2.自然人股东A承担1000万元偿还债务的法律责任

本案例中的甲公司拖欠中国银行的贷款是发生在甲公司的《公司章程》约定的截止出资期限（2027年7月30日）届满之后的民事行为。自然人股东C没有履行出资1000万元的义务是发生在甲公司的《公司章程》约定的出资期限届满之后，由于本案例中的自然人股东C不知道自然人股东A已经认缴未缴足注册资本的客观事实，根据《公司法》第八十八条第二款规定，自然人股东A必须在出资不足的1000万元范围之内承担偿还债务的法律责任。

3.第三种情况：出资的非货币财产的实际价额显著低于所认缴的出资额的股东转让股权的法律责任

在已出资的非货币财产的实际价额显著低于所认缴的出资额的股东转让股权的情况下，转让人与受让人在出资不足的范围内承担连带责任，受让人不知道且不应当知道存在上述情形的，由转让人承担责任。

（三）法律风险三：在认缴期限5年内未足额缴纳出资，应当承担赔偿责任

《公司法》第四十九条第一款和第三款规定：“股东应当按期足额缴纳公司章程规定的各自所认缴的出资额。”“股东未按期足额缴纳出资的，除应当向公司足额缴纳外，**还应当对给公司造成的损失承担赔偿责任。”**

基于此条规定，笔者特别提醒：新修订的《中华人民共和国公司法》将之前的“股东出资不足对股东承担违约责任”修订为“对公司承担赔偿责任”，强化股东出资责任。

《公司法》第五十条规定：“有限责任公司设立时，股东未按照公司章程规定实际缴纳出资，或者实际出资的非货币财产的实际价额显著低于所认缴的出资额的，**设立时的其他股东与该股东在出资不足的范围内承担连带责任。”**

【案例分析4：某公司因增资引入的股东在出资期限内未履行出资义务而承担赔偿责任】

（一）案情介绍

1.某公司（目标公司）注册地在新疆维吾尔自治区巴音郭楞蒙古自治州，5位股东全是自然人，注册资本为实缴人民币1200万元。

2.某公司（目标公司）增资前的股权结构如表1–1所示（按照出资比例配备股权比例）。

表1–1 某公司（目标公司）增资前的股权结构

股东姓名	实缴出资额（万元）	出资方式	股权比例（%）
吴先生	940	货币	78.33
黄先生	100	货币	8.33
张先生	100	货币	8.33
费先生	40	货币	3.33
李先生	20	货币	1.67

3.增资扩股方案。

（1）某公司（目标公司）准备通过增资扩股的形式，将某公司的注册资本由1200万元增加至1700万元，引进新的股东王先生。

（2）王先生本次增资价格，由某公司（目标公司）原各方自然人股东商议确定为：每单位注册资本为3元，王先生新出资1500万元，其中500万元计入某公司（目标公司）新增的注册资本，1000万元计入某公司（目标公司）资本公积。

（3）增资扩股完成后，各方同意修改某公司（目标公司）增资前的公司章程。

（4）各方同意，王先生将本协议约定的出资款1500万元，以现金方式付至某公司（目标公司）的账户。

4.增资后某公司（目标公司）的股权结构。

增资后，某公司（目标公司）的股权结构如表1–2所示。

表1–2 增资后的某公司（目标公司）的股权结构

股东姓名	实缴出资额（万元）	出资方式	股权比例（%）
吴先生	940	货币	55.29
王先生	500	货币	29.41
黄先生	100	货币	5.88
张先生	100	货币	5.88
费先生	40	货币	2.35
李先生	20	货币	1.18

5.增资后的某公司（目标公司）的董事会与监事会保持不变。

6.合同的效力。

本增资扩股协议在不与某公司（目标公司）的公司章程明文冲突的情况下，视为对目标公司股东权利和义务的解释，并具有最高效力。

7.增资扩股协议签署之日起90天内，王先生只支付500万元增资款，还剩下1000万元未在增资扩股协议签署之日起90天内到账，直到原股东起诉王先生之日已经两年了，王先生还未履行增资款的出资义务。某公司（项目公司）及其原5位股东（原告）起诉王先生（被告）未履行出资义务，要求王先生向某公司（项目公司）的原5位股东履行因未按时出资而承担的赔偿责任！

请分析本案例中的法律风险！

（二）法律依据分析

《公司法》第四十九条规定：“股东应当按期足额缴纳公司章程规定的各自所认缴的出资额。股东以货币出资的，应当将货币出资足额存入有限责任公司在银行开设的账户；以非货币财产出资的，应当依法办理其财产权的转移手续。股东未按期足额缴纳出资的，除应当向公司足额缴纳外，还应当对给公司造成的损失承担赔偿责任。”第五十条规定：“有限责任公司设立时，股东未按照公司章程规定实际缴纳出资，或者实际出资的非货币财产的实际价额显著低于所认缴的出资额的，设立时的其他股东与该股东在出资不足的范围内承担连带责任。”

基于以上法律条款的规定，涉案增资扩股协议对各方当事人均有法律约束力，被告王先生应当按照某公司（目标公司）的公司章程和增资扩股协议履行出资义务。对未履行出资的1000万元，必须履行出资义务。而且涉案增资扩股协议明确约定：“本合同在不与某公司（目标公司）的公司章程明文冲突的情况下，视为对目标公司股东权利和义务的解释，并具有最高效力。”因此，基于增资扩股协议签署之日起90天内，王先生只支付500万元增资款，还剩下1000万元未在增资扩股协议签署之日起90天内到账，直到原股东起诉王先生之日已经两年了，王先生还未履行增资款出资义务的事实，根据《公司法》第四十九条第三款的规定，王先生不仅要向某公司（目标公司）足额缴纳出资款1000万元，还应当就给公司造成的损失承担赔偿责任。

（三）防控策略

通过本案例分析，新的股东在增资扩股时，增资款可以约定在一定的时间内进行出资到位。为了规避在公司章程规定的出资期限内或增资本扩股协议中约定的增资款出资期限内未出资而导致的法律风险，必须采用以下策略：

在目标公司修改的公司章程或增资扩股协议中约定的出资期限越长越好！根据《公司法》第四十七条第一款的规定，约定缴足期限最长为5年。

如本案例中的增资款，不要约定在增资扩股协议签署之日起90天内全部到账，而是规定在增资扩股协议签署之日起5年内全部到账，就可以规避该案中涉及的法律风险。

（四）法律风险四：未按规定期限缴纳出资的股东，将丧失其未缴纳出资的股权

《公司法》第五十二条规定：“股东未按照公司章程规定的出资日期缴纳出资，公司依照前条第一款规定发出书面催缴书催缴出资的，可以载明缴纳出资的宽限期；宽限期自公司发出催缴书之日起，不得少于六十日。宽限期届满，股东仍未履行出资义务的，公司经董事会决议可以向该股东发出失权通知，通知应当以书面形式发出。自通知发出之日起，该股东丧失其未缴纳出资的股权。

依照前款规定丧失的股权应当依法转让，或者相应减少注册资本并注销该股权；六个月内未转让或者注销的，由公司其他股东按照其出资比例足额缴纳相应出资。

股东对失权有异议的，应当自接到失权通知之日起三十日内，向人民法院提起诉讼。”

基于以上法律规定，股东丧失股权需同时满足以下条件：

1.章程规定的出资日期已到，股东未缴纳出资。

2.公司向未缴纳出资的股东发出了书面催缴书，且出资宽限期不少于60日。

3.催缴书规定的宽限期满，该股东仍未缴纳出资。

4.董事会做出该股东失权的决议。

5.公司向该股东发出书面《失权通知书》。

股东丧失股权后，应当将该认缴出资的股权依法转让，或者由公司通过减少注册资本的形式注销该股权。

【案例分析5：某公司股东不实缴出资丧失股权的法律分析】

（一）案情介绍

1.自然人股东甲、乙、丙、丁四人于2024年8月1日设立A公司，

认缴注册资本500万元，按照认缴出资比例配比持股比例分别为60%、20%、15%和5%，《公司章程》约定各股东应于2029年7月1日前以货币资金形式缴纳出资。

2. 自然人股东甲、乙、丙三人在2029年7月1日前将认缴的出资全部实缴。2029年7月2日，董事会发现自然人股东丁仍未实缴出资，计划给自然人股东丁发送催缴书。

3. 请问自然人股东丁不实缴出资，如何操作才能让其丧失股权？

（二）不实缴出资股东丧失股权的法律操作分析

1. A公司向股东丁发出书面的出资催款书。

根据《公司法》第五十一条第一款的规定，2029年7月2日，A公司向股东丁发出书面的出资催缴书，催缴股东丁出资。

2. A公司向未缴纳出资的股东丁发出了书面催缴书，且出资宽限期不少于60日。

催缴书的宽限期不得少于60日，如果宽限期按60日写，丁应该于2029年8月30日前缴纳出资。（笔者特别提醒：宽限期60天是自《公司章程》中约定的出资认缴期的最后一天算起）。

3. 董事会做出股东丁失权的股东决议。

4. 2029年9月1日，A公司向股东丁发出书面《失权通知书》。

A公司经董事会决议可以向该股东发出失权通知，通知应当以书面形式发出。自通知发出之日起，该股东丧失其未缴纳出资的股权。

（三）股东丁转让股权或公司减资注销股东丁的股权

1. 股东丁转让股权的定价规定

自然人股东甲、乙、丙、丁四人于2024年8月1日设立A公司时，必须在《公司章程》约定：公司股东没有按照《公司章程》中约定的出资期限足额缴纳认缴的注册资本，在公司向其发出《失权通知书》之后，没有足额缴纳出资的股东，只能将其未缴纳出资部分对应的股权比例0元转让给公司内部其他股东，不能对外转让。

2.公司减资注销股东丁的股权

《公司法》第二百二十四条第三款规定：“公司减少注册资本，应当按照股东出资或者持有股份的比例相应减少出资额或者股份，法律另有规定、有限责任公司全体股东另有约定或者股份有限公司章程另有规定的除外。”

基于以上法律规定，甲、乙、丙、丁四人于2024年8月1日设立A公司时，必须在《公司章程》约定：公司股东没有按照《公司章程》中约定的出资期限足额缴纳认缴的注册资本，在公司向其发出《失权通知书》之后，没有足额缴纳出资的股东，公司对不实缴出资的股东，将其未缴纳出资部分对应的股权比例，实行“定向减资”，不实缴出资的股东必须配合公司减资的一切工作，包括不限于在“公司减资”的股东决议上签字，否则将承担公司的赔偿责任。

第三节　“人格混同”的法律风险：导致公司债权人追究股东、关联公司连带赔偿责任

根据2024年7月1日实施的《公司法》第二十三条的规定，加大了保护公司债权人利益的力度，增加公司股东承担公司债务的法律责任。这种法律制度主要体现在公司法人人格的否认制度上。公司法人人格否认制度的表现形式主要有三种：顺向否认，即股东为公司的债务承担连带责任；逆向否认，即公司对股东的债务承担连带责任；横向否认，即关联公司之间的债务互负连带责任。如果出现法人人格否认中的“人格混同”现象，**公司债权人将依法追究股东连带赔偿责任**。下面详细分析顺向（竖向）人格否认和横向人格否认的法律风险。

（一）顺向人格否认（又称竖向人格否认）的法律风险

1.顺向人格否认的法律依据

《公司法》第二十三条第一款规定：“公司股东滥用公司法人独立地位和股东有限责任，逃避债务，严重损害公司债权人利益的，应当对公司债务承担连带责任。”这是**顺向人格否认的法律规定，具体可以用图1–4来表示。**

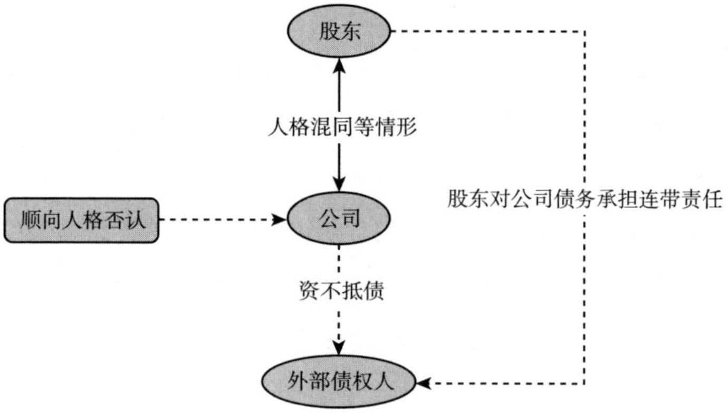

图1–4 顺向人格否认

如图1–4所示，顺向否认主要指当股东存在“滥用法人独立地位和股东有限责任”的情形，严重损害公司债权人利益，造成公司资不抵债时，债权人有权要求该股东对公司债务承担连带责任。

2.法律分析

第一，股东滥用公司法人独立地位和股东有限责任的三种法律情形。

新修订的《公司法》继续保留修订前《公司法》顺向人格否认的规定。股东滥用公司法人独立地位和股东有限责任的情形主要包括资本显著不足、人格混同及过度支配与控制，其法律后果往往是公司人格否认，进而使得对应责任主体对相应债务负连带责任。

第二，人格混同的法律内涵及其分析。

《九民纪要》第10点【人格混同】规定：“认定公司人格与股东人格是否存在混同，最根本的判断标准是公司是否具有独立意思和独立财产，最主要的表现是公司的财产与股东的财产是否混同且无法区分。在认定是否构成人格混同时，应当综合考虑以下因素：

（1）股东无偿使用公司资金或者财产，不作财务记载的；

（2）股东用公司的资金偿还股东的债务，或者将公司的资金供关联公司无偿使用，不作财务记载的；

（3）公司账簿与股东账簿不分，致使公司财产与股东财产无法区分的；

（4）股东自身收益与公司盈利不加区分，致使双方利益不清的；

（5）公司的财产记载于股东名下，由股东占有、使用的；

（6）人格混同的其他情形。

在出现人格混同的情况下，往往同时出现以下混同：公司业务和股东业务混同；公司员工与股东员工混同，特别是财务人员混同；公司住所与股东住所混同。人民法院在审理案件时，关键要审查是否构成人格混同，而不要求同时具备其他方面的混同，其他方面的混同往往只是人格混同的补强。”

判断公司之间是否构成人格混同主要看三个方面：人员、业务和财产，其中财产混同是认定公司是否构成人格混同的关键所在。

例如，在“上海立成石油化学贸易有限公司与杭州万利合成有机化工有限公司、浙江杭宝集团有限公司买卖合同纠纷案”（人格混同的司法判例）中，法院认为关联公司存在人员、业务、场所、财产混同情形，导致交易相对方无法区分关联公司彼此，可以综合认定为关联公司人格高度混同。本案中，被告万利公司与被告杭宝公司存在以下混同情形：

一是人员混同。两者工商登记手续经办人均为被告万利公司董事赵某玲，且赵某玲的社保由被告杭宝公司缴纳。章某恩曾担任过被告万利公司法定代表人，本案中还批准其公章使用，同时其还是被告杭宝公司股东暨总裁。

二是业务混同。被告万利公司经营范围包括生产加工化工产品，被告杭宝公司经营范围则包括批发、零售化工产品，经营范围具有关联性。涉案四份合同是被告万利公司与原告签订的，但合同上被告万利公司公章却由被告杭宝公司员工加盖，合同的磋商、签订过程以及收发货联系、货款催讨的沟通、承诺付款均由被告杭宝公司员工出面负责。上述事实中，除涉案四份合同加盖被告万利公司公章外，反映不出被告万利公司独立从事交易活动的意思表示，表明被告万利公司涉案经营业务由被告杭宝公司控制，双方业务存在混同。

三是场所混同。涉案货物送到合同约定交货地点被告万利公司工厂杭州市钱江经济开发区龙船坞路×××号，而该地址亦是被告杭宝公司注册地和经营地，两者经营场所存在混同。

四是财产混同。根据成品交运单，其中29.83吨货物由徐某平签收，但徐某平的社保却由被告杭宝公司缴纳，表明被告杭宝公司参与涉案交易收货履行。被告万利公司经查未为任何人缴纳社保，其股东暨法定代表人陈某虎、股东章某伟、董事赵某玲的社保均由被告杭宝公司缴纳，意味着被告杭宝公司要为被告万利公司相关人员支出费用。基于此分析，可以认定两者存在财产混同。同时，2008年12月至2012年5月，被告万利公司曾为一人有限责任公司，股东为被告杭宝公司，被告杭宝公司在2017年对外招聘公司简介中亦表示被告万利公司为全资子公司。

综合以上分析，被告万利公司、杭宝公司存在人员、经营、场所、财产混同，致使原告无法区分是和被告万利公司交易，还是和其关联公司被告杭宝公司交易，可以认定关联公司被告万利公司、杭宝公司存在人格高度混同。

第三，过度支配与控制的法律内涵及其分析。

《九民纪要》第11点【过度支配与控制】规定：“公司控制股东对公司过度支配与控制，操纵公司的决策过程，使公司完全丧失独立性，沦为控制股东的工具或躯壳，严重损害公司债权人利益，应当否认公司人格，由滥用控制权的股东对公司债务承担连带责任。实践中常见的情形包括：

（1）母子公司之间或者子公司之间进行利益输送的；

（2）母子公司或者子公司之间进行交易，收益归一方，损失却由另一方承担的；

（3）先从原公司抽走资金，然后再成立经营目的相同或者类似的公司，逃避原公司债务的；

（4）先解散公司，再以原公司场所、设备、人员及相同或者相似的经营目的另设公司，逃避原公司债务的；

（5）过度支配与控制的其他情形。

控制股东或实际控制人控制多个子公司或者关联公司，滥用控制权使多个子公司或者关联公司财产边界不清、财务混同，利益相互输送，丧失人格独立性，沦为控制股东逃避债务、非法经营，甚至违法犯罪工具的，可以综合案件事实，否认子公司或者关联公司法人人格，判令承担连带责任。”

基于以上《九民纪要》关于“过度控制与支配”的界定，笔者认为，存在以下情况，股东必须对公司的债务承担连带法律责任。

第一，母公司向子公司、子公司向母公司、同一个控制股东或实际控制人控制下的子公司向另外的子公司通过签订假合同而收取管理费、咨询费的变相利益输送行为。

第二，母公司向子公司、子公司向母公司、同一个控制股东或实际控制人控制下的子公司向另外的子公司存在以下不合理定价交易行为：亏损一方向盈利一方高价出售货物、服务、不动产、无线资产而致使亏损一方由亏损变为盈利，盈利一方增加成本而少缴纳企业所得税。

第三，同一个控制股东或实际控制人控制下的子公司向母公司违规分配税后利润。

第四，同一个控制股东或实际控制人指定或指挥母公司或子公司抽出资金成立其能够控制的另外一家公司，经营范围与母公司或子公司相同或类似，将母公司或子公司的原有客户或新客户介绍给新成立的另外一家公司进行商业交易。

第五，同一个控制股东或实际控制人有下列情形之一，使公司利益遭受损失的：

（1）将本单位的盈利业务交由自己的亲友经营的；

（2）以明显高于市场价的价格向自己的亲友经营管理的单位采购商品或者以明显低于市场价的价格向自己的亲友经营管理的单位销售商品的；

（3）向自己的亲友经营管理的单位采购不合格商品的。

第六，同一个控制股东或实际控制人的近亲属直接或者间接控制的企业，直接或者间接与公司订立合同或者进行交易，没有与订立合同或者进行交易有关的事项向公司董事会或者股东会报告，并没有按照公司章程的规定经董事会或者股东会决议通过。

（二）横向人格否认的法律风险

1.横向人格否认的法律依据

《公司法》第二十三条第二款规定：“股东利用其控制的两个以上公司实施前款规定行为的，各公司应当对任一公司的债务承担连带责任。”基于此法律规定，横向人格否认可以用如图1–5表示。

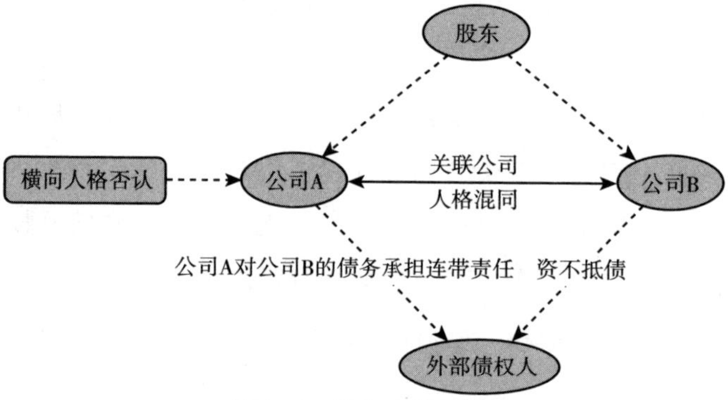

图1–5 横向人格否认

如图1–5所示，横向否认主要是指控制股东或实际控制人控制多个关联公司，滥用控制权使多个关联公司之间彼此财产边界不清、财务混同，利益相互输送，丧失人格独立性，进而导致关联公司之间对彼此债务互负连带责任的情形。

2.横向否认的法律分析

2024年7月1日施行的新《公司法》在旧《公司法》的顺（竖）向法人人格的否认制度上，增加了横向法人人格的否认制度。认定关联公司人格混同承担连带责任的构成要件如下，即横向法人人格否认=关联公司人格混同（核心：财务混同）+逃避债务+严重损害公司债权人利益。

如果公司股东控制的多个关联公司之间不存在“滥用法人独立地位和股东有限责任”的情形，即公司股东控制多个关联公司之间不存在**人员混同、业务混同、财产混同，特别是以“财产混同”作为关联公司或姐妹公司是否存在人格混同的核心判断标准，则不存在法人横向人格否认的现象**！

【案例分析6：徐工集团诉川交工贸案解析——横向穿透的法人人格否认】

（一）基本案情[①]

1.（成都川交工程机械有限责任公司（简称“川交机械公司”）成立于1999年，股东为王某礼、倪某。四川瑞路建设工程有限公司（简称“瑞路公司”）成立于2004年，股东为王某礼、倪某。成都川交工贸有限责任公司（简称“川交工贸公司”）成立于2005年，股东为张某蓉（占90%股份）、吴某（占10%股份），其中张某蓉系王某礼之妻。在公司人员方面，三家公司经理均为王某礼，财务负责人均为凌某，出纳会计均为卢某，工商手续经办人均为张某。公司股权架构如图1-6所示。

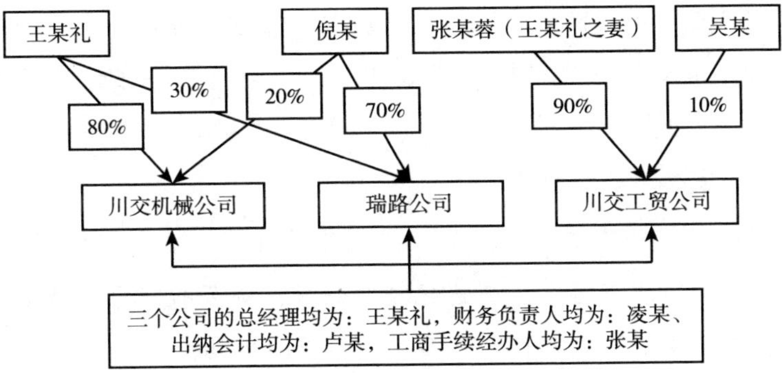

图1-6　公司股权架构

① 本案例引自于最高人民法院审判委员会讨论通过，2013年1月31日发布的指导案例15号：《徐工集团工程机械股份有限公司诉成都川交工贸有限责任公司等买卖合同纠纷案》。

2. 三家公司的管理人员存在交叉任职的情形（人员混同）

过某利兼任川交工贸公司副总经理和川交机械公司销售部经理的职务，且免去过某利川交工贸公司副总经理职务的决定系由川交机械公司作出。吴某既是川交工贸公司的法定代表人，又是川交机械公司的综合部行政经理。

3. 三家公司的业务混同（业务混同）

在公司业务方面，三家公司在工商行政管理部门登记的经营范围均涉及工程机械且部分重合，其中川交工贸公司的经营范围被川交机械公司的经营范围完全覆盖。

4. 三家公司存在共同的销售宣传方式（捆绑宣传）

川交机械公司系原告徐工集团工程机械股份有限公司（简称“徐工机械公司”）在四川地区（攀枝花除外）的唯一经销商，但三家公司均从事相关业务，且相互之间存在共用统一格式的《销售部业务手册》《二级经销协议》、结算账户的情形。三家公司在对外宣传中区分不明，2008年12月4日重庆市公证处出具的《公证书》记载：通过因特网查询，川交工贸公司、瑞路公司在相关网站上共同招聘员工，所留电话号码、传真号码等联系方式相同；川交工贸公司、瑞路公司的招聘信息，包括大量关于川交机械公司的发展历程、主营业务、企业精神的宣传内容；部分川交工贸公司的招聘信息中，公司简介全部为对瑞路公司的介绍。

5. 三家公司存在财务混同

在公司财务方面，三家公司共用结算账户，凌某、卢某、汤某明、过某利的银行卡中曾发生高达亿元的往来，资金的来源包括三家公司的款项，对外支付的依据仅为王某礼的签字。在川交工贸公司向其客户开具的收据中，有的加盖其财务专用章，有的则加盖瑞路公司财务专用章。在与徐工机械公司均签订合同、均有业务往来的情况下，三家公司于2005年8月共同向徐工机械公司出具《说明》，称因川交机械公司业务扩张而注册了另两家公司，要求所有债权债务、销售量均计算在川交工贸公司名下，并表示今后尽量以川交工贸公司名义进行业务往来。2006年12月，川交工贸公司、瑞路公司共同向徐工机械公司出具《申请》，以统一核算为由要求将2006年度的业绩、账务均计算至川交工贸公司名下。

6. 2009年5月26日，卢某在徐州市公安局经侦支队对其进行询问时陈述：川交工贸公司目前已经垮了，但未注销。又查明徐工机械公司未得到清偿的货款实为10511710.71元。

（二）徐工机械公司诉川交工贸公司等买卖合同纠纷案的诉求

徐工机械公司诉称：川交工贸公司拖欠其货款未付，而川交机械公司、瑞路公司与川交工贸公司人格混同，三家公司实际控制人王某礼以及川交工贸公司股东等人的个人资产与公司资产混同，均应承担连带清偿责任。请求判令：川交工贸公司支付所欠货款10916405.71元及利息；川交机械公司、瑞路公司及王某礼等个人对上述债务承担连带清偿责任。

被告川交工贸公司、川交机械公司、瑞路公司辩称：三家公司虽有关联，但并不混同，川交机械公司、瑞路公司不应对川交工贸公司的债务承担清偿责任。王某礼等人辩称：王某礼等人的个人财产与川交工贸公司的财产并不混同，不应为川交工贸公司的债务承担清偿责任。

（三）横向穿透清偿债务的法院审判要点及其缘由法律分析

1. 川交工贸公司与川交机械公司、瑞路公司人格混同

一是三家公司人员混同。三家公司的经理、财务负责人、出纳会计、工商手续经办人均相同，其他管理人员亦存在交叉任职的情形，川交工贸公司的人事任免存在由川交机械公司决定的情形。

二是三家公司业务混同。三家公司实际经营中均涉及工程机械相关业务，经销过程中存在共用销售手册、经销协议的情形；对外进行宣传时信息混同。

三是三家公司财务混同。三家公司使用共同账户，以王某礼的签字作为具体用款依据，对其中的资金及支配无法证明已作区分；三家公司与徐工机械公司之间的债权债务、业绩、账务及返利均计算在川交工贸公司名下。

因此，三家公司之间表征人格的因素（人员、业务、财务等）高度混同，导致各自财产无法区分，已丧失独立人格，构成人格混同。

2. 川交机械公司、瑞路公司应当对川交工贸公司的债务承担连带清偿责任

公司人格独立是其作为法人独立承担责任的前提。《中华人民共和国公司法》第三条第一款规定：“公司是企业法人，有独立的法人财产，享有法人财产权。公司以其全部财产对公司的债务承担责任。”公司的独立财产是公司独立承担责任的物质保证，公司的独立人格也突出地表现在财产的独立上。当关联公司的财产无法区分，丧失独立人格时，就丧失了独立承担责任的基础。《公司法》第二十三条第一款和第二款规定：“公司股东滥用公司法人独立地位和股东有限责任，逃避债务，严重损害公司债权人利益的，应当对公司债务承担连带责任。股东利用其控制的两个以上公司实施前款规定行为的，各公司应当对任一公司的债务承担连带责任。”

本案中，三家公司虽在工商登记部门登记为彼此独立的企业法人，但实际上相互之间界限模糊、人格混同，其中川交工贸公司承担所有关联公司的债务却无力清偿，又使其他关联公司逃避巨额债务，严重损害了债权人的利益。上述行为违背了法人制度设立的宗旨，违背了诚实信用原则，其行为本质和危害结果与《公司法》第二十三条规定的情形相当，故参照《公司法》第二十三条的规定，川交机械公司、瑞路公司对川交工贸公司的债务应当承担连带清偿责任。而王某礼等人的个人财产与川交工贸公司的财产并不混同，不应为川交工贸公司的债务承担清偿责任。

因此，本案的审判要点是：一是关联公司的人员、业务、财务等方

面交叉或混同，导致各自财产无法区分，丧失独立人格的，构成人格混同；二是关联公司人格混同，严重损害债权人利益的，关联公司相互之间对外部债务承担连带责任。

【案例分析7：横向穿透清偿债务的法律分析】

（一）案情介绍

苗家兄弟苗老板1（哥哥）、苗老板2（弟弟）成立了一家苗氏公司，分别占70%、30%的股权比例。苗氏公司投资设立100%控股的苗大公司和苗二公司，苗大公司和苗二公司分别以70%、30%的股权比例又共同成立了苗三公司，苗三公司投资一个地产项目，然后苗三公司又投资入股了苗二公司，占苗二公司60%的股权比例，形成了交叉持股的股权结构，如图1–7所示。

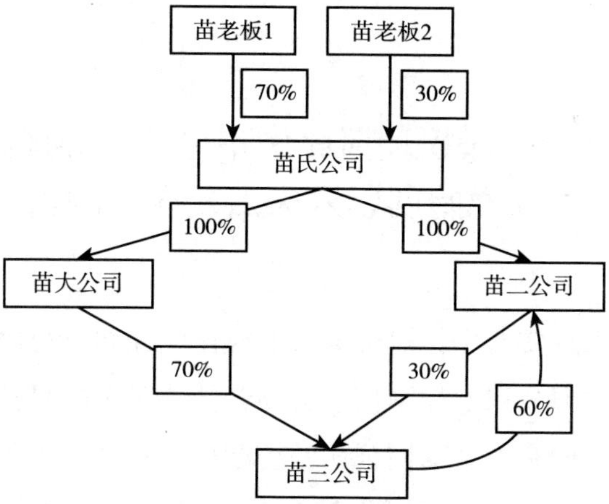

图1–7　公司股权结构

苗二公司向中国银行贷款2200万元，一直没有资金还，中国银行把这笔不良贷款卖给了中国信达资产管理公司，中国信达资产管理公司起诉苗二公司归还该笔2200万元的贷款，并要求苗大公司、苗三公司对这笔借款本息承担连带清偿责任。

（二）法院审判要点

法院审理发现：苗大公司、苗二公司、苗三公司的法定代表人都是苗老板1一个人，三家公司在同一地址办公，共用联系电话，共享财务人员，业务混同、场所混同、人员混同，但这还不是决定性的，人格混同的核心表现是财务混同。苗二公司从中国银行贷的2200万元被直接用于苗三公司的房地产项目，苗大公司的款项也直接用于苗三公司的项目设计费用，苗大公司、苗三公司也曾为苗二公司的贷款还本付息，三家公司还以同一并不存在的苗氏集团名义给银行发送函件，导致银行也分不清楚三者之间谁是谁。

法院认为：苗老板1利用对三家公司的控制权，将三家公司财产交叉使用，三家公司虽然表面各自独立，但都构成人格混同，其行为违背法人制度设立的宗旨，乃是股东滥用法人独立地位和股东有限责任，损害债权人利益，三家公司应当为案涉借款承担清偿责任。

第四节　股权配置比例不当的法律风险：导致原始创始人失去公司控制权

在企业股权布局实践中，对于通过股权比例控制公司控制权的初创企业而言，为了紧紧掌握公司的控制权，必须配置各股东的股权比例。合理的股权比例可以使原始股东紧紧掌握公司的控制权，不合理的股权比例很容易导致原始股东失去公司的控制权。从企业股权布局设计实践来看，一定要规避以下四种易导致原始创始人失去公司控制权的不合理的股权比例现象：股权均分、按资配股、小股为尊、股权分散和影子股东。具体论述如下。

（一）失去公司控制权的股权比例现象一：股权均分

所谓的“股权均分”是指平均分散股权，每个股东的股权比例是一样的。例如，两名股东各占50%，四名股东各占25%，五名股东各占20%。这种“股权均分”，没有明显大股东的情况，对于创业公司而言，基本上九死一生。因为“股权均分”存在以下弊端。

1.股东搭便车，没有人真正为公司负责

2.决策成本高

“股权均分”导致的直接后果是没有决策者，股东有同等发言权。因此，大家都是主人，又没有在话语权上能说了算的人，遇事吵吵嚷嚷，议而不决，导致无法达成一致意见，无法形成决策。

3.容易导致内部人贪腐

管理人员需要有人监督，在平均分散股权模式下，对每个股东来说，监督带来的收益不大，而监督需要成本、精力、时间等，且容易得罪人，因此谁也不愿意监督，于是导致内部人贪腐。

4.容易引起股东之间的矛盾

在公司初创时期，从股权比例层面掌握公司控制权角度而言，平均分散股权的设计方法，肯定会出现股权除不尽的情况，就会导致一个股东的股权比例比其他股东多那么一点点，而多那么一点点，会导致话语权大大的不同。

例如，3个股东平均分配100%的股权，除不尽，于是一个股东占33.34%，另外两个股东占33.33%。那个多0.01%的股东，跟任意一个其他股东很容易达成一致，即可超过三分之二，能够做出重大决策，而另外两个占33.33%的股东就没有占33.34%的股东的决策权利。

（二）失去公司控制权的股权比例现象二：按资配股（按出资比例配置股权比例）

“出资比例=股权比例”是股权配置中的一种错误认识。因为一家公司能否做好，资金只是一个因素，还有很多因素也必须考虑，如人力贡献、专业技术、特殊资源等，只有综合各方面因素才能最终确定每个人的配股比例。因此，不建议按照出资人投入的资金额进行股权比例分配。

【案例分析8：某公司按照股东出资比例配置股权比例的法律分析】

（一）基本情况介绍

A公司由甲、乙、丙三位股东出资创立，甲出资60万元，乙出资25万元，丙出资15万元，股权分配为甲占60%，乙占25%，丙占15%。其中乙因为掌握技术而全权负责经营，丙引入一些特殊资源帮助公司发展，甲基本不参与管理。请分析A公司按照各股东出资比例分配股权是否合理。

（二）按照出资比例分配股权的法律分析

由于每一位股东对企业的贡献度是不一样的，根据资金股、技术股、资源股对企业的贡献度来配置股权比例才是合理、公平的，而本案例按照各股东出资比例来分配股权比例是不公平的。因此，建议股权配置方案如下：

第一，A公司中甲出资最多，但没有任何资金外的贡献，建议甲的股权比例下调。

第二，乙掌握技术又负责经营，显然贡献最大，应提高乙的股权比例。

第三，丙为公司引入了重要资源，对公司发展的贡献也不小，也应提高丙的股权比例。

可以假设资金贡献占50%、技术贡献占30%、资源贡献占20%，则公司配置给甲的股权比例为30%（60%×50%+30%×0+20%×0）；配置给乙的股权比例为42.5%（25%×50%+30%×100%+20%×0）；配置给丙的股权比例为27.5%（15%×50%+30%×0+20%×100%）。

因此，在设计股权比例时，最好不要按照各个股东的出资比例分配股权。因为一个公司的发展离不开资金、技术、管理、人脉资源等生产要素的

共同作用，所以，应将公司股权分为资金股、技术股、人才股和资源股。在给每位股东设计股权时，必须按照每位股东提供的资金、技术、管理、人脉等要素给公司未来发展带来的贡献值及其比例权重综合计算每位股东应分配的股权比例。

（三）失去公司控制权的股权比例现象三：小股为尊

所谓的“小股为尊”是指股权划分不合理导致小股权称霸，让公司中的一个或某几个小股东形成的小集团趁机做大，窃取公司的最高决策权的现象。

例如某公司有甲、乙两名股东，分别拥有公司51%和49%的股权比例。后因发展加速，招募了一位技术股东丙，为免去丙的后顾之忧，甲、乙两人决定各拿出3%的股份相赠。公司股权结构变更为：甲占48%，乙占46%，丙占6%。由于通过股权稀释后，甲和乙的持股都没有超过半数，在日常经营中没有决策权，所以每当甲与乙意见相左时，都会去争取丙站在自己一边。无论是甲+丙的股权比例占比之和，还是乙+丙的股权比例占比之和，都超过51%，也就是说，只要获得了丙的支持，就等于某项决策可以通过了。丙也看到了自己的重要地位，他没有选择固定站队，而是在个人利益至上的前提下，周旋于甲、乙之间，最终形成了甲、乙被架空，丙成为隐形决策者的局面。

通过以上案例分析可以发现，在股权比例划分时，必须防范规避公司的某一个或某几个小股东形成的小集体趁机做大，窃取公司的最高决策权。

（四）失去公司控制权的股权比例现象四：股权分散和影子股东

1.股权分散

很多公司经常出现规模不大，但股东众多的现象。这种股权过于分散，人多关系复杂，就会没有一个服众的核心人物，导致一盘散沙。

2.影子股东

影子股东分为机会股东和挂名股东。所谓的“机会股东”是指以兼职身份存在于公司内，实际经营贡献很少，甚至为零。公司应尽量避免出现机会股东，如果确实因为资金、资源或特殊原因不得不引入机会股东，也要将他们的股权比例压到最低，并在公司未来发展中逐步稀释机会股东的股份比例。

所谓的“挂名股东”是指代替真正出资出力的股东（隐形股东）在市场监督管理局注册为公司的“显性股东”。这种“挂名股东”将会引起与“隐形股东”之间的矛盾。

第二章

股权搭建“法律风险”破局：掌握公司控制权

企业股权架构中的“法律风险”主要集中于公司原始创始人或原始股东失去公司的控制权。为了让原始股东或原始创始人永远掌握公司的控制权，必须掌握以下三方面**破局企业股权架构“法律风险”**的秘诀：一是**设计掌握公司控制权的最优股权比例；二是设计三层股权架构；三是通过“三大工具、六大策略”掌握公司控制权**。

第一节 破局秘诀一：设计掌握公司控制权的最优股权比例

在企业股权比例分配实践中，企业股东之间的股权比例分配不合理，导致的危害主要体现为三方面：一是导致公司之间的恶意收购①；二是导致企业

---

①**【案例分析：股权比例不合理导致恶意收购（万科与宝能股权之争）】**从2015年末到2016年初，万科公司与宝能公司的一系列竞争行为备受市场关注，也暴露万科公司股权结构的不合理。早在1989年万科上市之前，王某拥有这家公司40%的股权。上市之后，他放弃成为万科公司大股东的机会，而是成为职业经理人。此后，尽管万科推行了期权激励计划，但管理层的持股数在万科大股东面前始终并没有话语权。从2015年开始，宝能系旗下企业开始买入万科股份，至当年12月31日，宝能系买入万科约24.29%的股份，成为万科公司第一大股东。随后，王某在声明中表示不欢迎宝能系，企业宣布停牌并开始策划资产重组，试图瓦解宝能万科大股东的地位……

宝万之争的起因非常清晰：由于创始人王某不注重股权的合理分配，忽视了股权结构的健康设计，最终导致宝能公司的恶意收购，成为“门口的野蛮人”。

无法上市①；三是导致公司原始创始人出局②。股权结构的设计，归根结底是对企业内部利益的制度性分配。只有将适当的利益以正确的方式交到正确的人手中，这样的股权结构才能推动企业发展。为了让股权成为企业的福报而非祸根，必须要通过良好设计和谨慎操作，解决两个根本问题：第一，如何通过股权的分配，争取到更多内外资源；第二，如何确保股权分配之后，企业的控制权依然在主要股东的掌控之下。正因如此，企业必须正确设计股权结构，确保将风险降到最小。

一、企业股东最优股权比例配比的设计策略

（一）设计控股底线

为了不失去自己辛苦创办企业的控制权，老板必须通过控股，保证最基

① **【案例分析：股权比例不合理导致无法上市】**原土豆网CEO王某和妻子杨某，曾共同创业，为公司倾注心血。他们的股权结构是：王某95%，杨某5%。虽然企业发展很好，但他们的婚姻却很短暂，2010年3月，双方着手离婚。而仅8个月之后，土豆网即将赴美上市，为此，杨某起诉王某，要求分割土豆网38%的股权。在王某方看来，土豆网是婚前注册的，婚姻关系又只维持了两年多，王某的股权应该属于婚前财产。但在杨某方看来，土豆网在两人婚后多次接受注资，在王某95%的股权中，有76%涉及夫妻的共有财产。由于这起诉讼，法院冻结了土豆网95%的股份，土豆网的海外上市之路暂时中断。此时，土豆网最大的竞争对手优酷网率先上市，并受到资本市场的热捧。直到9个月后，王某和杨某的离婚官司终结，土豆网才开始重新筹备上市，但市场却发生了重大变化，土豆网错过了高速发展的机会。类似情况，还有餐饮企业真功夫。由于该企业创始人属于家族团队，牵涉多个家庭、夫妻。结果，当创始人之间由于股权问题出现纷争，这个中式快餐的上市之路也就遥遥无期了。

通过上述案例，企业家应该看清，即便是亲密无间的夫妻和家人，在合伙经营公司时，也应该努力优化股权结构。这样才能避免陷入难以上市的困境。

② **【案例分析：股权结构不合理导致创始人出局】**1998年底，吴某江创立雷士照明。经过多年苦心经营，该公司成为中国照明行业的领军者。为了谋求上市，吴某江引入私募股权投资基金，并采用“现金+股票”的方式收购了当时亚洲最大的光源生产企业浙江江山三友电子有限公司。在这一过程中，吴某江和多家私募股权投资基金签订一系列对赌条款，包括每年的业绩指标、奖金、转让限制、优先购买权和共售权、赎回权等。

2010年5月20日，雷士照明顺利在香港联交所上市。然而，仅仅两年之后，私募股权基金就主导了公司董事会，三家私募股权投资基金合计掌控公司超过33.36%的股弃权和投票权，即便吴某江也无法与联合起来的三家基金抗衡。2012年5月25日，吴某江辞去雷士照明的一切职务。（注：本案例根据雷士照明相关资料整理所得）

本的控制权，确保控股底线，将必要的股权牢牢抓在手上。所谓的“控股底线”是指股东占有掌握公司控制权的股权比例。控股底线分别是：绝对控股线、相对控股线、一票否决权、谨慎对赌。

第一，绝对控股线。

创始人在创业公司必须持股比例达到67%或66.67%，公司的决策权完全被掌握在手。

第二，相对控股线。

在相对控股情形下，创始人至少应持有公司51%的股权，唯有如此，才能与其他股东相比保持公司的相对控制权。

第三，谨慎对赌。

融资协议中对赌条款的陷阱：原始创始人失去公司控制权而被出局。许多创始人失去企业的控制权的根源在于融资协议中签订的对赌条款、回购条款，这些条款通过精心设计，目的是让创始人出局。因此，只有在融资时，谨慎观察对赌条款并做出正确的判断，创始人才能守住底线。

根据《中华人民共和国公司法》的规定，股东出资设立公司，不同的持股比例对公司的控制权是有着本质不同的，创始人应关注如下五条股权生命红线。

1.绝对控制权（三分之二以上表决权）的股权比例：67%或66.67%

（1）法律依据分析。

根据《中华人民共和国公司法》第一百一十六条规定：“股东出席股东会会议，所持每一股份有一表决权，类别股股东除外。公司持有的本公司股份没有表决权。

股东会作出决议，应当经出席会议的股东所持表决权过半数通过。

股东会作出修改公司章程、增加或者减少注册资本的决议，以及公司合并、分立、解散或者变更公司形式的决议，应当经出席会议的股东所持表决权的三分之二以上通过。”

《中华人民共和国公司法》第一百三十五条规定：“上市公司在一年内购买、出售重大资产或者担保金额超过公司资产总额百分之三十的，应当由股东大会作出决议，并经出席会议的股东所持表决权的三分之二以上通过。”

基于以上法律规定，股东在公司的股权比例超过股东所持表决权的2/3即66.6%（100%÷3×2），达到67%，称为绝对控制权的股权生命线。

（2）适用企业发展的阶段：初创期。

公司发展处于初创期时，企业创始人最好以占有更多公司股份为宜，一般在67%以上。在初创时期，企业管理者经验未成熟，不能独当一面，创始人拥有企业67%的股份，可以顺利贯彻相关政策，确保企业运行顺畅。

2.相对控制权（二分之一以上表决权）的股权比例：51%（多数事项一票通过权）

（1）法律依据分析。

《中华人民共和国公司法》第一百一十六条第二款规定：**“股东会作出决议，应当经出席会议的股东所持表决权过半数通过。”**第十五条规定：“公司向其他企业投资或者为他人提供担保，按照公司章程的规定，由董事会或者股东会决议；公司章程对投资或者担保的总额及单项投资或者担保的数额有限额规定的，不得超过规定的限额。

公司为公司股东或者实际控制人提供担保的，应当经股东会决议。

前款规定的股东或者受前款规定的实际控制人支配的股东，不得参加前款规定事项的表决。**该项表决由出席会议的其他股东所持表决权的过半数通过。”**

持有公司二分之一以上股权的股东被称为“控股股东”，在创始人无法成为绝对控股股东实现对公司的绝对控股的情况下，持股比例超过1/2的“控股股东”也能在很大程度上掌握公司话语权。

基于以上法律政策规定，股东在公司的股权比例达到51%，称为相对控制权的股权生命线。

（2）适用企业发展的阶段：发展期。

企业在发展期，创始人要实现相对控股，最好拥有51%的股权比例，这主要是出于未来上市考虑。

假设企业要走上市路线，创始人的股权比例会被多次稀释，最少两次。第一次会有风险投资进来，一般风投入股会占10%的股权比例，这时候创始人的股权比例要同比稀释10%。企业上市，要发行公众流通股，发行公众流通股的最低额度不得低于公司总股本的25%。因此，企业的股权比例再次同比稀释25%。假设创始人以前是51%的股权比例，经过两次稀释，还有34.425%［51%–51%×10%–（51%–51%×10%）×25%］的股权比例；假设是49%的股权比例，被两次稀释，还有33.075%［49%–49%×10%–（49%–49%×10%）×25%］的股权比例。这两次的区别是前者大于1/3，后者小于1/3。当创始人拥有1/3以上的股权比例时，就拥有对整个企业的否决权，不管外围股东怎么整合，股权比例加起来最大也不会超过2/3，都不会威胁到企业的控制权。

3.一票否决线（1/3以上表决权）：34%或33.34%（重大事项一票否决权）的股权生命线

（1）法律依据分析。

该股权比例的意义在于阻止其他股东持股比例超过2/3形成绝对控股，即针对他人取得公司绝对控股权的防御性股权比例。如果一个股东持有超过1/3的股权，其他任何一个股东也就无法达到持股2/3以上的表决权，对于公司重大事项的表决，如果该持有1/3以上股权的股东不同意，该重大事项就无法通过。如此之下，持有大于等于1/3以上股权的股东便控制了生命线，具有“一票否决权”的性质，持有34%或33.34%股权比例，可以控制公司重大事项的决策。但如果是对其他仅需过半数以上通过的事宜，就无法起到一票否决的作用了。

基于以上分析，股东在公司的股权比例达到34%或33.34%称为防御性控制权，也称为重大事项“一票否决权”的股权生命线。

（2）适用企业发展的阶段：扩张期。

在企业扩张期，股权应控制在1/3以上，大于1/3意味着创始人拥有企业的重大事件否决权。

4.股东诉讼线：1%

在股份有限公司中，连续180日以上单独或合计持有1%以上股份的股东，具有代位诉讼权，即代替公司向侵犯公司权利的董事、高级管理人员或者第三人提起诉讼的权利。需要注意的是，连续持有期间是180天，由于上市公司体量大，单独持有1%仍然困难的情况下，与其他股东合计持有1%也可满足股东代位诉讼的条件。**而在有限责任公司中，所有股东均有权代替公司向侵犯公司权利的人提起诉讼，即使该股东的股权比例小于1%。**

5.解散公司和临时股东大会、临时董事会召集权的股权生命线的股权比例：10%

根据《中华人民共和国公司法》第六十二条、第一百二十三条、第二百三十一条之规定，持有公司10%以上表决权的股东，具有请求法院解散公司的权利和召开临时股东（大）会的权利。而股份有限公司单独或合计持有10%以上表决权的股东还可以提议召开董事会临时会议。

（二）股权比例分配的三个原则

1.创始人控股原则：创始人必须要有控股地位

要有一个老大，即要有一个拥有公司控制权的大股东。任何事情都需要有带头人，一个企业更是如此。因此，在股权设计时一定要给创始人或者带头人公司的控制权，其持股比例要到67%或者51%以上。如果不能单独持股这么多，就需要通过一些协议来联合持股达到相应比例，这样才能保证公司管理的通畅，以及在后面的融资过程中，公司创始人团队始终掌握公司的控制权。

2.互补原则：股东之间相互信任，相互让步

股东之间要有让步，也就是说，其他的小股东把管理权让步给大股东，而大股东相应的把公司的分红权或者是经济收益的权利让步给小股东，以保持双方之间的公平。这是一个公平原则的体现，也是股东之间互相信任的体现，更是股东之间相互制衡的体现。

3. 预留原则：预留10%—20%给未来人才，确保新鲜血液流入

在股权分配设计中要有余地。公司日后随着发展可能需要给员工和其他管理团队做股权激励，或者会有新股东的进入，所以在股权上需要有提前的设计。

4. 激励原则：创业团队必须股权激励，确保核心动力源泉

（三）分配股权比例的合理方法

按照资金、技术、管理、人脉等要素给企业未来的贡献值进行股权比例配置。要根据不同类型的股东分别给予不同的股权比例，不同类型股东的股权占比一般如下：

（1）资源型股东≤10%；

（2）资金型股东≤40%；

（3）顾问型股东≤5%；

（4）技术型股东≤20%。

但是，目前通用的股权结构是资金股比例小、其他股比例大，具体划分要根据公司的性质与股东的协商。具体分以下几种情况：

（1）如果是技术驱动型公司，则可以设计为20%的资金股、30%的人力股、40%的技术股、10%的资源股的股权结构比例。

（2）如果是人力驱动型公司，则可以设计为20%的资金股、30%的资源股、50%的人力股。

（3）如果是资金驱动型公司，则可以设计为50%的资金股、20%的人力股、30%的资源股。

（四）设计股权比例分配的步骤

1. 先将公司股权进行分类，一般有两分法：将公司股权分为资金股和人力股；三分法：将公司股权划分为资金股、人力股、技术股；四分法：将公司股权分为资金股、人力股、技术股、资源股。为方便分析问题，下面以两分法为例进行分析。即将公司股权划分为两个类别：资金股权（假设为

60%）部分和经营管理股权或人力股（假设为40%）部分。

2.对资金股权部分进行计算，确定比例，计算公式如下：

某股东占有的资金股比例=公司的资金股权比例（假设60%）×某股东出资比例

3.根据每个股东在创业团队中担任的职责、做出的贡献评估经营管理股权。为此，可以设立简单的虚拟股权绩效评价系统，按照职责、岗位来确定分配比例的多少。

4.将资金股权比例和经营管理股权（人力股权）比例合计，计算出不同创业合伙人应得的股权比例。计算公式如下：

某一股东得到的股权比例=某股东占有的资金股比例+某股东占有的经营管理股权比例（人力股权比例）=公司的资金股权比例（假设60%）×某股东出资比例+公司的经营管理股权（人力股权）比例×某股东出的经营管理股权（人力股权）比例

【案例分析9：公司各位股东的股权比例如何设计】

（一）基本情况介绍

A公司是刚成立的网络技术企业。甲出资50万元，负责管理，乙出资20万元，负责技术，A公司的技术与运营团队共6人，均为“90后”，没多少积蓄，共出资30万元，也是负责技术。一家公司的高管人员丙看重A公司的发展前景及团队，打算投资100万元。因此A公司注册资金定为200万元。甲、乙和技术与运营团队在公司全职工作，既出资又出力，且甲、乙在公司4年内不离职。丙是兼职人员，只是出资100万元，不参与公司的任何管理（即人力股为0)，丙是相信甲与乙的为人才投资的，中途有离职的可能，且丙向甲、乙承诺：出大钱占小股，底线为20%。假设公司的人力股、资金股分别占60%、40%。而且60%的人力股中，甲、乙、技术运营团队的人力股分别占40%、10%、10%。请问如何给甲、乙、丙、技术与运营团队设计合理的股权比例？

（二）股权比例设计方案

第一步：经大家协商一致：将公司的股权分为两部分：资金股和人力股，其中资金股占比40%，人力股占比60%，在人力股中，甲的管理人力股占40%、乙的技术人力股占10%，技术与运营团队的人力股占10%，人力股分4年解锁。

第二步：计算各股东的股权比例：

甲的股权比例为：甲的出资比例25%（50÷200）×资金股比例40%+甲的管理人力股40%=50%；

乙的股权比例为：乙的出资比例10%（20÷200）×资金股比例40%+乙的技术人力股10%=14%。

丙的股权比例为：乙的出资比例50%（100÷200）×资金股比例40%+丙的技术人力股0=20%。

技术运营团队的股权比例为：技术运营团队的出资比例15%（30÷200）×资金股比例40%+乙的技术人力股10%=16%。

各位股东的股权比例如表2-1所示。

表2-1 各位股东的股权比例

持股＼股东		甲	乙	技术与运营团队	丙	合计
出资情况	出资额	50万元	20万元	30万元	100万元	200万元
	持股比例	25%	10%	15%	50%	100%
股份分类	资金股 40%	10%（25%×40%）	4%（10%×40%）	6%（15%×40%）	20%（50%×40%）	40%
	人力股 60%	40%（分4年兑现）	10%（分4年兑现）	10%（分4年兑现）	0（无人力股）	60%
合计持股		50%	14%	16%	20%	100%

第三步：分红权分4年成熟，解锁。当合伙人离职时，分红权全部收回，可由甲或乙代持。人力股分4年成熟、解锁是指每年成熟的人力比例（人力股比例÷4），如果中途离职，则按照剩余的年份×25%计

算的股权比例由公司收回。各股东分红的股权比例是按照资金股的比例加上人力股的比例。因此，各股东4年中分红的股权比例计算如下：

（1）甲分红的股权比例计算如下：

第一年末分红的股权比例=资金股比例10%+第一年末的人力股比例40%÷4=20%

第二年末分红的股权比例=资金股比例10%+第二年末的人力股比例40%÷4×2=30%

第三年末分红的股权比例=资金股比例10%+第三年末的人力股比例40%÷4×3=40%

第四年末分红的股权比例=资金股比例10%+第四年末的人力股比例40%÷4×4=50%

（2）乙分红的股权比例计算如下：

第一年末分红的股权比例=资金股比例4%+第一年末的人力股比例10%÷4=6.5%

第二年末分红的股权比例=资金股比例4%+第二年末的人力股比例10%÷4×2=9%

第三年末分红的股权比例=资金股比例4%+第三年末的人力股比例10%÷4×3=11.5%

第四年末分红的股权比例=资金股比例4%+第四年末的人力股比例10%÷4×4=14%

（3）技术与运营团队分红的股权比例计算如下：

第一年末分红的股权比例=资金股比例6%+第一年末的人力股比例10%÷4=8.5%

第二年末分红的股权比例=资金股比例6%+第二年末的人力股比例10%÷4×2=11%

第三年末分红的股权比例=资金股比例6%+第三年末的人力股比例10%÷4×3=13.5%

第四年末分红的股权比例=资金股比例6%+第四年末的人力股比例

10%÷4×4=16%

（4）丙分红的股权比例计算如下：

第一年末分红的股权比例=100%-（甲第一年末分红的股权比例+乙第一年末分红的股权比例+技术与运营团队第一年末分红的股权比例）=100%-20%-6.5%-8.5%=65%

第二年末分红的股权比例=100%-（甲第一年末分红的股权比例+乙第一年末分红的股权比例+技术与运营团队第一年末分红的股权比例）=100%-30%-9%-11%=50%

第三年末分红的股权比例=100%-（甲第一年末分红的股权比例+乙第一年末分红的股权比例+技术与运营团队第一年末分红的股权比例）=100%-40%-11.5%-13.5%=35%

第四年末分红的股权比例=100%-（甲第一年末分红的股权比例+乙第一年末分红的股权比例+技术与运营团队第一年末分红的股权比例）=100%-50%-14%-16%=20%

具体计算后的结果如表2-2所示。

表2-2　　各股东4年中分红的股权比例

股东 / 权利	解锁时间	甲	乙	技术与运营团队	丙	合计
分红权	初创时	25%	10%	15%	50%	100%
	第1年末	20%（10%+10%）	6.5%（4%+2.5%）	8.5%（6%+2.5%）	65%	100%
	第2年末	30%（10%+20%）	9%（4%+5%）	11%（6%+5%）	50%	100%
	第3年末	40%（10%+30%）	11.5%（4%+7.5%）	13.5%（6%+7.5%）	35%	100%
	第4年末	50%（10%+40%）	14%（4%+10%）	16%（6%+10%）	20%	100%

通过以上股权比例设计，解决了投资方出工不出力，以及全职的创始团队出工又出力的问题，体现了人力资本的价值。

【案例分析10：某公司四分法划分股权配置股权比例的策略】

（一）基本情况

甲、乙、丙、丁四人共同创办了一家公司，甲出资100万元、乙出资80万元、丙出资60万元、丁出资260万元，公司出资资本500万元。其中，甲从前是企业高管，因此在公司负责管理运营；乙业务能力强，人脉极广，在公司主要负责业务市场；丙是技术骨干，主要负责产品研发；丁是一个纯出资者，不参与公司事务。请分析如何给甲、乙、丙、丁配置股权比例，同时实现甲在公司中拥有公司控制权？

（二）股权比例设计策略

1.绝对不可以按照出资比例来配置股权比例

如果按照资金占比来配置股权，则甲占股20%、乙占股16%、丙占股12%、丁占股52%。可是甲负责管理运营，乙负责业务市场、丙负责产品研发，按照出资比例配置股权比例对甲、乙和丙是很不公平合理的，而丁只出资不参与公司管理，结果占公司股权比例为52%，大于公司股权相对控制线51%，从而拥有对公司的相对控制权。

2.合理的股权比例设计策略

第一步：通过各位股东协商一致，将公司的股权设定为资金股占20%、人力股占23%、技术股占35%、资源股占22%。

第二步：计算各股东的股权比例。

（1）甲的占股为资金股+人力股=甲的出资比例100÷500×20%+人力股23%=27%。

（2）乙的占股为资金股+资源股=乙的出资比例80÷500×20%+资源股22%=25.2%。

（3）丙的占股为资金股+技术股=60÷500×20%+技术股35%=37.4%。

（4）丁的占股为资金股=260÷500×20%=10.4%。

3.实现甲对公司拥有控制权的策略

基于以上各股东配置的股权比例，丁出最多的钱，虽然不提供公司的管理经营服务，却按照10.4%的股权比例分红，肯定对丁不公平，会导致丁投入资金的积极性不高。而甲拥有的股权比例只有27%，达不到绝对控制线67%、相对控制线51%的股权生命线，甲失去公司控制权。而且丙和乙共拥有公司的股权比例为62.6%（37.4%+25.2%），超过重要事项表决权的股权比例线51%。如果要让甲一直拥有公司的控制权，且要提高丁投资的积极性，则必须采取以下策略：

第一，甲要求乙、丙、丁与其签订《一致行动协议》。《一致行动协议》明确规定：

（1）各股东集中表决权，对公司股东会决议，意见保持一致。

（2）在协议中还明确约定：“一致行动人”内部无法达成一致，那么最终以甲的意见为准。

第二，甲、乙、丙、丁四位股东与公司签订《分红协议》，约定：在归还丁的本金之前，按照出资比例进行分红，等到丁的本金归还之后，按照股权比例进行分红。

二、两人合伙开公司的最优股权比例设计策略

（一）51%<A 占股权比例 <67%，34%<B 占股权比例 <50% 的弊端

51%<A 占股权比例 <67%，34%<B 占股权比例 <50% 的现实当中，主要有A占65%、B占35%，A占60%、B占40%等股权分配结构，这种股权分配结构存在以下两个弊端。

1.股东A持有在公司具有表决权的股权，不足2/3以上，无法自行决定公司各项重大事务

根据《中华人民共和国公司法》的规定，公司修改公司章程、增加或减少注册资本、公司合并、分立、解散或变更公司形式这些公司重大事项，必

须经2/3以上的有表决权的股东通过才行。基于此规定，如果股东持有公司股权比例占67%以上，则该股东便是公司的绝对控股股东，可以自行决定公司以上各项重大事务。但是51%<A占股权比例<67%（更确切地说是小于66.67%），无法自行决定公司以上各项重大事务，只能决定除公司以上重大事务外的一般性事务。

2. 34%<B占股权比例<50%具有重大事项“一票否决权”，致使股东A无法自行决定公司的各项重大事务

34%<B占股权比例<50%，严格意义讲为33.34%以上50%以下，虽然不能完全决定公司事务，但当股东会修改公司章程、增加或减少注册资本、公司合并、分立、解散或变更公司形式这类重大事项时有一票否决的权利。因此，持股比例在33.34%以上50%以下的股东，可以影响公司的重大决策的执行。

（二）A占51%，B占49%的股权比例的弊端

根据《中华人民共和国公司法》的规定，公司股东会决定的普通事项包括向其他企业投资、为他人提供担保、创立大会等除了须经2/3以上通过的重大事项以外的事务。股份有限公司股东大会作出的普通决议，必须经出席会议的股东所持表决权过半数通过。因此，A占51%的股权，对于以上多数事项具有相对控制权，或者说，对于以上多数事项具有“一票通过权”。但是A占51%，B占49%的股权比例存在以下两点弊端。

1. A占51%的股权比例小于66.67%，无法自行决定公司的各项重大事项

根据《中华人民共和国公司法》的规定，公司修改公司章程、增加或减少注册资本、公司合并、分立、解散或变更公司形式这些公司重大事项，必须经三分之二以上的有表决权的股东通过才行。基于此规定，如果股东持有公司股权比例占67.67%以上，则该股东便是公司的绝对控股股东，可以自行决定公司以上各项重大事务。可是A占51%的股权比例小于66.67%，B占49%的股权比例大于“一票否决权”33.34%的股权比例，只要股东B不同意公司修改公司章程、增加或减少注册资本、公司合并、分立、解散或变更公

司形式这些公司重大事项，则A无法自行决定公司的以上各项重大事项。

2.增资扩股引进新股东被稀释股权的A，将失去公司的控制权、决策权

第一，占51%的股东将失去“一票否决权”的防御性控制权。

如果经过几轮的融资被稀释了35%的话，稀释后的A的股权比例为33.15%［51%×（1–35%）］，小于33.34%，则股东A失去了“一票否决权”的防御性控制权（三分之一以上表决权）。

第二，占51%的股东将失去“相对控制权”（二分之一以上表决权）。

如果占51%的股东A和占49%的股东B同意稀释一定比例的股权给新加入的股东C，则会出现新股东C与股东B合谋共同限制股东A的权利行使现象，致使原来的大股东A对公司的控制权处于架空状态。最终使占51%的股东A失去对公司的控制权。

例如：假设在一个公司占51%的股东A和占49%的股东B同意增资扩股稀释4%的股权给新加入的股东C，则稀释后的股权结构是：股东A占48.96%［51%×（1–4%）］，股东B占47.04%［49%×（1–4%）］，股东C占4%。如果新加入的股东C联合股东B一起对抗股东A，则股东C和股东B的股权比例加起来共51.04%（47.04%+4%），大于股权稀释后的股东A 48.96%的股权比例，致使股东A失去了公司的相对控制权。

（三）A占98%，B占2%的股权结构的弊端

由于A的股权比例占98%，是大股东，B占2%是小股东，一大一小的股权结构，在企业发展初期没有什么问题，但是一旦企业做大，尤其公司进入规模化发展后，这种股权结构缺乏制衡机制，导致决策失误的可能性增加，加重了企业的风险隐患，存在两点弊端，具体如下。

第一，大股东的权利过度集中，致使企业的董事会、监事会和股东大会形同虚设，企业无法摆脱“一言堂”和家长式管理模式。

第二，一股独大，导致企业的任何经营决策都必须通过大股东才能进行，其他小股东会逐渐丧失参与公司经营管理的热情。一旦大股东出现状况，如意外死亡或被刑事关押等，就会直接导致企业无法正常运转。

第三，股权过于集中，对小股东的利益保护、大股东本身和公司的长期发展都不利。具体体现在两个方面：一方面，由于大股东绝对控股，企业行为很容易与大股东个人行为混同；另一方面，大股东因特殊情况暂时无法处理公司事务时，将产生小股东争夺控制权的不利局面，给企业造成无法估量的损害。

（四）两人合伙开公司应设计的最佳股权结构

企业成立之初，建议创始人的股权在80%左右比较合适，因为在接下来的VC、A轮、B轮、C轮融资，会涉及稀释股权，初创期持有较大的股权比例才能保证在企业多次融资后，创始人仍保持相对的控股权。通过以上应避免的股权比例设计的法律分析，得出结论：**两人合伙开公司应该设计合理的无法律风险的最优股权比例为：一是80%、20%；二是70%、30%。**

三、三人至五人合伙开公司的最优股权结构设计策略

（一）三人合伙开公司的最优股权比例设计策略

1.股权分配原则：大股东比例大于二、三股东比例之和（第一股东>第二股东+第三股东）。

2.应避免的股权结构。

（1）34%、33%、33%或33.33%、33.33%、33.34%。

（2）40%、40%、20%（第三股东绑架另外两位股东）。

（3）49%、47%、4%（小股东绑架大股东）。

（4）90%、5%、5%（一家股东独大，小股东积极性不高）。

（5）40%、30%、30%（第二股东和第三股东联合起来，创始人核心地位岌岌可危）。

3.合理的股权结构。

（1）70%、20%、10%（既确保激发第二股东、第三股东的积极性，也能维护创始人的决策地位）。

（2）60%、30%、10%（老大清晰，能够进行快速决策）。

（二）四人合伙开公司的最优股权比例设计策略

1.股权分配原则：（第二股东+第三股东+第四股东）>第一股东或第一股东>（第二股东+第三股东）。同时，创始人至少要保住股权生命线中的一条线，如绝对控股线（66.67%或67%）、相对控股线（51%）、一票否决权（33.34%或34%）等。

2.应避免的股权结构。

（1）25%、25%、25%、25%（均分）。

（2）95%、2%、2%、1%或94%、3%、2%、1%（大股东吃独食，小股东无积极性）。

3.合理的股权结构。

（1）70%、20%、5%、5%。

（2）40%、25%、20%、15%。

（3）35%、29%、20%、16%。

（三）五人以上合伙开公司应设计的合理股权结构："54321"股权分配方案

五人股东或更多股东的初创企业，在进行股权架构设计时，可以利用常见的"54321"股权分配方案。

"5"是指各位股东一起合伙，"4"是指大股东、发起人、创始人、带头人的股权比例在40%左右，"3"是指其他联合创始股东股权比例加在一起在30%左右，"2"是指建议2个股东不参与经营决策或管理，"1"是指留约10%的期权池，以便提供给未来的管理者及后进股东。

第二节 破局秘诀二：设计"三层股权架构"的公司股权布局

所谓的"三层股权架构"是指由"家族公司""防火墙公司""主体运营公司（赚钱公司）"三大法人民事主体单位，通过相互之间的股权控制投资关系，共同架构组成的并具有以下形式特征的**三层公司股权结构。从股权架构层次来看，**由最上层的“家族公司”控制中层的“防火墙公司”，然后再由中层的“防火墙公司”控制“主体运营公司（赚钱公司）”。该三层股权布局主要适用于以下情况：“主体运营公司（赚钱公司）”较多，且今后将要发生对外多轮融资和员工持股的股权激励。

一、“三层股权架构”模型图

在实践中，“**三层股权架构**”是多层股权结构图中的一种，笔者认为典型的“三层股权架构”存在如下三种模型。

（一）“三层股权架构”模型图1（见图2-1）

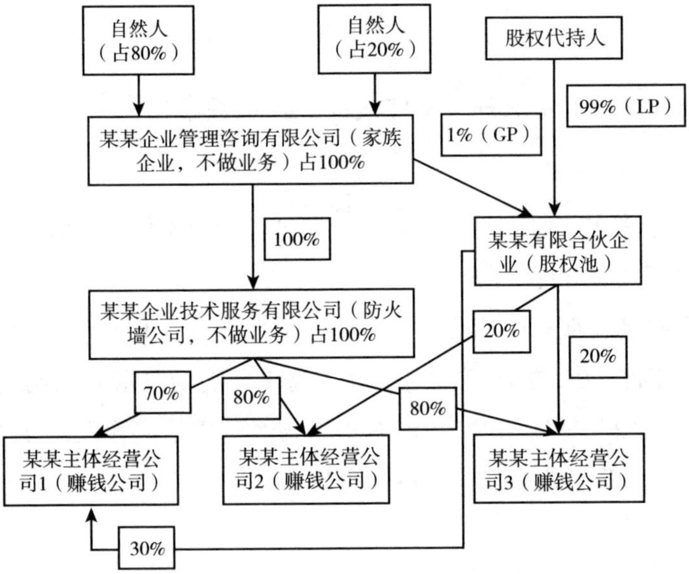

图2-1 模型图1

1.适用范围

该三层股权架构模型1，适用于所有行业的创始人、老板建立的既掌握实体经营公司的控制权又节约税的股权架构。

2.控制权分析

第一，老板、原始创始人与其家族人员（主要是子女）共同注册设立的“某某企业管理咨询有限公司（家族公司）”。两个股东的最优股权比例是80%、20%或70%、30%，图2-1中用的是80%、20%。因此，持股80%的原始创始人100%控制了家族公司的控制权。

第二，“某某企业管理咨询有限公司（家族公司）”设立并100%持股“某某企业技术服务有限公司（防火墙公司）”，100%掌握防火墙公司的控制权。

第三，“某某企业管理咨询有限公司（家族公司）”作为GP（普通执行事务合伙人）与股权激励对象或其他财务投资者作为LP（有限合伙人，以出资份额承担法律责任）共同设立实现权钱分离的“某某有限合伙企业”（即“持股平台”）。根据《中华人民共和国合伙企业法》的规定，GP拥有“某某有限合伙企业”100%的控制权，LP只有分红权，没有经营权、管理权、控制权。因此，家族公司中持有80%股权的老板、原始创始人拿到了“某某有限合伙企业”100%的控制权。

第四，根据《中华人民共和国公司法》第二十三条第三款的规定，只有一个股东的公司，股东不能证明公司财产独立于股东自己的财产的，应当对公司债务承担连带责任。因此，图2-1中的“某某企业技术服务有限公司（防火墙公司）”，“某某有限合伙企业”分别持有主体经营公司的80%、20%的股权比例，可以规避“某某企业技术服务有限公司（防火墙公司）”自证清白，承担连带法律责任的风险。

第五，从整个股权架构图来看，所有的主体经营公司的控制权掌握在持有家族公司80%股权的老板、原始创始人手中，即掌握主体经营公司100%的控制权：通过防火墙公司“某某企业技术服务有限公司”掌握主体经营公司80%的控制权+通过“某某有限合伙企业”掌握主体经营公司20%的控制权。

第六，通过股权持股平台“某某有限合伙企业”将主体经营公司的高管人员、技术骨干作为股权激励对象和其他社会投资者（财务投资者），作为

LP，只享受分红权，家族公司作为GP，占“某某有限合伙企业”极少的投资份额（1%以下）都享有“某某有限合伙企业”100%的控制权，真正实现了权钱分离。

第七，为了让“某某有限合伙企业”的股权激励对象、社会财务投资者充分享受主体经营公司分回的投资收益，根据《中华人民共和国合伙企业法》分红的规定，作为GP的家族公司可以与LP签订分红协议和在合伙协议中约定：GP不参与“某某有限合伙企业”的分红。

3.节税分析

第一，底层的主体经营公司将企业所得税后的税后利润分回到第二层的防火墙公司，防火墙公司根据《中华人民共和国企业所得税法》第二十六条及其实施条例第八十三条的规定，免征企业所得税。

第二，防火墙公司“某某企业技术服务有限公司”从主体经营公司分回的投资收益，用于转增主体经营公司的资本是免税的，或者依照10%预提法定盈余公积后，将剩下的投资收益分回家族公司，家族公司是免税的。

第三，家族公司从第二层的防火墙公司分回的股息和红利用于投资设立别的公司是免税的，还可以用于家族财产传承，也是免税的。

第四，“某某有限合伙企业”从第一层的主体经营公司分回的投资收益，根据财税〔2008〕159号文件第二条的规定，“某某有限合伙企业”不缴纳税，其合伙人是纳税人，如果合伙人是法人单位，则缴纳企业所得税；如果合伙人是自然人，则按照20%的个人所得税税率缴纳个人所得税。

（二）“三层股权架构”模型图2：适合民营建筑企业搭建的三层股权架构（见图2-2）

1.适用范围

图2-2适用于建筑行业的企业进行股权搭建。

2.控制权分析

图2-2的控制权分析与图2-1的控制权分析一样，这里不再赘述！

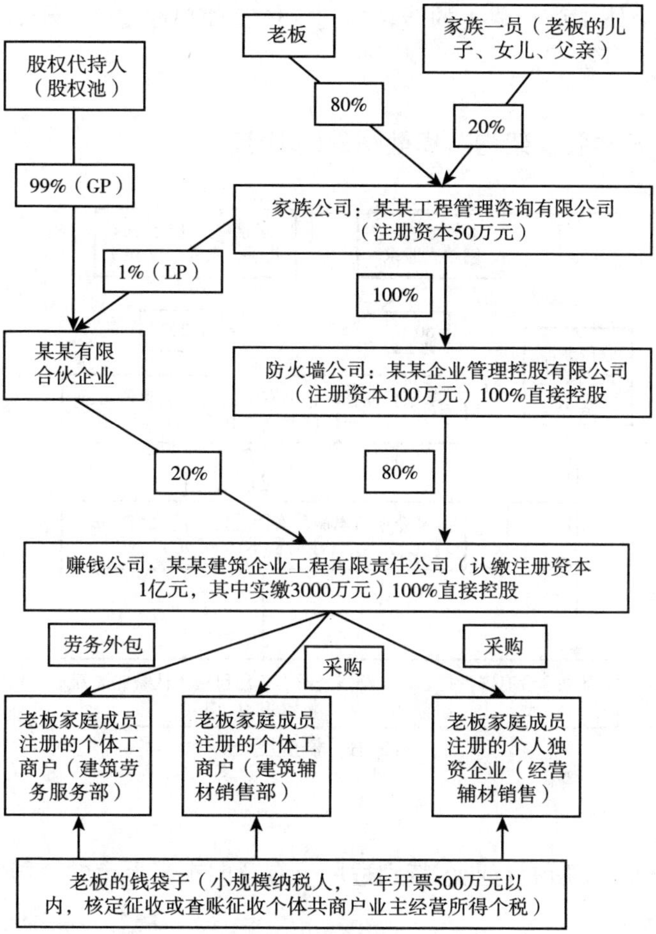

图2–2　模型图2

3. 节税分析

图2–2的节税分析与图2–1的节税分析一样，不同点如下：

第一，图2–1、图2–2的老板、原始创始人从家族公司分红，必须依照20%的个人所得税率依法缴纳个人所得税。

第二，图2–2为了解决老板、原始创始人从主体经营公司取钱节税的问题，通过注册“钱袋子”解决，即通过注册老板、原始创始人能控制的三个个体工商户（保留增值税小规模纳税人身份），与主体经营公司发生经营交易行为，在“四流一致”的情况下，个体工商户依法缴纳经营所得的个税后，可以将个体工商户账上的钱转移到个体工商户业主个人卡，这属于合法的资金流向。

（三）“三层股权架构”模型图3（见图2-3）

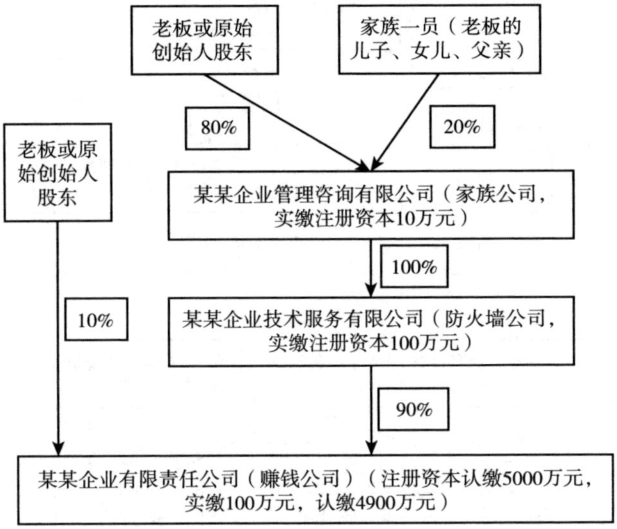

图2-3 模型图3

1.适用范围

图2-3适用于所有行业，特别适用于有意向未来上市的公司。

2.控制权分析

图2-3的控制权分析与图2-1的控制权分析一样，这里不再赘述！

3.节税分析

图2-3的节税分析与图2-1相同，不同点如下：

第一，让老板或原始创始人持有主体经营公司一定的小比例股权，可以解决老板、原始创始人个人的零花钱问题。即老板、原始创始人从主体经营公司分红时，依法按照20%的个人所得税率缴纳个人所得税后，由主体经营公司以公转私的形式，将扣除个人所得税后的分红所得直接转给老板、原始创始人个人卡。

第二，股票减持套现免个税。如果主要经营公司今后上市，老板、原始创始人股东从上市公司获得的原始股，在解禁期限结束后，持有上市公司股票一年以后进行股票减持套现的股票收益免个人所得税。

二、家族公司、防火墙公司、“主体运营公司”“钱袋子”的注册要点

（一）家族公司、防火墙公司、“主体运营公司”与“钱袋子”的内涵

1.“家族公司”的内涵

所谓的“家族公司”是指以原始创始人及其三代人以内的家庭成员作为自然人股东而设立的有限责任公司。

2.“防火墙公司”的内涵

所谓的“防火墙公司”是指直接持股并控制“主体运营公司（赚钱公司）”的有限责任公司（股权持股平台公司）。

3.“主体运营公司”的内涵

所谓的“主体运营公司”是指专门用来做业务、发生资金流和开票业务的有限责任公司或股份有限公司。

4.“钱袋子”的内涵

所谓的“钱袋子”是指专门成立的解决原始创始人平常短期所需要花钱的个体工商户、个人独资企业、有限合伙企业、小微企业。以上企业从“主体运营公司”外包一些业务而开具发票给“主体运营公司”，解决一些无票成本支出的痛点问题。

（二）“家族公司”“防火墙公司”的注册要点

1.“家族公司”的注册要点

（1）“家族公司”的经营范围、经营组织形式、注册地址。

“家族公司”的经营范围是企业管理、企业咨询、企业技术服务三大类。主要注册为“有限责任公司”的组织形式，不能以个体工商户、个人独资企业、有限合伙企业、一人有限责任公司名义注册。因为，个体

工商户、个人独资企业、有限合伙企业在法律上不是法人，必须要承担无限责任，而根据《中华人民共和国公司法》第二十三条第三款的规定，只有一个股东的公司，股东不能证明公司财产独立于股东自己的财产的，应当对公司债务承担连带责任。根据《最高人民法院关于民事执行中变更、追加当事人若干问题的规定》（法释〔2016〕21号）第二十条的规定：“作为被执行人的一人有限责任公司，财产不足以清偿生效法律文书确定的债务，股东不能证明公司财产独立于自己的财产，申请执行人申请变更、追加该股东为被执行人，对公司债务承担连带责任的，人民法院应予支持。”根据此条法律规定，如果只有一个自然人股东或只有两夫妻股东的有限责任公司，该股东不能证明公司财产独立于股东自己财产的，应当对公司债务承担连带责任。因此，“家族公司”必须注册为两人以上的有限责任公司。

“家族公司”的注册地址：主要在北京、上海、广州、深圳、海口等经济比较发达且营商环境比较好的地方注册。

（2）注册“家族公司”的股东要求。

杜绝两夫妻作为“家族公司”的股东。因为两夫妻作为一个家庭的成员，公司财产是夫妻共有财产，跟一人有限责任公司的一个股东一样，不能证明公司财产独立于股东自己家庭的财产，应当对公司债务承担连带责任，所以成立“家族公司”最好不要两夫妻共同担任股东。另外，“家族公司”成立时，不要让未成年人担任发起人股东。因为未成年人是限制民事行为能力人或完全无民事行为能力人，没有赔偿能力，所以可以让原始创始人的父亲或母亲担任未成年人的“股权代持人”，为了保证“股权代持”的合法性以及今后让隐名股东（作为原始创始人的未成年子女）恢复其股东资格，操作策略如下：

第一步：隐名股东与显名股东签订股权代持协议书，在协议书上，需要其他股东签字一致认可显名股东（原始创始人父亲或母亲）是隐名股东（作为原始创始人的未成年子女）委托的行使股权权利的代理人。

第二步：必须具备股东名册，在股东名册里注明的股东名字是显名股东的名字。

第三步：需要“家族公司”法定代表人（原始创始人）签字盖公司公章的隐名股东出资证明书，证明隐名股东是“家族公司”的实际出资人。

第四步：显名股东将其代持的股权质押给隐名股东，由于具有股权优先权，将来股权即使被拍卖，隐名股东也是第一受偿人。

第五步：出资金额的资金流：显名股东（原始创始人父亲或母亲）把出资金额转入“家族公司”账户时，在银行支付凭证的“附言”处，写明：“代替隐名股东（原始创始人的未成年子女）转入出资款”字样。

（3）“家族公司”股东出资款的出资流程。

原始创始人或老板投资设立“家族公司”时，将投资资金从自然人银行卡转入“家族公司”公账户时，在银行付款凭证的“附言”处，写明“出资款”字样，而不能写“投资款”字样。

（4）“家族公司”的财税处理。

“家族公司”一般很少发生业务，平常可以对外发生一些咨询、管理服务业务，开具发票，列支家族成员的工资、社保费用和一些管理费用，进行正常的会计核算和纳税申报。

2.“防火墙公司”的注册要点

（1）“防火墙公司”一定要注册为有限责任公司。

（2）“防火墙公司”的注册资本一定要实缴而不能认缴。

（3）“防火墙公司”的注册资本一定要小。因为“防火墙公司”从“主体运营公司（赚钱公司）”分回的投资收益，必须按照10%计提法定盈余公积，当计提的法定盈余公积达到注册资本的50%就不计提，而注册资本过大，“防火墙公司”账上滞留过大的盈余公积很难消化。

（4）“家族公司”投资注册设立“防火墙公司”时，将投资资金从“家族公司”公账户转入“防火墙公司”公账户时，在银行付款凭证的“附言”处，写明“出资款”字样，而不能写“投资款”字样。

（5）“防火墙公司”的注册地址：一是与“家族公司”不在同一地址注册；二是与“家族公司”在不同的城市注册；三是“防火墙公司”与“主体

经营公司（赚钱公司）"归属于不同税务部门管辖的同一城市注册。

（三）"防火墙公司""家族公司""主体经营公司（赚钱公司）"之间的股权比例及其高管人员配置

1."防火墙公司""家族公司""主体经营公司（赚钱公司）"的法定代表人、财务负责人、出纳不能同一个人担任。

2."防火墙公司""家族公司"不设董事会、监事会、股东会，只设一名董事，由该董事兼任法定代表人、总经理。

主要的法律依据如下：《中华人民共和国公司法》第七十五条规定："规模较小或者股东人数较少的有限责任公司，可以不设董事会，设一名董事，行使本法规定的董事会的职权。该董事可以兼任公司经理。"第十条规定："公司的法定代表人按照公司章程的规定，由代表公司执行公司事务的董事或者经理担任。担任法定代表人的董事或者经理辞任的，视为同时辞去法定代表人。"第八十三条规定："规模较小或者股东人数较少的有限责任公司，可以不设监事会，设一名监事，行使本法规定的监事会的职权；经全体股东一致同意，也可以不设监事。"

3."防火墙公司""家族公司""主体经营公司（赚钱公司）"之间的股权比例。

第一，家族公司可以100%持股防火墙公司。

第二，防火墙公司不可以100%持股经营实体公司（赚钱公司）。

三、搭建"三层股权架构"的原因分析

（一）防止赚钱公司的债权人向人民法院申请"家族公司"作为被执行人，承担连带法律责任

《最高人民法院关于民事执行中变更、追加当事人若干问题的规定》（法释〔2016〕21号，2020年修正，以下简称"追加规定"）第十七条至第二十条规定了可以追加被执行人的股东为被执行人的几类情形。但某些情况下，

该股东只是“中转站”，其股东亦存在未出资、抽逃出资、未出资即转让股权、一人公司等情形。既然该股东已经被追加为被执行人，能否继续追加该股东的股东为被执行人呢？从以上规定可以看出，对于能否追加被执行人的股东为被执行人，法律并没有明确规定，法院基于执行程序的特性保守处理，不允许追加。

但是，如果出现了纵向人格否定，则依据《中华人民共和国公司法》第二十三条第一款的规定：“公司股东滥用公司法人独立地位和股东有限责任，逃避债务，严重损害公司债权人利益的，应当对公司债务承担连带责任。”

本条款中的“公司股东”应该包括了“控股股东”。何为“控股股东”？《中华人民共和国公司法》第二百六十五条第（二）项规定：“控股股东，是指其出资额占有限责任公司资本总额超过百分之五十或者其持有的股份占股份有限公司股本总额超过百分之五十的股东；出资额或者持有股份的比例虽然低于百分之五十，但依其出资额或者持有的股份所享有的表决权已足以对股东会的决议产生重大影响的股东。”

根据《九民纪要》第二条第（四）项规定，股东滥用公司法人独立地位和股东有限责任的情形主要包括资本显著不足、人格混同及过度支配与控制，在审理案件时，需要根据查明的案件事实进行综合判断，既审慎适用，又当用则用。实践中存在标准把握不严而滥用这一例外制度的现象，同时也存在因法律规定较为原则、抽象，适用难度大，而不善于适用、不敢于适用的现象，均应当引起高度重视。

基于以上法律规定，只要设立三层的股权架构结构，且股东不存在人格否定的情况下，主体经营公司（赚钱公司）的债权人就不可以在向人民法院起诉时，把“家族公司”追加为被执行人，否则，人民法院不予以立案。

（二）三层股权架构中的“防火墙公司”规避的四大法律风险

1. 可以规避“主体运营公司（赚钱公司）”认缴较大的注册资本带来的法律风险

根据《中华人民共和国公司法》的规定，有限责任公司的股东以认缴的注册资本为限对公司承担债务清偿责任。因此，设立“防火墙公司”（有限责任公司）作为“主体运营公司（赚钱公司）”的绝对或相对控股股东，可以使“防火墙公司”（有限责任公司）的原始创始股东规避“主体运营公司（赚钱公司）”认缴较大的注册资本带来的债务清偿责任。

例如，原始创始股东甲直接持股“主体运营公司（赚钱公司）”100%的股权，认缴注册资本为1亿元，如果“主体运营公司（赚钱公司）”经营亏损，对外欠1.2亿元债务，则原始创始股东甲必须承担1亿元的债务清偿责任。如果原始创始股东甲及其儿子共出资并实际缴足注册资本100万元，设立一家注册资本为100万元的“家族公司”，其中原始创始股东甲及其儿子在该“家族公司”占有的股权比例分别为90%、10%，同时假设该“家族公司”实际缴足100万元，设立一家认缴注册资本1亿元的“主体运营公司（赚钱公司）”，由于“主体运营公司（赚钱公司）”经营亏损，对外欠1.2亿元债务，则原始创始股东甲对外只承担90万元的债务清偿责任。

2.可以规避一个自然人持股多家“主体运营公司（赚钱公司）”之间法律风险的相互波及传递

如果原始创始人持有多家“主体运营公司（赚钱公司）”的绝对或相当控股股权，只要有一家“主体运营公司（赚钱公司）”出现了法律问题，则出了问题的“主体运营公司（赚钱公司）”的风险会波及其他没有出问题的“主体运营公司（赚钱公司）”以及原始创始人及其家庭成员。如果每一家“主体运营公司（赚钱公司）”的上层有一家“防火墙公司”持股，然后“防火墙公司”的上层又有一家“家族公司”控股，则可以规避和隔离出问题的“主体运营公司（赚钱公司）”的风险波及原始创始人及其家庭成员。

3.可以降低企业的税负，增加减税效应

由于“防火墙公司”（有限责任公司）是法人单位，其从直接投资的“主体运营公司（赚钱公司）”分回的公司未分配利润免征企业所得税，同时将分回的未分配利润用于投资、转增“主体运营公司（赚钱公司）”的注册资本是免税的。

第三节　破局秘诀三：通过“三大工具、六大策略”掌控公司控制权

如果从单个公司层面做好公司控制权的股权设计，则采用掌握公司控制权的三大工具是：**股东协议、公司章程、股东会和董事会会议**，其中最重要的工具是公司章程。通过公司章程的巧妙设计，分别从**股权层面、股东会层面、董事会层面、董事长层面、管理（CEO）层面、法定代表人层面**六大策略上进行设计，实现原始股东牢牢掌握公司的控制权。

一、掌握公司控制权的三大工具：股东协议、公司章程、股东会和董事会会议

（一）股东协议

1.股东协议的范围、约定内容、签约对象

股东协议是指股东之间签订的协议，主要用于在创始人之间、投资人之间、持股员工之间、股权转让的股东之间进行责权利的分配和约定。除了公司成立之初签订的股东协议外，可能还会有股权转让协议、融资的增资扩股协议、股权激励的员工持股协议等，**可以约定：**股东间的出资比例、出资形式、出资期限、持股比例、表决权设计、分红的规则、董事和管理层任免规则、股权转让规则，以及股东的进入、退出、调整、继承规则等，还可能有对赌协议、一致行动人协议等。无论签署哪种协议，其中规定了哪些条款，都必须遵循可控原则，即能够对签署各方都构成约束，否则一旦失控可能失去多公司的控制权。

股东协议签约的对象可能包括创始人、投资人、持股员工、股权转让的股东等。一般而言，创始人、投资人、股权转让的股东既关心控制权又关心收益权；而受股权激励的员工一般只关心收益权，不关心控制权。股东协议必须平衡这些高追求人群各自利益，比员工的股权激励更有难度，也更为重要，因为签订协议后，任何一方不同意将无法修改，一次签字可能定终身。

2.签订股权协议的可控性条款

第一，重大事项决策的约定条款。

小股东为了保护自身利益，实现不出一分钱也能成为大股东的目的，通常在股东协议中约定：关于特定的、重大的决策事项，需要全体股东或者满足75%以上表决权的股东同意通过。或约定：投资人在公司中拥有股东特权。或约定：与股权比例不一致的收益分配比例。或约定：股东不出一分钱也能成大股东。

【案例分析11：签订股东协议致使持股89%的大股东丧失公司控制权】

（一）基本情况介绍

2012年在A股上市的远大智能（之前叫“博林特”），在上市前的2010年9月引入投资者：恒成国际和凡高资本。当时的四家股东（远大铝业集团、新加坡远大铝业、福康投资、卓辉投资）与康宝华、恒成国际和凡高资本签署《投资协议》，协议约定：

1.两家投资人投资9200万元，共占11.06%的股份。

2.在公司上市以前，公司董事会和监事会成员（除职工董事、职工监事外）的报酬事项和利润分配事项，需经出席股东大会的股东所持表决权的90%以上通过。

请分析该股东协议能否让持股89%的大股东丧失公司的控制权。

（二）公司控制权的分析

该《投资协议》签订之后，恒成国际和凡高资本虽然共持公司股权的11.06%，但他们对这些事项有一票否决权，没有他们的同意将无法满足90%的表决权条件。所以持股89%的股东没有绝对控制权，更不要说持股67%的股东了。

第二，公司出资的约定条款。

股东认缴公司注册资本是企业成立的前提。在股东协议中明确约定各股东认缴的注册资本金额、出资方式、出资时间及实际缴纳注册资本的时限（最长不得超过公司设立之日起5年）、到期未能出资的违约责任和变通措施，如其份额可由其他股东代缴并取得相应股权，再如未出资不得参与利润分配等。

第三，表决权分配的约定条款。

表决权是股东参与公司事务管理与决策的主要途径。《中华人民共和国公司法》规定，公司股东可以在公司章程中约定表决权分配，该表决权分配可以不同于认缴和实缴注册资本比例，也可以不同于股权分配比例（同股不同权）。因此，**可以在股东协议中约定：按照资金、技术、管理、人脉资源对公司的实际贡献确定表决权的分配比例**。这对于那些除了提供资金，还能给公司带来其他资源或具有更强经营管理能力的股东是合理和必要的。

第四，融资安排的约定条款。

融资涉及股东股权比例的稀释，在股权协议中约定股东股权稀释比例的范围或底线，以及创始股东在股权比例低于多少后可享受的特殊权利。

第五，利润分配的约定条款。

根据《中华人民共和国公司法》第二百一十条第四款规定：“公司弥补亏损和提取公积金后所余税后利润，有限责任公司按照股东实缴的出资比例分配利润，**全体股东约定不按照出资比例分配利润的除外。”**

因此，在股东协议中可以约定：股东可按照股权比例分取红利，或者为了体现股东在公司的贡献值，让股东的管理能力、渠道资源参与分配，**在股东协议中约定：向特定股东定向分配利润或部分股东放弃分红，或不按照股权比例分配红利。**

第六，股权转让的约定条款。

根据《公司法》第八十四条规定：“有限责任公司的股东之间可以相互转让其全部或者部分股权。股东向股东以外的人转让股权的，应当将股权转让的数量、价格、支付方式和期限等事项书面通知其他股东，其他股东在同等条件下有优先购买权。股东自接到书面通知之日起三十日内未答复的，视为放弃优先购买权。两个以上股东行使优先购买权的，协商确定各自的购买比例；协商不成的，按照转让时各自的出资比例行使优先购买权。**公司章程对股权转让另有规定的，从其规定。"因此，基于风险防范和股权结构的考虑，可以在公司章程或股东协议中约定如下条款：**

（1）约定公司股东的股权只能以平价转让给公司内部股东。

（2）某有限公司章程约定："为奖励对公司具有特殊贡献的高管或技术骨干，公司控股股东可将其持有的部分股权进行赠与，但出让股东仅转让相应比例的分红权，受让股东不享受表决权和转让权以及其他股东权益。"

（3）股权不得向股东以外的人转让；或者约定：在公司成立的五年以内，不得向股东以外的人转让股权；或者约定：股东转让的股权由创始人平价回购。

第七，股东身份继承的约定条款。

根据《中华人民共和国公司法》第九十条的规定：**"自然股东死亡后，其合法继承人可以继承股东资格；但是，公司章程另有规定的除外。"**基于此规定，公司股权可以由股东的法定继承人继承，但是基于有限责任公司的人合性，股东可以通过股东协议或公司章程约定，以下是股东资格继承的限制性条款：

（1）约定自然人股东死亡后，其股东资格自动失效，其股权由公司原始创始人或者公司的持股平台公司按照其净资产收回。

（2）约定：自然人股东死亡后，其法定继承人不能直接取得股东资格，其他不同意继承人加入的股东应当以合理的价格购买其拥有的股权。或者约定法定继承人只享有分红权，无其他股东权利。

（3）约定：股东死亡，股东资格的继承要得到三分之二股东的同意；如果未达到要求，被继承人的股权应优先转让给其他股东。

第八，离婚导致股权分割的约定条款。

为了解决股东离婚导致股权分割而丧失公司控制权问题，可以在股权协议中约定：如果股东离婚导致分割给前配偶的股权，公司或其他股东有权或强制性买断判决给离婚股东前配偶的股权。

第九，股东个人重大意外的特别约定条款。

如果公司股东突发重大意外，如死亡、残疾，导致不能再履行公司职责，可在股东协议或公司章程中特别约定：自然人股东发生重大意外，其股权不能继承而只能由公司的内部股东进行收购。或者约定：自然人股东死亡后，其股东资格不可以由法定继承人继承，只能保留股权的收益权，由其法定继承人享受股权的收益权。

（二）公司章程

公司章程是根据《中华人民共和国公司法》制定的公司宪章，公司章程与《中华人民共和国公司法》存在一定的联系，只要《中华人民共和国公司法》中没有规定或规定不清楚的情况下，都可以在公司章程中进行详细规定。同时公司章程是掌握公司控制权设计最重要的工具，完全可以通过公司章程的巧妙设计而实现原始创始人长期掌握公司控制权。实践中，往往会出现多份不同的公司章程且公司章程的规定有矛盾、市场监督管理局不同意公司章程备案等问题，应如何处理呢？分析如下：

1.出现多份不同的公司章程且公司章程的规定有矛盾的处理

当出现多份不同的公司章程且公司章程的规定有矛盾时，以签订时间在后的公司章程为准。

2.市场监督管理局不同意公司章程备案的处理

根据《中华人民共和国公司法》第五条的规定：“设立公司必须依法制定公司章程。公司章程对公司、股东、董事、监事、高级管理人员具有约束力。”在市场监督管理局登记时，必须将公司章程在市场监督管理局进行备案。实践中如果出现两份不同的公司章程，其中有一份在市场监督管理局进行了备案，另一份公司章程没有在市场监督管理局进行备案，则市场监督管理局没有同意备案的另一份公司章程有效吗？在司法实践的判例中，法院认为：公司章程没有在市场监督管理局备案，并不影响公司出于内部治理需要在原公司章程基础上重新订立公司章程。重新订立的公司章程都是各股东已经签字认可，且签署时间在原备案的公司章程之后，对签字认可的各股东都有约束力。

3.公司章程规定不得违反《中华人民共和国公司法》规定

公司章程是公司依据《中华人民共和国公司法》制定的、规定公司名称、地址、经营范围、经营管理制度等重大事项的基本文件，是公司必备的规定公司组织及其活动基本规则的书面文件，也是股东共同一致的以上表示，载明公司组织和活动的基本准则，是公司的宪章。公司章程中涉及股东会职权、董事会职权及其议事程序、规则，出资方式、出资时间、股权转让、增资扩股、股息红利分配、表决权的分配等公司章程条款，必须依据《中华人民共和国公司法》的相关规定进行制定，否则将违反《中华人民共和国公司法》规定的公司章程条款视为无效。

4.公司章程优于《中华人民共和国公司法》（公司章程是《中华人民共和国公司法》的补充）

在不违反《中华人民共和国公司法》规定的前提下，公司章程约定优于《中华人民共和国公司法》的规定。具体实际操作如下。

《中华人民共和国公司法》第六十六条第三款规定：“股东会作出修改公司章程、增加或者减少注册资本的决议，以及公司合并、分立、解散或者变更公司形式的决议，应当经代表三分之二以上表决权的股东通过。”基于此法律规定，在公司章程中设计的“股东会作出修改公司章程、增加或者减少注册资本的决议，以及公司合并、分立、解散或者变更公司形式的决议，应当经代表低于2/3以上表决权的股东通过”的规则违反了《中华人民共和国公司法》的规定，是违法的。但在公司章程中规定“修改公司章程、增加或减少注册资本的决议，以及公司合并、分立、解散或者变更公司形式的决议等重大事项需经全体股东表决通过”是合法的。

（1）股东获得表决权方式的设计规则。

《中华人民共和国公司法》第六十五条规定：“股东会议由股东按照出资比例行使表决权；但是，公司章程另有规定的除外。”

《中华人民共和国公司法》第六十六条规定：“股东会的议事方式和表决程序，除本法有规定的外，由公司章程规定。”

“公司章程另有规定的除外”和“由公司章程规定”为公司控制权在公司章程设计中留下很大的法律空间，**可以通过公司章程约定不按照出资比例行使表决权、按照股权比例行使表决权，或者可以约定其他同股不同权的形式。**

（2）扩大或减少董事会职权的设计规则。

《中华人民共和国公司法》第六十七条规定：“有限责任公司设董事会，本法第七十五条另有规定的除外。董事会行使下列职权：（一）召集股东会会议，并向股东会报告工作；（二）执行股东会的决议；（三）决定公司的经营计划和投资方案；（四）制订公司的利润分配方案和弥补亏损方案；（五）制订公司增加或者减少注册资本以及发行公司债券的方案；（六）制订公司合并、分立、解散或者变更公司形式的方案；（七）决定公司内部管理机构的设置；（八）决定聘任或者解聘公司经理及其报酬事项，并根据经理的提名决定聘任或者解聘公司副经理、财务负责人及其报酬事项；（九）制定公司的基本管理制度；（十）公司章程规定或者股东会授予的其他职权。公司章程对董事会职权的限制不得对抗善意相对人。”

基于**“（十）公司章程规定或者股东会授予的其他职权”**的规定，在不违反国家强制性的、禁止性的法律规定的前提下，**可以在公司章程中设计“扩大或减少董事会职权”的规则。**但《中华人民共和国公司法》规定的董事会职权没有“必须”的规定，理论上董事会是可以完全被架空的。如果董事会被架空了，则即使控制了董事会也没有意义，无法掌握公司控制权。

例如，除了以下三项必须由股东会行使的法定职权外：

①对公司增加或减少注册资本作出决议；

②修改公司章程；

③对公司合并、分立、变更、解散和清算等事项作出决议。

在公司章程中约定将股东会行使的其他职权交由董事会行使。

笔者特别提醒：由于《中华人民共和国公司法》第六十六条第三款规定："股东会会议作出修改公司章程、增加或减少注册资本的决议，以及公司合并、分立、解散或者变更公司形式的决议，应当经代表三分之二以上表决权的股东通过。"从"应当"可以看出，修改公司章程、增加或减少注册资本的决议，以及公司合并、分立、解散或者变更公司形式的决议，只有股东会才有决定权，这是股东会的法定职权。如果将以上股东会行使的法定职权交由董事会行使，则违反了强制性的法律规定，应属无效。

（3）扩大或减少股东会职权的设计规则。

《中华人民共和国公司法》第五十九条规定："股东会行使下列职权：（一）选举和更换董事、监事，决定有关董事、监事的报酬事项；（二）审议批准董事会的报告；（三）审议批准监事会的报告；（四）审议批准公司的利润分配方案和弥补亏损方案；（五）对公司增加或者减少注册资本作出决议；（六）对发行公司债券作出决议；（七）对公司合并、分立、解散、清算或者变更公司形式作出决议；（八）修改公司章程；（九）公司章程规定的其他职权。

股东会可以授权董事会对发行公司债券作出决议。"

基于此规定，《中华人民共和国公司法》规定的股东会职权可以增加，增加无上限；也可以减少，但减少有下限，不可以减少到0。

基于**"（九）公司章程规定的其他职权"**的规定，在不违反国家强制性、禁止性的法律规定的前提下，可以在公司章程中设计"扩大股东会职权"的规则。

例如：在公司章程中约定，将《中华人民共和国公司法》第六十七条应由董事会行使的第（八）项职权**"决定聘任或者解聘公司经理及其报酬事项，并根据经理的提名决定聘任或者解聘公司副经理、财务负责人及其报酬事项"**转移到股东会行使。

（4）公司章程可以详细规定股东会议的议事方式和表决程序。

《中华人民共和国公司法》第六十六条规定："股东会的议事方式和表决程序，**除本法有规定的外，由公司章程规定。"**基于"**由公司章程规定"**的规定，可以在公司章程中约定股东会议的议事方式，包括何时开会、如何召集、如何代理、如何表决、如何记录等。例如：可以约定通过视频、微信、腾讯、QQ群开会。又如：可以在公司章程中约定股东会议的表决程序：实名投票表决、拒绝在股东决议上签字的股东视为已经投反对票。

5.公司章程与股东协议之间的联系

（1）约定内容的依据。

公司章程与股东协议都依据《中华人民共和国公司法》而制定，凡是涉及《中华人民共和国公司法》没有明确规定、公司章程有权处理的事项，可以在公司章程里规定宽泛的明确安排，具体规定通过股东协议安排。这样保证了公司章程依法被披露时，仍有涉及公司组织结构和经营管理的关键内容不被外界所知。

（2）两者约定的内容保持一致。

公司章程与股东协议在涉及大的内容方面应保持一致。如果先签署股东协议，应在法律许可的范围内将其落实到公司章程中去。

6.公司章程与股东协议的区别

（1）公开程度不同。

股东协议是股东之间签署的协议，可以保密，不需要到有关部门备案。公司的第一份公司章程应到市场监督管理局备案，具有一定的公开性，后面修改的有关公司章程没有在市场监督管理局备案不影响其效力。但股东协议并不需要对外披露。因此，股东不愿意对外透露的内容可以放在股东协议里。

（2）签署对象不同。

签署股东协议的可能是部分股东，也可能是全部股东。而公司成立的第一份公司章程必须由全体股东签署，后面变更的公司章程不一定需要全体股东签署。

（3）作用对象不同。

股东协议跟股东，股东变了，协议就随着股东"飘走"了；股东协议只对签约的股东有效，谁签约就约束谁，没有签署股东协议的人不受约束。

公司章程跟公司，不管股东如何变，公司章程都不会随着股东“飘走”，股东变化不会影响公司章程的效力。而且公司章程对公司、全体股东、董事、监事、高管等均有约束力，无论有没有在上面签名，都要受约束。

（4）适用的法律不同。

股东协议是合同的一种，主要适用《中华人民共和国民法典》的合同编；而公司章程主要适用《中华人民共和国公司法》。

（5）效果不同。

在股东协议中，每个签署股东都代表自己的独立意志，不存在少数服从多数的问题。在股东协议生效后，意味着股东协议已经获得所有签字股东100%同意；如果要修改股东协议，仍需要获得签约各方100%同意才可以修改。

公司章程不一定能代表每个股东的独立意志，公司章程是通过表决的方式，按照少数服从多数的原则，将部分股东的个人意志上升为公司的集体意志，反对的股东也需要遵守已经通过的公司章程。修改公司章程不一定需要100%的股东同意，需要多少股东同意按照公司章程规定。

笔者特别提醒：股东协议只能作为公司控制权涉及的辅助工具，而不是主要工具，股东协议并不必然能起到公司章程的作用。

（三）股东会和董事会会议

股东会和董事会会议是落实将股东和董事的个人意志上升为公司的集体意志，发挥公司控制权的重要平台，也是股东和董事进行议事、加强公司控制权的重要场所。《中华人民共和国公司法》对于将股东或董事个人意志上升为公司集体意志的操作，是有程序要求的，如果违背了股东会和董事会开会的程序性要求，也会丧失公司的控制权，或者说，很难实现公司控制权的真正落地。

例如，根据《中华人民共和国公司法》第六十四条的规定：“召开股东会会议，应当于会议召开十五日前通知全体股东；但是，公司章程另有规定或者全体股东另有约定的除外。”所以，如果公司章程没有另外规定，召开股东会会议需要提前15天通知全体股东；如果公司章程另有规定，则按照公司章程规定的时间通知。如果没有按照规定的时间通知各位股东，就算开了或通过了股东会决议，也可能被法院判决撤销。

二、掌握公司控制权的六大策略

掌握公司控制权六大策略是从股权层面、股东会层面、董事会层面、董事长层面、管理（CEO）层面、法定代表人层面掌握公司的控制权。

（一）从股权层面掌握公司控制权的策略

通过股权比例掌握公司控制权只是初级操作模式。从股权层面掌握公司控制权是指基于股东占有公司股权比例的考虑，在公司章程中进行巧妙设计，实现原始股东或投资者对公司控制权的一种策略。具体的操作策略是：通过公司章程约定“一票否决权”，签订“一致行动人协议”、委托投票权协议、虚拟股权模式，通过公司章程约定“同股不同权”、谨慎对赌协议，隐藏失去公司控制权的陷阱。

1.股权比例与公司控制权的关系

对有限责任公司而言，**股权比例与公司控制权的关系总结如下。**

（1）只有在公司章程没有另外规定的情况下，67%的股权比例才能起到控制公司作用。如果公司章程有不同的规定，则67%的股权比例不再有效。

（2）34%的股权比例主要针对“修改公司章程、增加或者减少注册资本的决议，以及公司合并、分立、解散或者变更公司形式”等重大事项具有“一票否决权”，但是并不能用于掌握公司控制权。

2.通过公司章程约定原始创始人拥有绝对控制权的股权比例

拥有公司67%或2/3以上表决权的股权比例是绝对控制权的股权生命线。当原始股东拥有公司股权比例低于67%时，可以通过公司章程约定原始股东拥有绝对控制权的股权比例，实现其掌握公司控制权。

【案例分析12：某有限公司引进新的投资者不失去公司控制权的股权设计策略】

（一）案情介绍

自然人甲和自然人乙共同投资注册成立了一家有限责任公司A（以下简称“A公司”），其中甲占60%的股权比例，乙占40%的股权比例。股权比例如图2-4所示，现在自然人丙准备增资1000万元入股A公司，要求占A公司30%的股权比例，可是乙在A公司占40%的股权比例，超过具有一票否决权的股权比例34%，乙不愿意稀释自己的股权比例，甲根本没有办法。请分析如何进行股权设计，既能实现A公司增资的需要，又不稀释乙的股权比例呢？

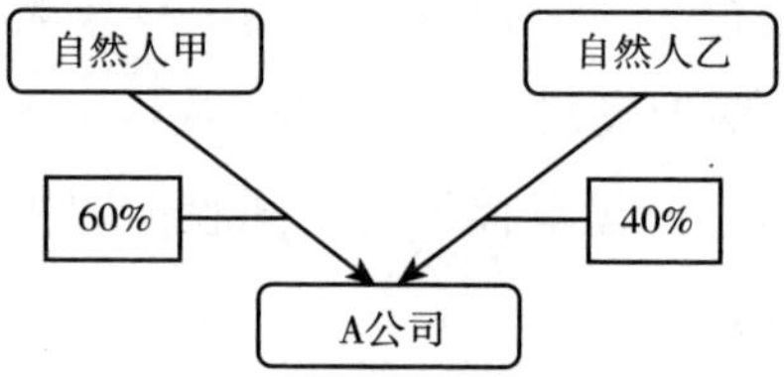

图2-4 A公司的股权比例

（二）股权设计策略

第一步：甲与丙出资共同注册一家有限合伙企业B（以下简称“B企业”），其中甲占40%的股权比例，法律身份是普通合伙人（GP），丙占60%的股权比例，法律身份是有限合伙人（LP）。

第二步：甲转让A公司的50%股权给B企业。

第三步：办理相关工商变更登记手续，使A公司的股权比例为：甲稀释股权50%后占10%，乙继续保留原来的股权比例40%，B企业占50%。具体情况如图2-5所示。

第四步：召开股东大会，修改公司章程。

笔者提醒：公司章程中采用同股不同权模式，即采用非上市公司的特殊AB股：平均主义模式。因此，**在公司章程约定：每一股东有一表决权。**

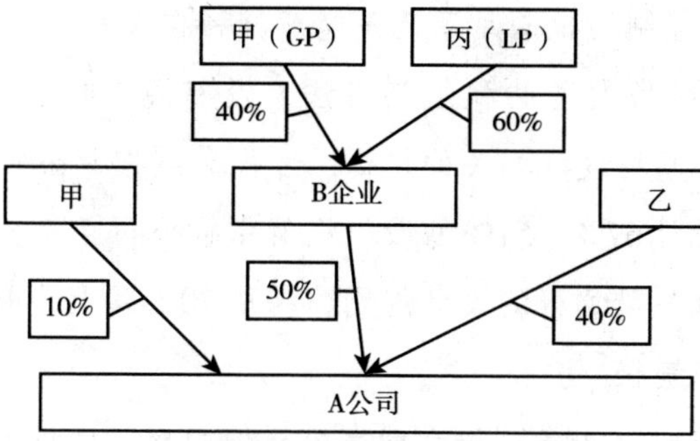

图2-5　A公司的股权比例

第五步：在投资合伙协议中约定股东退出机制条款，该条款约定如下。

（1）锁定期退出。约定期3年内不能退出，如果退出则放弃股东身份，净身出户。

（2）亏损期退出。在公司未盈利之前退出，则一元回购股权。

（3）合同期满退出。合同到期退出，则公司以净资产同样的价格回购股份。

（4）分期退出。首次退出40%，剩余的60%于两年内退完，如果两年内从事同行业务、挖公司客户或员工，则不再退还。

（5）设置高额违约金。锁定期3年，谁中途退出，谁承担高额的违约金及造成的损失。

（三）股权设计变更后的股权控制力分析

第一，满足了原股东乙不愿意稀释股权的愿望。

第二，股东甲稀释股权50%给B企业，在A公司的股权比例变成10%，但是甲在B企业占有40%的股权比例，且是普通合伙人的法律身份，对B企业具有绝对控制权。因此，甲在A公司具有60%（10%+50%）的股权比例。根据修改的公司章程“每一股东有一表决权”的规定，甲在A公司有两个表决权，刚好占到A公司表决权的三分之二，符合《中华人民共和国公司法》重大事项决策的表决权比例要求，既实现了甲在

A公司的股权控制，也满足了乙不愿意稀释在A公司的股权愿望。

第三，《中华人民共和国公司法》没有规定持股51%有什么权力，需要通过公司章程设计相关的规则，才能起到控制公司的作用。

第四，设计67%、51%的股权比例掌握公司控制权只是很初级的做法。因为通过公司章程的设计规则，持股70%以上的股东既无绝对控制权也无相对控制权。

第五，持股比例多不等于就有公司控制权，通过公司章程的巧妙设计规则，持有公司较少的股权比例，如只持股0.0001%的小股东，也能实现控制公司的目的。

第六，如果一直保持持股67%以上的股权比例，且不在公司章程中进行设计规则，则采用市场监督管理局版本的公司章程就能够掌握公司控制权。

3.谨慎融资协议中对赌条款的陷阱

谨慎融资协议中对赌条款的陷阱：原始创始人失去公司控制权而出局。许多创始人失去企业控制权的根源在于融资协议中签订的对赌条款、回购条款，这些条款通过精心设计，目的是让创始人出局。因此，只有在融资时谨慎观察对赌条款并作出正确的判断，创始人才能守住底线。

【案例分析13：俏江南创始人张某失去公司控制权而出局的缘由：对赌协议惹的祸】

（一）失去公司控制权的情况介绍

1.俏江南的创立

1990年，张某创办俏江南。俏江南定位：做国际大品牌，开连锁店，把俏江南打造成“餐饮业中的LV”。据说，俏江南单店成本超过了1000万元，需要3—4年回收成本，资金压力大。随着门店的迅速扩张，投入门店的成本加大，俏江南的资金链出现断裂。此时，张某将国内知名投行“鼎晖”引入俏江南。

2.引入投行：鼎晖

2008年，投行“鼎晖”出资2亿元，占有俏江南10.53%的股份，俏江南当时的估值达到19亿元。投行“鼎晖”的进入，缓解了俏江南的资金断链困境，但同时也带来风险。为预防投资风险，鼎晖和俏江南双方签订了苛刻的对赌协议，其中包括“股份回购条款”。协议显示：**俏江南必须在2012年底实现上市，否则俏江南必须回购鼎晖手中的股份，且每年回报率为20%。**

2011年3月，俏江南向中国证监会提交了上市申请，但当时A股上市排队的公司有600多家，A股上市遥遥无期。祸不单行，2012年底，国家“八项规定”“六项禁令”出台，监管层冻结了餐饮行业的IPO申请，俏江南在A股和港股上市失败，触发了股份回购条款。

根据回购条款内容，投行“鼎晖”按照“对赌协议”约定获得至少2倍回报，但当时俏江南处于经营非常困难的境地，难以拿出4亿元现金去回购鼎晖所持有的股份。

为了保障自身利益不受损失，投行“鼎晖”启动了“领售权条款”（强制随售权），即投行“鼎晖”要求除转让自己的10.53%的股份以外，还要求张某跟随出售72.17%的股份，合计是82.7%的股份，股份数量超过50%，基本可以视作是一个清算事件。

如果公司触发清算条款，A类优先股股东（即投资人）有权优于普通股股东（创业股东）每股获得初始购买价格2倍的回报，这样就能保障其全身而退。换句话说，投行“鼎晖”和张某同时出售股票，在优先保障投行“鼎晖”2倍回报后，剩余才是张某所得回报。

3.CVC的引入

2014年，投行“鼎晖”将欧洲最大的私募股权基金CVC引入，CVC以10亿元收购俏江南82.7%的股份，其中利用杠杆从银行贷款8亿元，贷款来的8亿元除了给投行“鼎晖”约4亿元，剩下少量归张某所有。

收购俏江南的CVC也不是慈善家，其给自己设了一个安全阀，采用价格杠杆来应对收购俏江南的风险：一方面，CVC只需要支付少量现金，就可以撬动大的收购；另一方面，其依靠外部债权资金收购俏江南，日后还款依赖于俏江南企业所产生现金流。CVC收购俏江南的流程如图2-6所示。

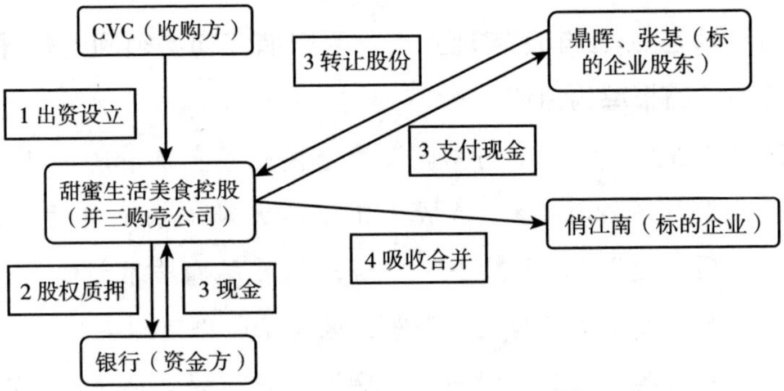

图2-6 CVC收购俏江南的流程

CVC完成收购后，当时整个高端餐饮行业还没有回暖，俏江南的经营状况也没有好转，致使CVC无法依靠俏江南产生的现金流偿还并购贷款。为了防止越陷越深，CVC干脆放弃了俏江南的股权，连同张某的所有股权都被银行接管。银行委派了香港保华顾问进驻了俏江南，CVC和张某从俏江南的董事会退出。至此俏江南改朝换代，改姓易名，属于张某的时代结束。

从极盛到衰败不过短短6年，创始人张某经历了从引进融资到被扫地出门的窘境。

张某在回顾俏江南衰败时说道："最大的错误就是引进鼎晖投资。"创业公司在引入风险资本后，如果运营不如预期而触发某些投资条款，如股份回购条款、强制随售权、清算优先权条款，则会导致创始人被踢出局。

（二）创始股东不失去公司控制权的思路

第一，创始股东在引进资金时，通过股份转让还是增资扩股比较好？前者是做存量，股份越卖越少；后者是做增量，可以减缓股份稀释的速度。无论哪种方式引进股东，忌讳的是一次性稀释较大的股份，让自己成为小股东。

第二，引进股东时，需要考虑其目的：引进的股东是战略投资者、财务投资者还是要参与经营？

第三，对引进的股东做尽职调查。避免一次引进多个互相熟悉的股东，预防他们成为一致行动人。

第四，创始股东要善于利用公司章程来确定自己的控制权。对于公司章程，尽量不要使用市场监督管理局提供的模板。

第五，在融资条款中尤其需要警惕对赌条款，尽量避免对赌。如果是对于业绩和IPO进程的对赌，一定要量力而行。一时脑热约定了不现实对赌目标，可能会导致“净身”出户，最终丧失控制权。

4.通过“虚拟股权”模式确保67%的股权比例从而掌握公司控制权

所谓的“虚拟股权”是指企业授予符合条件的公司高管、管理层、技术骨干人员的一种股权，**该股权只享有分红权，但是没有表决权和所有权，不能转让和出售，在持有者离开公司后，虚拟股权会自动失效的一种股权激励模式。**

【案例分析14：创新工场“虚拟股权模式”控制公司的股权结构分析】

（一）基本情况介绍

创新工场（北京）企业管理股份有限公司（以下简称“创新工场”）在“新三板”的公开转让说明书显示：公司的核心要素为人力资本，尤其是在李某复博士的带领下，聚集了一批在各自专业领域具有领先优势和丰富经验的导师资源和管理团队，在李某复带领下的核心管理团队的稳定和导师资源的拓展，对公司保持业内核心竞争力具有重要的意义。可是李某复于2015年9月起担任创新工场董事长以来，并未持有创新工场的股份，也不在创新工场领取报酬，究竟是什么条件让李某复博士留在创新工场工作呢？

创新工场2015年进行第二次增资后，汪某、陶某、郎某晖、张某四大股东的持股比例分别达到27.83%、14.09%、11.36%、11.36%，另外四位小股东的持股比例总和为15.36%。八位股东的持股比例总和为80%，余下的20%为北京创新工场育成管理咨询有限公司（以下简称“育成管理公司”）持有，股权比例如图2-7所示。

其中育成管理公司是由汪某、陶某、郎某晖、张某四位股东出资成立，他们分别占有该公司股权比例为43.75%、18.75%、18.75%、18.75%。成立育成管理公司就是为李某复个人单独设计的股权激励方案，四位股东与李某复签署了薪酬激励协议，约定：育成管理公司占创新工场20%股权比例的全部收益归李某复所有，但控制权归属于育成管理公司的四位股东：汪某、陶某、郎某晖、张某。

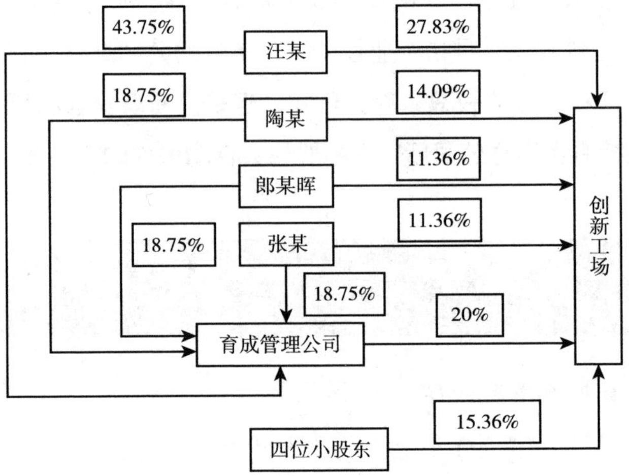

图2-7 育成管理公司的股权架构

（二）创始股东对创新工场的股权控制力分析

通过以上股权激励方案的设计，李某复不用出资就拥有创新工场20%的股份收益权，但不直接持有创新工场的股份，也没有股东控制权。

2016年2月15日，创新工场在“新三板”挂牌上市，届时四位大股东（原始创始人）汪某、陶某、郎某晖、张某，共同控制创新工场84.64%（27.83%+14.09%+11.36%+11.36%+20%）的股权，处于控股地位。

5.通过“双层企业架构”模式确保67%的股权比例从而掌握公司控制权

所谓的“双层企业架构模式”是指创始人通过个人持股和其他公司持股的双重形式，掌握公司控制权。

【案例分析15：通过“双层企业架构”控制公司的360公司创始人周某祎掌握公司控制权的股权架构分析】

360安全科技股份有限公司（以下简称“360公司”）从美国退市后，通过借壳江南嘉捷回归A股上市，并于2017年12月29日获得审核通过。根据重组报告书披露，360公司创始人周某祎以持有23.4%的股权合计控制上市后的360公司63.7%的投票权。周某祎合计控制上市后的360公司63.7%的投票权的股权结构如图2-8所示。

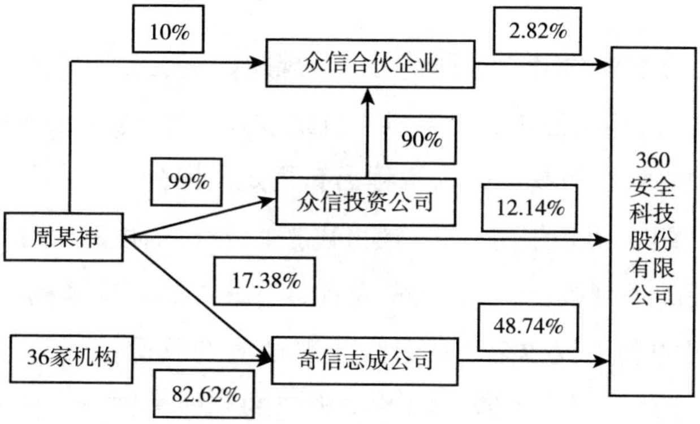

图2-8　360公司股权架构

周某祎运用双层企业架构模式，分三部分实现：

第一，周某祎直接持有360公司上市后12.14%的股权和同等投票权。

第二，天津奇信志成科技有限公司（以下简称“奇信志成公司”）

持有360公司上市后48.74%的股份比例，其中周某祎在奇信志成公司的持股比例为17.38%，其他36家机构持股比例82.62%。奇信志成公司的股东于2016年3月31日签署了《天津奇信志成科技有限公司股东协议》及后续补充协议，**约定：奇信志成公司对360公司行使股东表决权时，根据周某祎的指示进行表决。**周某祎为奇信志成公司的执行董事，而执行董事选举需由周某祎提名，且周某祎有权随时提名新的董事人选以取代其提名的执行董事。经过这样的设计，周某祎以较少的持股比例实际掌控了奇信志成公司的控制权。

第三，天津众信股权投资合伙企业（有限合伙）（以下简称“众信合伙企业”）持有360公司上市后2.82%的股权比例。众信合伙企业是由天津众信投资管理有限公司）（以下简称“众信投资公司”）持股90%，另外的10%的股权比例由周某祎直接持有，而众信投资公司则由周某祎99%持股。因此，周某祎对众信合伙企业的直接和间接出资比例达到99.1%（99%×90%+10%），直接控制该公司对360公司2.82%股权的投票权。

通过以上股权比例的设置，63.7%（2.82%+12.14%+48.74%）是周某祎最终持有360公司的股权比例，对360公司具有绝对控制权。

6.通过公司章程约定“同股不同权”规则，实现公司的绝对控制权

《中华人民共和国公司法》第六十五条规定：“股东会会议由股东按照出资比例行使表决权；**但是，公司章程另有规定的除外**。”《中华人民共和国公司法》第一百四十四条规定：“公司可以按照公司章程的规定发行下列与普通股权利不同的类别股：（一）优先或者劣后分配利润或者剩余财产的股份；（二）每一股的表决权数多于或者少于普通股的股份；（三）转让须经公司同意等转让受限的股份；（四）国务院规定的其他类别股。公开发行股份的公司不得发行前款第（二）项、第（三）项规定的类别股；公开发行前已发行的除外。公司发行本条第一款第（二）项规定的类别股的，对于监事或者审计委员会成员的选举和更换，类别股与普通股每一股的表决权数相同。”

基于以上法律规定，笔者归纳出以下结论：

第一，股份公司可以发行类别股（同股不同权）；股份公司发行类别股只限于不公开发行股份的股份公司，即非上市的股份公司可以发行同股不同权的股份。

第二，发行同股不同权的非上市的股份公司必须在《公司章程》中载明类别股的表决权数。

第三，可以在公司章程中约定：股东的表决权与出资比例不一致。

因此，原始创始人可以通过公司章程约定同股不同权的条款，实现股东的表决权与出资比例不一致。比如持有公司40%的股权，可以在公司章程中约定拥有80%的公司表决权，实现持股比例低的股东掌握公司控制权。

【案例分析16：某股东同股不同权设计掌握公司控制权的法律分析】

（一）基本情况介绍

甲有限责任公司在2024年8月成立，股东是王氏兄弟四人，大股东王1持股34%，另外三兄弟各持股22%。由大股东王1担任董事长、总经理和法定代表人，王4担任监事。请问如何通过公司章程设计同股不同权，保证王1掌握甲有限责任公司的公司控制权？

（二）公司章程设计规则（特殊AB股：固定投票权模式）

甲有限责任公司的公司章程规定：股东会会议作出修改公司章程、增加或减少注册资本的决议，以及公司合并、分立、解散或者变更公司形式、任免董事长、监事、公司分红方案、一千万元以上投资方案的决议，必须经代表三分之二以上表决权的股东通过。董事长在股东会表决时行使52%的表决权。

（三）王1对公司控制权的分析

2025年3月，公司召开股东会会议，其中一项决议为撤掉王4的监事职务，换另一个人担任监事。而根据公司章程规定，任免监事需要三分之二以上票数通过。王1和王2同意，两人共持表决权68%（王1有52%加上王2的投票权16%），股东决议获得三分之二的票数通过，王4被成功罢免。

"董事长在股东会表决时行使52%的表决权"在公司章程中的规定是对大股东王1表决权作出的特别约定，不违反《中华人民共和国公司法》第六十五条、第一百四十四条的强制性规定，所以公司章程的规定有效。

【案例分析17：甲公司通过章程约定A股东出资20%、占68%表决权】

甲公司注册资本为100万元，且全部实缴到位，其中自然人股东A出资20万元，自然人股东B出资30万元，自然人股东C出资50万元，如果按照同股同表决权的话，则三人分别享有20%、30%、50%的表决权，此时C对甲公司股东会具有控制权。但是C是财务投资人，不参与公司的经营管理；A全职，负责公司业务开发、日常管理；B全职协助A开展工作。经全体股东协商一致，股东表决权调整如下：A、B、C的表决权比例分别为：68%、20%、12%。因此，虽然自然人股东A出资20%，但是通过甲公司章程的约定，可以享受68%的表决权。

【案例分析18：公司章程规定按照股权比例分配分红权和表决权①】

（一）基本情况介绍

高先生是一家公司的技术总监，主要负责某项技术的研发。某次朋

① 参见周晓林、童冬冬著：《股权控制战略》，人民邮电出版社，2019年6月第一版，第136页。

友聚会中，高先生认识了孙先生，孙先生此前是做化工方面的业务，经过了解，孙先生对高先生的技术能力非常认可。孙先生很诚恳地表示，他很看好高先生的技术能力，想与高先生合作，共同成立有限责任公司。孙先生同时表示：自己愿意出资90万元，高先生出资10万元即可。为打消高先生的疑虑，孙先生还表示：公司分红的时候，高先生占比60%，他占40%。

听到孙先生这样说，高先生自然很感兴趣。但他还是担心将来万一自己与孙先生产生冲突，公司召开股东会的时候，孙先生占的股份更多，一旦损害自己的利益，自己还是缺乏主动权。所以，高先生想要拿到表决权的60%，孙先生占表决权的40%。请问应怎样操作才能满足高先生的要求和想法呢？

（二）法律分析

根据《中华人民共和国公司法》第六十五条规定：“股东会会议由股东按照出资比例行使表决权；但是，公司章程另有规定的除外。”根据《中华人民共和国公司法》第二百一十条第四款规定：“公司弥补亏损和提取公积金后所余税后利润，有限责任公司按照股东实缴的出资比例分配利润，全体股东约定不按照出资比例分配利润的除外。”

基于以上法律规定，允许股东自由协商，在公司章程中自行约定表决权比例和分红比例。因此，高先生和孙先生在公司章程中约定：不按照出资比例分配分红权和表决权，高先生的表决权为60%，孙先生的表决权为40%；高先生的分红比例为60%，孙先生的分红比例为40%。

7.通过签订“一致行动人协议”掌握公司控制权

（1）什么是**“一致行动人？**

所谓的“一致行动人”是指投资者通过协议、其他安排，与其他投资者共同控制其所能够支配的一个公司表决权数量的行为。

“一致行动人模式”主要是针对原始创始人团队分散，对外不能形成绝对优势的情况下，创始团队的股东通过签订《一致行动协议》，依靠共同掌握的总股权比例来实现对公司控制权的一种股权控制模式。操作要点如下：

第一，各原始创始人签订《一致行动协议》明确规定：各股东集中表决权，对公司股东会决议保持一致意见。

第二，在协议中还明确约定："一致行动人"内部无法达成一致，那么最终以某一创始人股东的意见为准。

（2）上市公司和非上市公司的"一致行动人"在界定上有差别。

主要体现在证券会审核体系里，即使上市公司股东未做一致行动人约定，也可能被自动认为"一致行动人"。比如，德邦股份（603056）的实际控制人为崔某星，其弟崔某刚以及其配偶薛某自动被认为是一致行动人。详细见《上市公司收购管理办法》对"一致行动人"的证明清单：如果无相反证据，投资者有相应情形之一的，为一致行动人。

【案例分析19：将一致行动人协议写进公司章程实现公司控制权的分析】

（一）基本情况

福瑞股份（全称：内蒙古福瑞中蒙药科技股份有限公司）在申请IPO时，创始人王某某持有21.99%股份［直接持股13.44%+间接通过福创投资持有8.55%（23.78%×35.95%）］。公司的股权架构如图2-9所示。

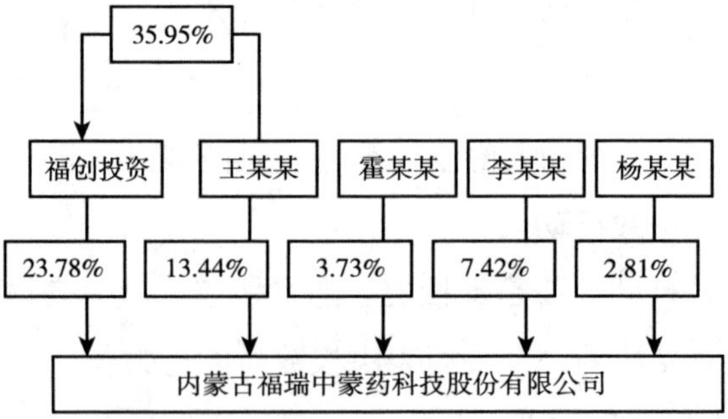

图2-9　内蒙古福瑞中蒙药科技股份有限公司的股权架构

（二）实现公司控制权的策略：一致行动人协议

为了在公司重大事项上保持一致，王某某与自然人股东霍某某、李某某及杨某某共同签署了《一致行动人协议》，如图2-10所示。

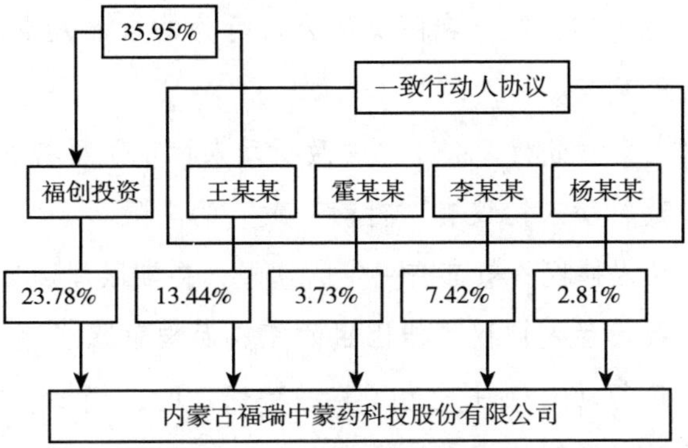

图2-10　签订《一致行动人协议》后内蒙古福瑞中蒙药科技股份有限公司的股权架构

通过签订一致行动人协议，可以看出王某某的股份比例为：21.99%+3.73%+7.42%+2.81%=35.95%，成为福瑞股份的实际控制人，并拥有一票否决权。

（三）修改公司章程致使一致行动人协议对抗第三方效力

为了增加一致行动人协议内容对抗第三方的效力，福瑞股份修改了公司章程，具体内容如下：

第一，第八十七条：根据一致行动协议签署的《一致行动人协议》，其他一致行动人在公司行使经营管理决策权及在公司股东大会行使表决权时，应将在公司股东大会上的表决权委托王某某行使。

第二，第一百二十条：根据一致行动协议签署的《一致行动人协议》，若在公司董事会中有一致行动人委派的人员担任董事或一致行动人本人担任董事时，其他一致行动人委派人员担任的董事或其本人（其他一致行动人本人担任董事时）在公司董事会上进行表决时，应将其在公司董事会上的表决权委托王某某委派人员担任的董事或王某某（王某某本人担任董事时）行使。

第三，第一百九十四条：实际控制人是指虽不直接持有公司股份，或者其直接持有的股份达不到控股股东要求的比例，但通过投资关系、协议或者其他安排，能够实际支配公司行为的自然人或法人。本公司实际控制人为王某某。

通过以上案例分析，关于“一致行动人协议”要特别提醒以下几点：

（1）一致行动人协议有“行动一致”的期限。

一致行动人协议一般都有一定的期限，在期限届满后，协议将失效。

（2）一致行动人协议可能因目的完成而被解除或撤销。

保持一致行动人往往是为了某种特殊目的，例如上市，一旦目的达成，协议可能会被解除或者被撤销。

（3）一致行动人协议对第三方没有约束力。

一致行动人协议效力仅限于签约主体，对合同外第三方，除非经过效力追认，否则没有法律效力。因此，在签署一致行动人协议时，可将一致行动人协议内容写进公司章程，增加协议内容对第三方的对抗效力。

8.通过签订“投票权委托协议”掌握公司控制权

所谓的“投票权委托协议”是指“表决权代理”，指公司部分股东通过协议约定，自愿将其所有的投票权委托给其他特定股东行使，这个特定的股东往往是企业的创始人。

根据《中华人民共和国公司法》第一百一十八条的规定，股东可以委托代理人出席股东会会议，代理人应当向公司提交股东授权委托书，并在授权的范围内行使表决权。基于此规定，当企业引入投资人时，创始人的股权就被稀释，股权稀释后如何实现继续掌握公司的控制权。最好的策略是“投票权委托”，只要实施“投票权委托”策略，即使股权稀释，创始股东在公司占有的股权比例达不到控制优势，只要投票权握在手中，一样可以行使决策权，掌握公司的控制权。

即使投资人等股东不愿意委托投票权给创始人，创始人也应该有信心提出条件，去强势要求投资人、资源人股东和股权激励对象等人，将投票权委托给创始人行使。其中，股权代持是典型的方案，也是公司创始人在早期应优先考虑的股票权委托方案。

笔者温馨提示：“一致行动人协议”与“投票权委托协议”的主要区别如下：

第一，所受法律约束不同：“一致行动人协议”受《证券法》和《民法典》约束；而“投票权委托协议”受《民法典》约束。

第二，最终目的不同：“一致行动人协议”是要实现公司控制权的一致行动效果；而“投票权委托协议”不仅实现公司控制权，而且实现公司治理结构的合理优化。

第三，呈现方式不同：“一致行动人协议”一旦成功签署，必须按照《证券法》的规定，将协议主要信息进行公开披露；而“投票权委托协议”成功签署后，受托人不但不需要公开披露，而且在参加股东会行使表决权时，仅需要向其他股东出示授权委托书即可。

第四，监管程度不同：正式签署“一致行动人协议”后的一致行动人行使的表决权是需要合并计算的，但是一旦持股比例每增加或者减少5%，都应当在该事实发生之日起三日内编制权益变动报告书，向中国证监会、证券交易所提交书面报告，通知该上市公司，并予以公告，在上述期限内，不得再买卖该上市公司的股票；而签署“投票权委托协议”的受托人，无论其持有的股份发生何种变化，都无须进行公告，也不受证监会的监督。

【案例分析20：某公司原始股东签订“投票权委托协议”掌握公司控制权】

（一）创始股东在公司的股权比例情况

在“新三板”挂牌的成都朋万科技股份有限公司（以下简称“朋万科技公司”），第一大股东是孟某奇，持股比例为35.27%，第二大股东为原始创始人刘某，持股比例为29.25%。

（二）原始创始人实现公司控制权的“投票权委托”策略

为了掌握公司控制权，孟某奇与原始创始人刘某自愿签订“表决权委托协议”，将其持有35.27%公司股权中的分红权和涉及委托人所持股权的处分事宜之外的其他权利委托给刘某代为行使。具体包括：

1.代为提议召开临时股东会和股东大会。

2.代为行使股东提案权，提议选举或罢免董事、监事及其他议案。

3.代为参加股东会或股东大会，行使股东质询权和建议权。

4.代为行使表决权，并签署相关文件，对股东会和公司股改后股东大会每一审议和表决事项代为投票，但涉及分红、股权转让、股权质押、增资、减资等涉及委托人所持有股权的处分事宜的事项除外。

5.受托人行使本授权委托书委托权限范围内的事项导致的一切后果由委托人承担。

通过以上委托协议，刘某虽然只持有公司29.25%的股权比例，却掌握了公司共64.52%（35.27%+29.25%）的投票权，成为公司的实际控制人。

类似的通过“委托投票”策略控制公司的例子很多，典型的例子是：

京东在上市前，实行过一次“投票权委托”，共有11家京东的投资人与刘某东签订协议，自愿将其所持有的投票权委托给刘某东行使，刘某东凭借其持有不到20%的股权比例，实现了控制京东过半数投票权。

再比如：软银和雅虎是阿里巴巴的两大机构投资者，两家合计将超过50%的投票权委托给马某行使。所以马某在占股权仅有8.7%的情况下却拥有阿里巴巴超过60%的表决权。

9.创始股东在企业发展不同阶段掌握公司控制权的持股比例[1]

第一，公司发展处于初创期时，企业创始股东最好以占有更多公司股份

---

① 藏其超:《股权战略》，广东经济出版社，2016年7月第1版，第181–183页。

为宜，一般在67%以上。

第二，公司在发展期，创始人股东实现相对控股，最好拥有51%以上的股份，这主要是为未来上市考虑的。假设公司要走上市路线，创始人的股份必然要被多次稀释，最少稀释两次，第一次有风险投资进来，一般风投入股会占到10%的股份，这时候的创始人的股份要同比稀释10%。企业上市，要发行公众流通股，发行公众流通股的最低额度不得低于公司总股本的25%。因此，企业的股份再次被稀释25%。假设创始人以前是51%的股份，经过两次稀释，还有34.425%的股份，拥有公司重大事项的一票否决权，还是能掌握公司的控制权。

第三，企业在扩张期，正在迅速扩张。如果继续实行股权激励，吸纳更多优秀人才加盟，创始人可以进一步释放股权。这时期的创始人股权应控制在三分之一以上（占有公司股权34%或33.4%）。

第四，公司在成熟期，创始人不要掌握三分之一以上的股份。但是必须在公司章程中约定保护创始股东核心利益和掌握公司控制权的条款。**比如约定：该股东为公司创始股东，不论未来他的股权被稀释到何种程度，他对公司的表决权不低于百分之多少（如52%）。又如约定：该股东为公司创始股东，公司董事会成员由他提名的人拥有半数以上的席位。**

（二）从股东会层面掌握公司控制权的公司章程设计策略

股东会是公司的最高权力机构。根据《中华人民共和国公司法》第五十九条规定，股东会的职权包括：“（一）选举和更换董事、监事，决定有关董事、监事的报酬事项……（九）**公司章程规定的其他职权。”**基于此规定，《公司法》规定的股东会职权可以增加，增加无上限；也可以减少，但减少有下限，不可以减少到0。因此，从股东会层面控制公司的公司章程巧妙设计规则概括如下。

1.决定公司分红所需票数的公司章程设计规则

《中华人民共和国公司法》第二百一十条第三款规定：“公司弥补亏损和提取公积金后所余税后利润，有限责任公司按照股东实缴的出资比例分配利润，**全体股东约定不按照出资比例分配利润的除外**；股份有限公司按照股东所持有的股份比例分配利润，**公司章程另有规定的除外。”**基于此法律规定，可以在公司章程中规定，股东按照认缴的出资比例分红。也可以约定：如果既不按照实缴出资比例分红，也不按照认缴出资比例分红的，则需要获得股东100%的票数通过。这时只持股67%或51%的股东同意是不可以的。

因此，在《公司章程》中全体股东可以约定：可以将红利全部分配给部分股东，或者约定：持有公司80%的股权，享有40%的分红权。

2.保护股权融资后的创始股东的股权不被稀释所需票数的公司章程设计规则

《中华人民共和国公司法》第二百二十七条规定：“有限责任公司增加注册资本时，股东在同等条件下有权优先按照实缴的出资比例认缴出资。但是，**全体股东约定不按照出资比例优先认缴出资的除外。**

股份有限公司为增加注册资本发行新股时，股东不享有优先认购权，公司章程另有规定或者股东会决议决定股东享有优先认购权的除外。”

基于以上法律条款的规定，可以在公司章程中约定：按认缴的出资比例认缴。如果既不按实缴的出资比例优先认缴，也不按认缴的出资比例优先认缴的，就需要100%的股东同意通过，只有67%的股东同意是不可以的。

对有限责任公司而言，可以通过《公司章程》《全体股东增资协议》或《股东投资协议》约定：对其他股东放弃按照实际出资比例优先认缴出资份额的有优先认购权。或者约定：公司大股东对新增资本有优先认购权。

3.通过股权转让引入新股东所需票数的公司章程设计规则

《中华人民共和国公司法》第八十四条规定：“有限责任公司的股东之间可以相互转让其全部或者部分股权。股东向股东以外的人转让股权的，应当将股权转让的数量、价格、支付方式和期限等事项**书面通知其他股东**，其他股东在同等条件下有优先购买权。股东自接到书面通知之日起三十日内未答复的，视为放弃优先购买权。两个以上股东行使优先购买权的，协商确定各自的购买比例；协商不成的，按照转让时各自的出资比例行使优先购买权。

公司章程对股权转让另有规定的，从其规定。”

基于此法律规定，有限责任公司的公司章程能够自由约定对股权转让的限制，这无疑又为创始人稳守控制权提供了便利。在公司章程中可以约定如下条款：

例如：公司股东的股权只能以平价转让给公司内部股东。

例如：为奖励对公司具有特殊贡献的高管或技术骨干，公司控股股东可将其持有的部分股权进行赠与，但出让股东仅转让相应比例的分红权，受让股东不享受表决权和转让权以及其他股东权益。

例如：股权不得向股东以外的人转让。或者约定：在公司成立的五年以内，不得向股东以外的人转让股权。或者约定：股东转让的股权由创始人平价回购。

例如：新引入的战略投资者或者原始创始人对公司股东对外转让股权具有一票否决权。

4. 为股东或实际控制人提供担保所需要票数的公司章程设计规则

《中华人民共和国公司法》第十五条第二款、第三款规定：“公司为公司股东或者实际控制人提供担保的，应当经股东会决议。

前款规定的股东或者受前款规定的实际控制人支配的股东，不得参加前款规定事项的表决。该项表决由出席会议的其他股东所持表决权的过半数通过。”

基于此法律规定，可以在公司章程规定：该项表决由出席会议的其他股东所持表决权的100%通过。

5. 决定重大事项所需要票数的公司章程设计规则

《中华人民共和国公司法》第六十六条第三款规定：“股东会作出修改公司章程、增加或者减少注册资本的决议，以及公司合并、分立、解散或者变更公司形式的决议，应当经代表三分之二以上表决权的股东通过。”**基于此法律规定，可以在公司章程规定：股东会会议作出修改公司章程、增加或减少注册资本的决议，以及公司合并、分立、解散或者变更公司形式的决议，必须经全体股东一致表决通过。**

【案例分析21：持股99%的大股东无任何公司控制权的公司章程设计规则】

（一）基本情况介绍

山东的鑫公司在2007年成立，注册资本1000万元，当时的股东是吕氏父女，吕父持股99%，吕女持股1%。2011年3月，父女俩股东召开股东会，对公司章程进行多次修改，并将其中一项条款修改为：股东会对所议事项作出决议，决议应由全体股东一致表决通过。2019年8月，吕父将其在公司持股的99%股权，以350万元转让给刘某，并进行工商变更登记，刘某正式成为持股99%的大股东。2019年12月，刘某通知持股1%的吕女于2020年1月8日召开临时股东会，提出修改公司章程，增加注册资本等事宜，但吕女表示对全部事项都投反对票。之后，刘某多次通知吕女都没能成功召开股东会，吕女都拒绝参加，导致刘某对公司根本没有控制权。请分析为什么刘某对公司没有控制权？

（二）刘某对公司没有控制权的法律分析

由于刘某在成为公司的股东之前，吕氏父女已经将公司章程修改为：“决议应由全体股东一致表决通过”，所以只要持股1%的小股东吕女不同意，任何事项都无法通过，就算刘某持股99%也无任何控制权。

6.约定创始人对重大事项拥有一票否决权

《中华人民共和国公司法》第六十六条第三款规定：“股东会作出修改公司章程、增加或者减少注册资本的决议，以及公司合并、分立、解散或者变更公司形式的决议，应当经代表三分之二以上表决权的股东通过。”基于法律规定，针对公司的重大事项，包括增资、减资、合并、分立、解散、上市、年度预算结算、出售重大资产、对外投融资，对外担保、公司审计、董事会变更、高管任免等，**在公司章程约定创始人对于这些重大事项的决定，自身拥有一票否决权。**

在这种情况下，即使创始人股权低于50%，无法控制股东会和董事会，但至少对公司重大事项的决议持有一票否决权。例如，在国美电器内部矛盾中，虽然黄某裕身陷牢狱，其依然能够保留对公司的控制权。这正是得益于该公司董事会内独特的一票否决制度。当时，由于黄某裕突然被关押，临时将公司交给陈某负责，但陈某意图引入贝尔资本，稀释黄某裕家族的持股比例。正是由于黄某裕在公司章程中保留了关于公司重大事项的一票否决权利，否决了陈某的决议，才保住了自己的控制权。

（三）从董事会层面掌握公司控制权的公司章程设计策略

1.控制董事会就控制公司的日常经营管理

公司的日常经营事项，主要由公司董事（会）来决定。一般情况下，公司很少需要开股东大会，所以也很少通过股东会的控制权来参与公司日常经营，只是在存在重大事项（如修改章程、增资、减资、合并、分立、改变公司形式）的时候才召集一次股东会，或要求股东签署决议文件。因此，控制了董事会，也就控制了公司的日常经营管理。**核心创始人可以占有公司董事会的大部分席位，以保障决策效果和决策效力。**

2.从董事会层面控制公司的公司章程设计规则

股东通常按照股权比例表决，但董事会按董事会成员的人数表决。如果控制的董事席位多，则在董事会的话语权也更强，所以想控制董事会就需要考虑控制董事的人选。

《中华人民共和国公司法》第五十九条第（一）项规定，由股东会选举和更换董事。《中华人民共和国公司法》第六十八条规定，有限责任公司董事会成员为三人以上，董事会设董事长一人，可以设副董事长。董事长、副董事长的产生办法由公司章程规定。除此之外没有更多关于选任董事的规定，可以根据实际情况约定董事的人选规则。因此，从董事会层面掌握公司控制权的公司章程设计策略如下。

（1）在公司章程中规定：一是董事会人员的提名和罢免；二是设置董事会成员的比例；三是任命谁担任董事长。

在董事会控制的人数越多，创始人的话语权就越大。董事会成员的选举与任免由股东会决定。董事会成员通常在3—13人，其决议的表决实行一人一票制。

因此，控制董事会的主要法律手段是控制董事会成员的提名与罢免。一般而言，创始团队在公司发展初期，最起码要控制三分之二的董事人数；在公司成熟期，也要控制一半以上的董事人数。在融资过程中，创始人对董事会成员比例的设置应给予重视。在A轮融资时，可以设计7名董事，A轮投资人可以委派1名董事，创始人团队委派6名董事。按照这样的比例，到第3轮融资时，创始团队还能够占据4名董事会席位。

【案例分析22：刘某东如何控制董事会？[①]】

2014年3月，腾讯向京东注资2.15亿美元获15%股份，而在董事会层面，腾讯委派刘某平为京东的董事。

2014年5月，京东在美国纳斯达克证券交易所正式挂牌上市。京东上市前的董事会构成：京东的董事会为9人，老虎基金、Best Alliance、Strong Desire以及DCM分别有权任命一名董事，而刘某东及管理团队则有权任命5名董事，并且有权任命董事会主席。

从董事会席位来看，刘某东及其管理团队与其他股东在董事会的投票权为5∶4，刘某东在董事会的投票权过半数，在董事会重大问题上应是刘某东及其管理团队拥有主导权。这样，刘某东及其管理团队在董事会与股东会都有绝对的发言权，从而牢牢把握了公司的控制权。

（2）在公司章程中规定：董事会的表决规则，主要规定某些事项需要多少票数通过。

《中华人民共和国公司法》第七十三条规定："**董事会的议事方式和表决程序，除本法有规定的外，由公司章程规定。董事会会议应当有过半数的**

① 本案例来自郑指梁、吕永丰：《合伙人制度》，清华大学出版社，2017年5月第一版，第140页。

董事出席方可举行。董事会作出决议，应当经全体董事的过半数通过。董事会决议的表决，应当一人一票。”基于此法律规定，对于有限责任公司董事会而言，除了实行一人一票的表决规则外，《中华人民共和国公司法》并没有对董事会的议事方式有强制性规定，给了股东很大的自由设计规则。现实中，很多公司都规定董事会决议按照过半数通过，也有公司规定三分之二或五分之四以上票数通过等，规定需要多少票数通过，要结合具体情况和目的考虑。

（3）在公司章程中规定董事的产生机制，控制董事会[①]。

在公司融资过程中，达到一定持股比例的投资人会要求占有董事会席位，大股东占有的董事比例会越来越少，如果不重视控制董事会，有可能逐渐失去公司的实际控制权。**因此，有限责任公司的公司章程可以详细规定董事以及董事长的产生办法。控制了董事的产生就可以有效地控制董事会。**

例如：可以在公司章程中规定董事会的人数、董事和董事长的产生机制，实现对董事会和公司的实际控制。具体的产生机制如下：

第一，当大股东控股或通过投票表决权实现控股时，可以规定董事由各股东按持股比例提名，股东会审议表决通过。

第二，当大股东不再控股时，可以在公司章程中规定如下约束条款，强化对董事会的控制：

- 董事从高级管理人员中产生；
- 董事由担任公司副总经理及以上级别且服务满一年者提名；
- 董事由创始合伙人或股东提名；
- 新股东持股满一年方有权提名己方的董事；
- 新提名董事须经董事会过半数通过后方能提交股东会审议。

特别提醒：在缺乏有效股权支撑的前提下，控制董事会（决策权）与控制股东会或股东大会（所有权）相比是中策。

① 参见于胜：《股权最重要的事》，中国人民出版社，2020年1月第一版，第101页。

（4）在公司章程中规定董事会任期维持控制权。

《中华人民共和国公司法》第七十条规定："董事任期由公司章程规定，但每届任期不得超过三年。董事任期届满，连选可以连任。

董事任期届满未及时改选，或者董事在任期内辞任导致董事会成员低于法定人数的，在改选出的董事就任前，原董事仍应当依照法律、行政法规和公司章程的规定，履行董事职务。"

基于以上法律规定，利用董事会任期可以延长实际控制权。

（四）董事长层面、CEO层面和法定代表人层面控制公司的公司章程设计策略

1.从董事长层面控制公司的公司章程设计规则

《中华人民共和国公司法》第六十三条规定，有限责任公司设立董事会的，股东会议由董事会召集，董事长主持。《中华人民共和国公司法》第七十二条规定，董事会会议由董事长召集和主持。基于以上法律规定，召开股东会和董事会是通过会议行使表决权而落实公司控制权的主要途径之一。因此，掌控董事长之位才能更方便召集和主持会议，有利于公司控制权的落实。如果想掌握公司控制权，就不可忽略董事长人选和会议主持人的规则设计。

基于以上分析，**从董事长层面控制公司的公司章程设计规则是：在公司章程中规定：董事会设董事长、副董事长各一名，董事长、副董事长由董事会选举和罢免。董事会由董事长召集并主持。董事长因特殊原因不能履行职务时，由董事长指定副董事长或其他董事召集和主持。董事会会议实行一人一票表决制度，董事会至少由五分之三董事出席方为有效，董事会议以多数通过的决议为有效，当赞成票和反对票相等时，董事长有最终裁决权。**

2.从CEO层面控制公司的公司章程设计规则。

《中华人民共和国公司法》第七十四条规定："有限责任公司可以设经理，由董事会决定聘任或者解聘。**经理对董事会负责，根据公司章程的规定或者董事会的授权行使职权。**经理列席董事会会议。"

《中华人民共和国公司法》第七十五条规定：“规模较小或者股东人数较少的有限责任公司，可以不设董事会，设一名董事，行使本法规定的董事会的职权。该董事可以兼任公司经理。”

《中华人民共和国公司法》第六十七条第（八）项规定，董事会的职权包括决定聘任或者解聘公司经理及其报酬事项，并根据经理的提名决定聘任或者解聘公司副经理、财务负责人及其报酬事项。

基于以上关于经理的职权规定，《中华人民共和国公司法》对于经理的职权并无“必须”之类的强制性规定，可根据需要在股东会、董事会、总经理之间进行职权调整，并在公司章程中作出明确规定。

因此，基于《中华人民共和国公司法》第七十四条“根据公司章程的规定或者董事会的授权行使职权”的规定，从CEO层面控制公司的公司章程设计规则是：可在公司章程中添加给总经理增加权力的规定。

【案例分析23：某公司从CEO层面控制公司的公司章程设计规则】

（一）基本情况介绍

甲有限责任公司在2024年8月成立，大股东苏某持股76%，二股东任某持股14%，还有另外三个股东持股共10%。公司董事会由5人组成，大股东苏某和二股东任某都是董事。由大股东苏某担任董事长、总经理、法定代表人，二股东任某从2024年12月开始担任公司的副总经理。

（二）通过公司章程增加总经理的职权

甲有限责任公司章程规定：

1.董事长兼任总经理。

2.总经理的职权包括聘任和解聘公司管理人员，决定对公司职工的奖惩。

2025年3月，总经理苏某签署文件罢免任某的副总经理职务，这一罢免决定没有经过董事会决议，而是由担任董事长和总经理的苏某签字决定。任某不同意被免职，去法院起诉，请求判决免去任某副总经理职务的决定无效。请分析苏某是否有权罢免任某副总经理职务？任某向法院起诉能胜诉吗？

（三）法律分析

根据《中华人民共和国公司法》第六十七条第（八）项的规定，总经理、副总经理、财务负责人是由董事会聘任和解聘，并决定其报酬。但基于《中华人民共和国公司法》第七十四条“根据公司章程的规定或者董事会的授权行使职权”的规定，在公司章程中“增加总经理的职权”的规定是合法的。

本案例中甲有限责任公司的公司章程规定：“总经理的职权包括聘任和解聘公司管理人员，决定对公司职工的奖惩。”基于甲有限责任公司的公司章程对总经理职权的规定来看，将《中华人民共和国公司法》中应由董事会聘任和解聘的总经理、副总经理、财务负责人的职权，增加给总经理行使，即在甲有限责任公司规定中增加了总经理的职权。这是属于公司意思自治的范畴。法院并不会干预，即不属于人民法院受诉范围。

因此，基于本案例中的公司章程规定来看，苏某有权罢免任某副总经理职务，任某向法院起诉一定是败诉。

（四）案例启示

第一，关于股东会、董事会、CEO的职权，法律规定“必须”的是强制性规定，不可违反；非“必须”的不是强制性规定，可以由公司章程做出调整。

第二，根据《中华人民共和国公司法》的规定，可以申请撤销或确认无效的是股东会或董事会决议，不包括总经理（CEO）做出的决定，这是CEO与股东会或董事会的不同。

第三，董事会、董事长、总经理谁的权力大？董事会或董事长的权力不一定比总经理的权力大，不可以随便越过总经理做出的决定。总经理的职权是公司章程规定的，要改变总经理的职权必须修改公司章程，董事会或董事长都无权修改公司章程，股东会才有权修改公司章程。

---

3. 从法人代表层面掌握公司控制权的公司章程设计策略

《中华人民共和国民事诉讼法》第五十一条规定：“法人由其法定代表人进行诉讼。”基于此法律规定，法定代表人签字可以代表公司起诉；如果只有盖章而法定代表人不同意签字，则不能代表公司起诉。

法定代表人是掌握公司控制权的必要条件，但不是充分条件。法定代表人的作用是法律规定的，主要是对外代表公司，就算内部有限制，对外也可能无效，这职位有其他任何职位都无法起到的特殊作用。

《中华人民共和国公司法》第十条规定：“公司的法定代表人按照公司章程的规定，由代表公司执行公司事务的董事或者经理担任。

担任法定代表人的董事或者经理辞任的，视为同时辞去法定代表人。

法定代表人辞任的，公司应当在法定代表人辞任之日起三十日内确定新的法定代表人。”

《中华人民共和国公司法》第一百二十七条规定：“公司董事会可以决定由董事会成员兼任经理。”

因此，从法人代表层面控制公司的公司章程设计规则来看，一定要在公司章程中设计以下规定规则：

（1）由代表公司执行公司事务的董事或者经理担任法定代表人。

（2）在公司章程中写上法定代表人的名字。

（3）更换法定代表人属于重大特殊事项，必须经过三分之二以上表决权通过方为有效。具体可以在公司章程中表述为“法定代表人的任免需经代表三分之二以上的股东同意通过”。

第三章

股权搭建"税务+法律"风险破局：商法融合思维

所谓的"商法融合"是指企业发生的各项商业活动，必须在国家法律（包括税法）的合法框架下，将法律与商业活动完美地协调统一起来，规避法律风险，实现商业价值和社会价值的一切企业管理实践活动。在企业股权架构实践当中，商法融合主要体现为商事组织法与税法或税收政策规定的相互融合。具体体现在两个方面：一方面是**《民法典》《个人独资企业法》《合伙企业法》与税法的融合**；另一方面是**《公司法》与税法的相互融合**。

第一节　商事组织法与税法（税收政策）的相互融合

所谓的"商事组织法"是指调整各类商事组织活动的法律规范的总称。商事组织是指能以自己的名义从事营利性活动，并具有一定规模的组织，商事组织的法律形式包括：个人独资企业、合伙企业、有限责任公司、股权有限公司。因此，商事组织法包括：《公司法》《个人独资企业法》《合伙企业法》。在进行股权布局设计时，必须将以上商事组织法与《企业所得税法》《个人所得税法》和个人独资合伙企业相关的税法政策相互融合，才能设计出既能掌握公司控制权，又能节约税收的股权布局方案。

一、《民法典》《个人独资企业法》《合伙企业法》与税法（税收政策）的融合

（一）《企业所得税法》《民法典》规定个人独资与合伙企业不缴纳企业所得税

根据《民法典》第一百零二条和第一百零四条的规定，非法人组织包括个人独资企业、合伙企业、不具有法人资格的专业服务机构等。非法人组织的财产不足以清偿债务的，其出资人或设立人承担无限责任。法律另有规定的，依照其规定。而根据《企业所得税法》第一条的规定，个人独资企业和合伙企业不适用该法。由于《企业所得税法》自2008年1月1日开始，实行法人所得税制，即只有法人单位才是企业所得税的纳税义务人，而个人独资企业和合伙企业不是法人单位，理应不缴纳企业所得税，所以个人独资企业和合伙企业不适用《企业所得税法》。

（二）《个人所得税法实施条例》规定个人独资与合伙企业按照“经营所得”税目缴纳个人所得税

根据《个人所得税法实施条例》第六条第（五）项第1点的规定，个人独资企业投资人、合伙企业的个人合伙人来源于境内注册的个人独资企业、合伙企业生产、经营的所得按照“经营所得”税目依法按照5%—35%的五档累进税率缴纳个人所得税。

（三）相关税法（税收政策）规定个人独资与合伙企业缴纳“经营所得”个人所得税的5个关键点

根据《公司法》的规定，在中国境内设立的有限责任公司和股份有限公司是企业法人，拥有独立的法人财产，享有法人财产权，以其全部财产对公司的债务承担责任。有限责任公司的股东以其认缴的出资额为限对公司承担责任；股份有限公司的股东以其认购的股份为限对公司承担责任。而根据《中华人民共和国个人独资企业法》《中华人民共和国合伙企业法》和《中

华人民共和国民法典》的规定，个人独资企业是在中国境内设立，由一个自然人投资，财产为投资人个人所有，投资人以其个人财产对企业债务承担无限责任的经营实体。合伙企业是指自然人、法人和其他组织在中国境内设立的普通合伙企业和有限合伙企业。普通合伙企业由普通合伙人组成，普通合伙人对合伙企业债务承担无限连带责任。《中华人民共和国合伙企业法》第二条第二款规定：“对普通合伙人承担责任的形式有特别规定的，从其规定。”根据《中华人民共和国企业所得税法》第一条第二款的规定，个人独资企业、合伙企业不适用本法。《中华人民共和国民法典》第一百零二条第三款规定，非法人组织包括个人独资企业、合伙企业、不具有法人资格的专业服务机构等。基于以上法律规定，个人独资企业、合伙企业不是法人单位，不缴纳企业所得税。根据《中华人民共和国个人所得税法》第二条第（五）项及《中华人民共和国个人所得税法实施条例》第六条第（五）项的规定，个人独资企业投资人、合伙企业的个人合伙人来源于境内注册的个人独资企业、合伙企业的个人合伙人按照经营所得缴纳个人所得税。

笔者特别提醒：个人独资企业和合伙企业在缴纳所得税时，务必把握以下5个关键点。

关键点1：合伙企业的所得税计算必须遵循“先分后税”的原则。

《财政部 国家税务总局关于合伙企业合伙人所得税问题的通知》（财税〔2008〕159号）第二条规定：“合伙企业以每一个合伙人为纳税义务人。合伙企业合伙人是自然人的，缴纳个人所得税；合伙人是法人和其他组织的，缴纳企业所得税。”第三条规定：“合伙企业生产经营所得和其他所得采取‘先分后税’的原则。”也就是合伙企业的合伙人以合伙企业的生产经营所得和其他所得，按照合伙协议约定的分配比例确定应纳税所得额。根据《财政部 国家税务总局关于印发〈关于个人独资企业和合伙企业投资者征收个人所得税的规定〉的通知》（财税〔2000〕91号）的规定，合伙企业以每一个合伙人为纳税义务人。个人独资企业和合伙企业每一纳税年度的收入总额减除成本、费用以及损失后的余额，作为投资者个人的生产经营所得，比照《个人所得税法》的“个体工商户的生产经营所得”应税项目，适用5%—

35%的五级超额累进税率，计算征收个人所得税。

例如，某合伙企业在成立时有3个合伙人，其中一个为法人公司，另外两个合伙人分别是张先生和李先生。2024年期间，该合伙企业取得合伙经营所得总计600万元，合伙协议规定每个合伙人权益相同，也就是说各个投资者均能取得200万元的所得，投资者法人公司和两位自然人合伙人就合伙所得应当如何缴税呢？根据财税〔2008〕159号和财税〔2000〕91号的规定，合伙企业生产经营所得和其他所得采取“先分后税”的原则。该合伙企业法人公司缴纳企业所得税50（200×25%）万元，张先生和王先生各自应缴纳个人所得税为63.45（200×35%-6.55）万元。

关键点2：个人独资和合伙企业的投资者取得投资分红应单独计税。

《国家税务总局关于〈关于个人独资企业和合伙企业投资者征收个人所得税的规定〉执行口径的通知》（国税函〔2001〕84号）第二条规定：“关于个人独资企业和合伙企业对外投资分回利息、股息、红利的征税问题”规定如下：**个人独资企业和合伙企业对外投资分回的利息或者股息、红利，不并入企业的收入，而应单独作为投资者个人取得的利息、股息、红利所得，按‘利息、股息、红利所得’应税项目计算缴纳个人所得税。**以合伙企业名义对外投资分回利息或者股息、红利的，应按《通知》所附规定的第五条精神确定各个投资者的利息、股息、红利所得，分别按‘利息、股息、红利所得’应税项目计算缴纳个人所得税。”

例如，某个人独资企业年终对外投资分回红利30万元，根据国税函〔2001〕84号第二条的规定，该企业对外投资分回的红利30万元不应该计入企业的收入，而应该单独作为投资者个人取得的所得，按“利息、股息、红利所得”应税项目计算缴纳个人所得税30×20%=6（万元）。

关键点3：个人投资两个以上个人独资企业的所得，年终需合并汇总计算所得税，再按照各自生产经营所得的比例分配每个独资企业的所得税。

《国家税务总局关于〈关于个人独资企业和合伙企业投资者征收个人所得税的规定〉执行口径的通知》（国税函〔2001〕84号）第一条规定：“投资者兴办两个或两个以上企业，并且企业性质全部是独资的，年度终了后汇算清缴时，应纳税款的计算按以下方法进行：汇总其投资兴办的所有企业的经营所得作为应纳税所得额，以此确定适用税率，计算出全年经营所得的应纳税额，再根据每个企业的经营所得占所有企业经营所得的比例，分别计算出每个企业的应纳税额和应补缴税额。计算公式如下：

应纳税所得额 = ∑ 各个企业的经营所得

应纳税额 = 应纳税所得额 × 税率 – 速算扣除数

本企业应纳税额 = 应纳税额 × 本企业的经营所得 ÷ ∑ 各个企业的经营所得

本企业应补缴的税额 = 本企业应纳税额 – 本企业预缴的税额”

例如，李先生投资经营了一家生产性个人独资企业。2024年生产经营所得是10万元，已累计预缴个人所得税1.5万元；2024年年初，李先生又投资了一家水果超市（个人独资企业），2024年经营所得是15万元，已累计预缴个人所得税2万元。则李先生在年度终汇算清缴时，应纳税所得额=10+15=25（万元），以此确定税率及速算扣除数计算应纳税额=250000×20%–10500=39500（元）；

生产性企业应纳税额=39500×100000÷250000=15800（元）；应补缴税款=15800–15000=800（元）。

水果超市应纳税额=39500×150000÷250000=23700（元）；应补缴税款=23700–20000=3700（元）。

关键点4：个人独资企业汇算后提取经营所得不再缴个人所得税。

《财政部 国家税务总局关于印发〈关于个人独资企业和合伙企业投资者征收个人所得税的规定〉的通知》（财税〔2000〕91号）附件1《关于个人独资企业和合伙企业投资者征收个人所得税的规定》第四条规定：“个人独资企业和合伙企业（以下简称企业）每一纳税年度的收入总额减除成本、费用以及损失后的余额，作为投资者个人的生产经营所得，比照个人所得税法的‘个体工商户的生产经营所得’应税项目，适用5%—35%的五级超额累进税率，计算征收个人所得税。前款所称收入总额，是指企业从事生产经营以及与生产经营有关的活动所取得的各项收入，包括商品（产品）销售收入、营运收入、劳务服务收入、工程价款收入、财产出租或转让收入、利息收入、其他业务收入和营业外收入。”第五条规定：“个人独资企业的投资者以全部生产经营所得为应纳税所得额；合伙企业的投资者按照合伙企业的全部生产经营所得和合伙协议约定的分配比例确定应纳税所得额，合伙协议没有约定分配比例的，以全部生产经营所得和合伙人数量平均计算每个投资者的应纳税所得额。前款所称生产经营所得，包括企业分配给投资者个人的所得和企业当年留存的所得（利润）。”

例如，张先生是一家个人独资企业的投资者，其个人独资企业个人所得税实行查账征收，完成2024年度汇算清缴后，取得税后所得25万元。近期张先生打算从中领取一笔款项用于个人消费，那领取税后利润是否还需要申报缴纳“利息、股息、红利所得”项目的个人所得税？根据财税〔2000〕91号的规定，由于个人独资企业投资者生产经营所得的个人所得税已经按照“个体工商户生产经营所得”项目计征了投资者的个人所得税，因此个人独资企业分配税后利润不需要再缴纳个人所得税。

关键点5：个人独资企业和合伙企业投资者取得的“四业”所得暂不征收个人所得税

《财政部 国家税务总局关于个人独资企业和合伙企业投资者取得种植业 养殖业 饲养业 捕捞业所得有关个人所得税问题的批复》（财税〔2010〕96号）规定：“对个人独资企业和合伙企业从事**种植业、养殖业、饲养业和捕捞业（简称‘四业’），其投资者取得的‘四业’所得暂不征收个人所得税。”**

基于此规定，从事种植业、养殖业、饲养业和捕捞业的个人独资企业和合伙企业的投资者取得的所得暂不征收个人所得税。

二、《公司法》与税法的相互融合

（一）定向分配股息、红利的《公司法》规定与税收政策规定的相互融合

1.《公司法》关于“分配红利”（定向分红）的规定及其分析

根据《公司法》第二百一十条第四款规定：“公司弥补亏损和提取公积

金后所余税后利润，有限责任公司按照股东实缴的出资比例分配利润，**全体股东约定不按照出资比例分配利润的除外**。”基于以上税收法律政策规定，针对有限责任公司在分配股息红利时，允许将公司的未分配利润只分配给某些股东，而另外一些股东可以放弃分红。即存在“同股不同酬”现象，但是必须满足两个前提条件：一是有限责任公司有未分配利润可分配；二是在《股东投资协议》或《公司章程》或全体股东一致签字同意的《股东分红协议》中约定“**全体股东不按照出资比例分取红利，只将公司可分配的未分配利润分配给一部分股东，其他股东放弃分红**”。

另外，如果有限责任公司要增资时，股东之间可以按照实缴的出资比例同比例增加出资，也可以通过《公司章程》或《股东投资协议》约定“某些股东增资，另外一些股东不增资”。

2.《企业所得税法》及其实施条例关于“分配红利免税”的规定及其分析

根据《企业所得税法》第二十六条第（二）项的规定，符合条件的居民企业之间的股息、红利等权益性投资收益为免税收入，即免征企业所得税。

《企业所得税法实施条例》第八十三条规定：“企业所得税法第二十六条第（二）项所称符合条件的居民企业之间的股息、红利等权益性投资收益，是指**居民企业直接投资于其他居民企业取得的投资收益**。企业所得税法第二十六条第（二）项和第（三）项所称股息、红利等权益性投资收益，不包括连续持有居民企业公开发行并上市流通的股票不足12个月取得的投资收益。”

基于以上税法规定，对于被投资的有限责任公司而言，只要有限责任公司（被投资的居民企业）的法人股东通过投资形式成为被投资居民企业的法人股东，与其投资多长时间没有任何关系，都可以享受被投资居民企业的分红所得。但**必须明确以下分配红利、股息的涉税处理：**

第一，公司没有弥补亏损和提取法定公积金之前或者说公司没在有弥补亏损和提取法定公积金之后，没有未分配利润之前是不可以向股东分配利润的。

第二，如果有限责任公司的股东是自然人，则自然人股东从直接投资的被投资企业（有限责任公司）分回的股息红利必须依法缴纳20%的个人所得税。

第三，如果有限责任公司的股东是法人股东，则法人股东从直接投资的被投资企业（有限责任公司）分回的股息红利等权益性投资收益免征企业所得税。

第四，居民企业自成为被投资居民企业的股东之日起，只要被投资居民企业账上提取法定公积金之后还有未分配利润，就可以向其分配股息和红利。

第五，如果将控股公司作为**创业公司或核心法人公司的控股股东，则控股公司从创业公司或核心公司分配回来的股息、红利等权益性投资收益免征企业所得税。**

3.分析结论

基于以上《企业所得税法》与《公司法》关于“股东分配股息红利”规定的分析，得出结论：企业股权搭建必须在《公司法》关于“定向分红”合法的框架下，结合《企业所得税法》关于“股息分红免税”的规定，进行相互融合，设计“定向分配股息、红利”的股权布局。

（二）公司内部转让股权的《公司法》规定与税收政策规定的相互融合

1.《公司章程》可以限制股权转让

根据《公司法》第八十四条规定：“有限责任公司的股东之间可以相互转让其全部或者部分股权。

股东向股东以外的人转让股权的，应当将股权转让的数量、价格、支付方式和期限等事项书面通知其他股东，其他股东在同等条件下有优先购买权。股东自接到书面通知之日起三十日内未答复的，视为放弃优先购买权。两个以上股东行使优先购买权的，协商确定各自的购买比例；协商不成的，按照转让时各自的出资比例行使优先购买权。

公司章程对股权转让另有规定的，从其规定。”

基于此法律规定，公司召开股东会，全体股东一致同意修改公司章程的

股东决议，在“修改公司章程”决定性文件上签名、盖章。“修改公司章程”决定性文件约定：公司各股东的股权不可以对外进行转让，如果要转让，则由公司其他股东平价或折价收购股权。

2.公司员工持股低价内部转让视为股权转让收入明显偏低且有正当理由

《国家税务总局关于发布〈股权转让所得个人所得税管理办法（试行）〉的公告》（国家税务总局公告2014年第67号）第十三条第（三）项规定的“相关法律、政府文件或企业章程规定，并有相关资料充分证明转让价格合理且真实的**本企业员工**持有的不能对外转让股权的内部转让”视为股权转让收入明显偏低且有正当理由。**特别提醒：所谓“本企业员工”是指与本公司签订劳动合同，依法每月支付工资薪金和缴纳社保费用的企业职工，包括公司的股东。**

基于以上《公司法》关于“限制股权转让”与国家税务总局公告2014年第67号第十三条第（三）项关于“职工内部低价转让股权”的规定的相互融合，为设计公司内部职工股权低价转让给内部股东的股权布局提供了重要的法律支持和保障。

第二节　三种公司股权架构主体的涉税政策分析

股权架构是公司治理结构的基础，不同的股权架构将最终影响公司的行为和绩效。核心公司的股权布局体现为三种常用的股权架构主体形式：自然人直接架构、控股公司股权架构和有限合伙企业股权架构。这三种股权架构主体涉及投资者的税负完全不一样。本节主要分析三种常用的股权架构主体的税负，从税负的角度分析公司创始人、财务投资者应如何选择公司主体股权架构。

一、公司股权架构主体——自然人直接架构的涉税政策分析

所谓的自然人直接架构是指自然人股东均直接持有核心公司股权的一种

公司股权主体架构形式。相关的涉税处理分析如下。

（一）自然人股东的个人所得税处理

1. 自然人股东从持股的核心公司（被投资法人公司）分回的股息、红利等权益性投资收益必须依法按照20%的比例税率缴纳个人所得税

根据《个人所得税法》第二条第（六）项和第三条的规定，利息、股息、红利所得应当缴纳个人所得税，适用比例税率为20%。因此，如果自然人个人作为创业公司或实业公司的股东，则自然人股东从创业公司或实业公司分配回来的股息、红利所得必须依法按照20%的比例税率缴纳个人所得税。

2. 自然人股东作为核心公司（被投资法人公司）股东，核心公司（被投资法人公司）的未分配利润转增资本或用于投资，必须依法按照20%的比例税率缴纳个人所得税。

根据《国家税务总局关于进一步加强高收入者个人所得税征收管理的通知》（国税发〔2010〕54号）第二条第（二）项第1点的规定：“加强企业转增注册资本和股本管理，对以未分配利润、盈余公积和除股票溢价发行外的其他资本公积转增注册资本和股本的，要按照‘利息、股息、红利所得’项目，依据现行政策规定计征个人所得税。”

因此，自然人股东以核心公司（被投资法人公司）的未分配利润转增资本或投资必须依法按照20%的比例税率缴纳个人所得税。

3. 自然人股东作为核心公司（被投资法人公司）股东，从核心公司（被投资法人公司）借钱消费，自借款发生后12个月内未归还，必须依法按照20%的比例税率缴纳个人所得税

根据《财政部 国家税务总局关于规范个人投资者个人所得税征收管理的通知》（财税〔2003〕158号）第二条的规定，纳税年度内个人投资者从其投资企业（个人独资企业、合伙企业除外）借款，在该纳税年度终了后既不归还，又未用于企业生产经营的，其未归还的借款可视为企业对个人投资者的红利分配，依照“利息、股息、红利所得”项目计征个人所得税。

根据《国家税务总局关于印发〈个人所得税管理办法〉的通知》(国税发〔2005〕120号)第三十五条第(四)项的规定:“加强个人投资者从其投资企业借款的管理,对期限超过一年又未用于企业生产经营的借款,严格按照有关规定征税。”基于此文件规定,并按照新法优于旧法的原则,对老板或股东借款自借款之日起超过一年,且又未用于企业生产经营的,必须依法按照20%的比例税率征个人所得税。

根据《财政部 国家税务总局关于企业为个人购买房屋或其他财产征收个人所得税问题的批复》(财税〔2008〕83号)的规定:“符合以下情形的房屋或其他财产,不论所有权人是否将财产无偿或有偿交付企业使用,其实质均为企业对个人进行了实物性质的分配,应依法计征个人所得税。

(1)企业出资购买房屋及其他财产,将所有权登记为投资者个人、投资者家庭成员或企业其他人员的;

(2)企业投资者个人、投资者家庭成员或企业其他人员向企业借款用于购买房屋及其他财产,将所有权登记为投资者、投资者家庭成员或企业其他人员,且借款年度终了后未归还借款的。”

因此,根据以上税法的规定,得出以下两点结论:

第一,自然人股东从核心公司(被投资法人公司)借出资金用于消费,**自借款发生后12个月内未归还,且**又未用于企业生产经营的,其未归还的借款可视为企业对个人投资者的红利分配,依照“利息、股息、红利所得”项目计征个人所得税。

第二,从**核心公司(被投资法人公司)**借出资金用于购买房屋及其他财产,将所有权登记在自然人股东名下,且**自借款发生后12个月内未归还**的,视为企业对个人投资者的红利分配,依照“利息、股息、红利所得”项目计征个人所得税。

4. 自然人股东转让核心公司(被投资法人公司)股权或限售股必须依照20%比例税率计征个人所得税

根据《股权转让所得个人所得税管理办法(试行)》(国家税务总局公告2014年第67号)规定,自然人股东转让核心公司(被投资法人公司)股权,如果是溢价转让股权，则自然人股东必须对股权转让所得依照20%计征个人所得税。而且不可以随便进行折价或平价转让股权，必须依法符合国家税务总局公告2014年第67号规定的折价和平价转让的规定。

《财政部 国家税务总局 中国证券监督管理委员会关于个人转让上市公司限售股所得征收个人所得税有关问题的通知》（财税〔2009〕167号）第三条规定，个人转让限售股，以每次限售股转让收入，减除股票原值和合理税费后的余额，为应纳税所得额。依照20%计征个人所得税即：应纳税额＝［限售股转让收入-（限售股原值+合理税费）］×20%。

5. 自然人股东转让上市的核心公司（被投资法人公司）的股票免征个人所得税

《财政部 国家税务总局 中国证券监督管理委员会关于个人转让上市公司限售股所得征收个人所得税有关问题的通知》（财税〔2009〕167号）第八条规定："对个人在上海证券交易所、深圳证券交易所转让从上市公司公开发行和转让市场取得的上市公司股票所得，继续免征个人所得税。"

（二）自然人股东转让非上市的核心公司（被投资法人公司）的股权和上市公司限售股的增值税政策：免征增值税

财税〔2016〕36号附件3《营业税改征增值税试点过渡政策的规定》第一条规定，自然人转让金融商品免征增值税。

（三）自然人直接架构下自然人股东的税负分析

通过以上自然人直接架构下自然人股东的税务处理分析，可以得出以下结论：

在自然人直接架构下的自然人股东除了转让上市的核心公司（被投资法人公司）的股票免个人所得税，转让非上市的核心公司（被投资法人公司）的股权和转让上市公司的限售股免征增值税之外，自然人股东从持股的非上市的核心公司（被投资法人公司）分利润、股息或将未分配利润用于扩大投资、转增资本的个人所得税税负为20%。自然人股东转让持股的上市的核心公司（被投资法人公司）的限售股或转让持股的非上市的核心公司（被投资法人公司）的股权的个人所得税税负为20%。

（四）自然人直接架构的涉税优缺点评析

1.优点

（1）上市公司的自然人股东转让限售股的个人所得税可预期。

根据《财政部 国家税务总局 中国证券监督管理委员会关于个人转让上市公司限售股所得征收个人所得税有关问题的通知》（财税〔2009〕167号）第三条的规定，个人转让限售股，以每次限售股转让收入，减除股票原值和合理税费后的余额，为应纳税所得额。依照20%计征个人所得税即：应纳税额=［限售股转让收入－（限售股原值+合理税费）］×20%。

（2）上市公司的自然人股东转让限售股免增值税。

2.缺点

（1）对于长期持股股东而言，税负较高。

根据《国家税务总局关于股权奖励和转增股本个人所得税征管问题的公告》（国家税务总局公告2015年第80号）的规定，以未分配利润、盈余公积、资本公积向个人股东转增股本的均需缴纳个人所得税，但符合条件的，可以享受分期纳税的税收优惠。

根据《个人所得税法》第二条第（六）项和第三条的规定，自然人从被投资公司取得利息、股息、红利所得应当缴纳个人所得税，适用比例税率为20%，即使用于再投资也需要适用比例税率为20%缴纳个人所得税。

根据《国家税务总局关于进一步加强高收入者个人所得税征收管理的通知》（国税发〔2010〕54号）第二条第（二）项第1点的规定：“加强企业转增注册资本和股本管理，对以未分配利润、盈余公积和除股票溢价发行外的其他资本公积转增注册资本和股本的，要按照“利息、股息、红利所得”项目，依据现行政策规定计征个人所得税。”

（2）不利于控制权集中，缺乏利用股权杠杆的空间，将导致未来公司扩张和上市面临重组涉及的各种税收负担。

所谓的“股权杠杆”是指实际控制人通过一系列公司的股权安排，用较小的资金达到控制巨额资金的方法。实施自然人架构的公司股权架构主体将会导致为了公司上市面临的资产重组涉及的各种税收成本。

因此，通过以上涉税优缺点分析，可以发现：自然人直接架构的公司股权架构主体适用于规划上市后售股套现的财务投资人和创业期的创始人股东。

二、公司股权架构主体——控股公司股权架构的涉税政策分析

（一）公司股权架构主体——控股公司的企业所得税处理

1. 控股公司作为控股股东从被投资的核心公司（法人公司）分回的权益性投资收益免征企业所得税

根据《企业所得税法》第二十六条第（二）项的规定，符合条件的居民企业之间的股息、红利等权益性投资收益为免税收入，即免征企业所得税。

《企业所得税法实施条例》第八十三条规定：“企业所得税法第二十六条第（二）项所称符合条件的居民企业之间的股息、红利等权益性投资收益，是指**居民企业直接投资于其他居民企业取得的投资收益**。企业所得税法第二十六条第（二）项和第（三）项所称股息、红利等权益性投资收益，不包括连续持有居民企业公开发行并上市流通的股票不足12个月取得的投资收益。”

基于以上税法政策规定，如果将控股公司作为**创业公司或核心法人公司的控股股东，则控股公司从创业公司或核心公司分配回来的股息、红利等权益性投资收益免征企业所得税。**

2. 控股公司作为控股股东从被投资的核心公司（法人公司）分回的权益性投资收益用于再投资免征企业所得税

根据我国现有的税法规定，对于**控股公司作为控股股东从被投资的核心公司（法人公司）分回的权益性投资收益免征企业所得税。因此，控股公司将从被投资企业分回的股息和红利等权益性投资收益用于扩大投资也免征企业所得税。**

（二）控股公司股权架构下，自然人股东套现的个人所得税处理

1.控股公司转让持股的非上市的核心公司（被投资的法人公司）股权的个人所得税处理

首先，控股公司转让持股的核心公司股权的转让所得要承担25%的企业所得税；其次，控股公司将股权转让所得的税后利润向控股公司的自然人股东分配，自然人股东必须承担“股息、红利”的个人所得税税负为（1−25%）×20%=15%；最后，控股公司转让持股的非上市的核心公司（被投资的法人公司）股权，自然人股东套现的总税负为25%+（1−25%）×20%=40%。

2.控股公司转让持股的上市的核心公司（被投资的法人公司）限售股和非限售股的个人所得税处理

首先，控股公司转让持股的上市的核心公司**（被投资的法人公司）限售股和非限售股**的转让所得要承担25%的企业所得税；其次，控股公司将**限售股和非限售股**转让所得的税后利润向控股公司的自然人股东分配，自然人股东必须承担“股息、红利”的个人所得税税负为（1−25%）×20%=15%；最后，控股公司转让持股的上市的核心公司（被投资的法人公司）**限售股和非限售股**，自然人股东套现的总税负为25%+（1−25%）×20%=40%。

（三）控股公司股权架构下，自然人股东套现的增值税处理：征收增值税

财税〔2016〕36号附件2《营业税改征增值税试点有关事项的规定》第一条第3点规定，金融商品转让，按照卖出价扣除买入价后的余额为销售额。

《国家税务总局纳税服务司关于下发营改增热点问题答复口径和营改增培训参考材料的函》（税总纳便函〔2016〕71号）规定：“营改增后，企业买卖股票应如何纳税？答：应按金融服务——金融商品转让缴纳增值税，以卖出价扣除买入价后的余额为销售额。”

根据《国家税务总局关于国内旅客运输服务进项税抵扣等增值税征管问题的公告》（国家税务总局公告2019年第31号）第十条第（一）项的规定：“纳税人转让因同时实施股权分置改革和重大资产重组而首次公开发行股票并上市形成的限售股，以及上市首日至解禁日期间由上述股份孳生的送、转股，以该上市公司股票上市首日开盘价为买入价，按照‘金融商品转让’缴纳增值税。”

（四）公司股权架构主体——控股公司股权架构的税负分析

在公司股权主体架构——控股公司股权架构下，控股公司从持股的核心公司分回的股息、红利权益性投资收益免征企业所得税，将分回的权益性投资收益用于投资免征企业所得税，比自然人直接架构下的自然人股东从持股的核心公司分回的权益性投资收益节约20%的个人所得税。然而控股公司从持股的核心公司分回的权益性投资收益再分配给控股公司的自然股东时必须承担20%的个人所得税税负。但是控股公司转让持股的核心公司股权或转让持股的上市的核心公司的限售股和非限售股，然后将税后利润分配给控股公司的自然人股东，总的所得税负为40%。同时还要承担转让“金融产品”的增值税。

（五）公司股权架构主体——控股公司股权架构涉税优缺点评析

1.优点

通过以上涉税处理分析，对于长线投资者来说，控股公司从持股的核心公司分回的权益性投资收益免征企业所得税，可以将该部分权益性投资收益进行再次投资，节约投资资金成本。

2.缺点

自然人股东退出时税负非常高，控股公司转让持股的核心公司标的股权，缴纳企业所得税后，还要代扣代缴“利息、股息、红利所得”个人所得税，才能将收益分配到自然人股东。

三、公司股权架构主体——有限合伙企业股权架构的涉税政策分析

股权里包含两种权利：财产权（钱）和话语权（权）。钱与权可以合二为一，也可以分而治之。对于企业家而言，拥有股权中的话语权往往重于拥有股权中的财产权。有限合伙企业可以实现企业家心中理想的“钱权分离”。与《公司法》相比，《合伙企业法》赋予了合伙人设计机制极大的灵活性，无论是利益分配机制还是合伙人的权力分配机制，都可以在合伙协议中自由约定。合伙企业分为有限合伙人和普通合伙人。普通合伙人可以为创始人大股东，承担合伙企业的无限连带责任，享有合伙企业决议的全部表决权，但不分配财产权，即只要“权”，不要“钱”；有限合伙人为高管员工，不享有合伙企业的表决权，但未来可以享受合伙企业对外投资的财产收益权，即只要“钱”，不要“权”。因此，以有限合伙企业作为股权持股平台可以很好地实现财务投资者和战略投资者的“钱权分离”。

（一）公司股权架构主体——有限合伙企业股权架构的涉税处理

1.有限合伙企业从持股的核心公司分回的股息、红利的涉税处理

（1）有限合伙企业从持股的核心公司分回的权益性投资收益的税务处理。

有限合伙企业不征税，以有限合伙企业的合伙人为所得税的纳税义务人，有限合伙企业的合伙人是自然人则缴纳个人所得税，有限合伙企业的合伙人是法人则缴纳企业所得税。

根据《财政部 国家税务总局关于合伙企业合伙人所得税问题的通知》（财税〔2008〕159号）第一条和《国家税务总局关于〈关于个人独资企业和合伙企业投资者征收个人所得税的规定〉执行口径的通知》（国税函〔2001〕84号）第二条的规定，**合伙企业合伙人是自然人的，缴纳个人所得税；合伙人是法人和其他组织的，缴纳企业所得税。**个人独资企业和合伙企业对外投资分回的利息或者股息、红利，不并入企业的收入，而应单独作为投资者个人取得的利息、股息、红利所得，按“利息、股息、红利所

得”应税项目计算缴纳个人所得税。

（2）合伙企业的所得税计算必须遵循“先分后税”的原则。

根据《财政部 国家税务总局关于合伙企业合伙人所得税问题的通知》（财税〔2008〕159号）第三条的规定，合伙企业生产经营所得和其他所得采取“先分后税”的原则。所谓的“生产经营所得和其他所得”，包括合伙企业分配给所有合伙人的所得和企业当年留存的所得（利润）。

2.有限合伙企业的股东不享受个人税收优惠

根据财税〔2014〕48号、财税〔2012〕85号、〔2015〕101号的规定，个人持有新三板或上市公司的股票、其取得的股息红利可以根据持有期限享受优惠税率，但是如果个人通过合伙企业间接持股，则无法享受上述税收优惠。另外，根据国家税务总局公告2015年第80号、财税〔2015〕116号文件的规定，中小高新技术企业利用资本公积、盈余公积、未分配利润转增股本时，个人股东可以申请递延纳税的税收优惠，但如果个人通过合伙企业间接持股中小高新技术企业，则无法享受上述税收优惠。

3.有限合伙制创业投资企业（合伙创投企业）的税收优惠政策

根据财税〔2018〕55号文件的规定，有限合伙制的创业投资企业（合伙创投企业）采取股权投资方式直接投资于初创科技型企业满两年，该合伙创投企业的合伙人享受以下税收优惠政策。

第一，法人合伙人可以按照对初创科技型企业投资额的70%抵扣法人合伙人从合伙创投企业分得的所得；当年不足抵扣的，可以在以后纳税年度结转抵扣。

第二，个人合伙人可以按照对初创科技型企业投资额的70%抵扣个人合伙人从合伙创投企业分得的经营所得；当年不足抵扣的，可以在以后纳税年度结转抵扣。

第三，天使投资个人采取股权投资方式直接投资于初创科技型企业满两年的，可以按照投资额的70%抵扣转让该初创科技型企业股权取得的应纳税所得额；当期不足抵扣的，可以在以后取得转让该初创科技型企业股权的应纳税所得额时结转抵扣。

4.个人独资企业和合伙企业的权益性投资经营所得的个人所得税处理

《财政部 税务总局关于权益性投资经营所得个人所得税征收管理的公告》（财政部 税务总局公告2021年第41号）第一条规定：“持有股权、股票、合伙企业财产份额等权益性投资的个人独资企业、合伙企业（以下简称独资合伙企业），一律适用查账征收方式计征个人所得税。”

【案例分析24：投资公司A需要缴多少税？】

（一）基本情况介绍

某有限合伙创投企业C成立于2022年2月，其中投资公司A及自然人B占股权份额均为50%，同时约定五五分红。2022年3月，企业C投资1000万元到××有限公司D（初创期科技型企业），占股30%，如图3–1所示。

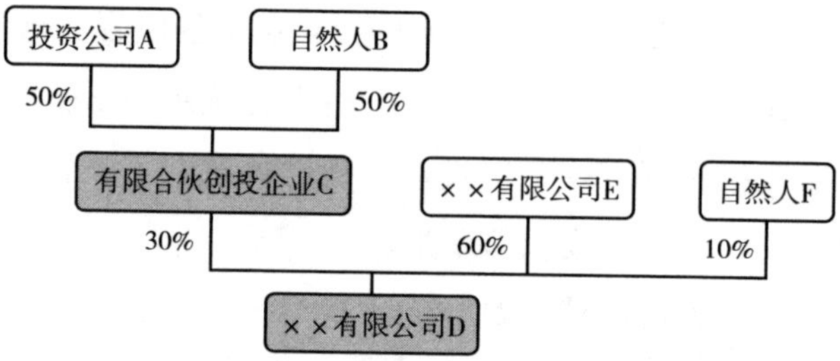

图3–1 ××有限公司D的股权架构

2024年5月，有限合伙创投企业C从××有限公司D分回收益800万元，按照合伙企业“先分后税”的规定，投资公司A可分得400万元。另外投资公司A利润总额为850万元，企业所得税为25%。要求核算投资公司A应缴纳的企业所得税。

（二）投资公司A应纳企业所得税计算

1.投资公司A投资满两年，符合财税〔2018〕55号文件的规定。

2.投资公司A对应的能抵扣的金额=1000×50%（合伙人出资比例）×70%=350（万元），余下的50万元（400万元-350万元）并入利润计算企业所得税=（850+50）×25%=225（万元）。

3.假如投资公司A分回200万元，因为能抵扣350万元，而余下的150万元可以在以后的年度再从有限合伙创投企业C分回的收益里结转抵扣，而不能在当年的850万元利润里结转抵扣。

4.假如2022年3月，自然人F是天使投资人，投资300万元到××有限公司D，2024年5月以600万元转让其持有的全部股份，自然人F的投资收益是多少？计算如下：

自然人F投资满两年，符合财税〔2018〕55号文件的规定，自然人F的应纳税额=（600-300-300×70%）×20%=18（万元），自然人F的投资收益=600-300-18=282（万元）。

【案例分析25：有限合伙企业收到分红与份额转让应如何纳税？】

（一）基本情况介绍

法人合伙人A公司和自然人李四以50%∶50%的比例投资设立了B有限合伙企业，成立后的B有限合伙企业投资几个项目，现在分别收到几个项目公司的分红款1000万元。另外，B有限合伙企业投资C公司成本约1000万元，以股权转让方式退出，收到2000万元转让款，现该B有限合伙企业拟将1000万元分红款，以及2000万元转让款一并分配给两个合伙人。假设法人公司企业所得税均为25%。请问：

1. B有限合伙企业分得分红款1000万元，股权转让所得1000万元由谁来缴税？

2.纳税地点在哪里？

3.项目公司已按25%的税率缴纳了企业所得税，法人合伙人A公司按照比例分回的税后股息500万元，是否可以作为免税收入，不用再缴纳25%的企业所得税？

4.基于合伙企业实行“先分后税”的规定，A公司和李四需要分红到手才缴税，可否采取不分红方式，就不用缴税了？也就是说缴税的时间是如何规定的？

5.股息分红500万元如何缴税？

6.合伙企业的股权转让所得1000万元如何缴税？

（二）缴税计算分析

1.B有限合伙企业的纳税义务人

根据《财政部 国家税务总局关于合伙企业合伙人所得税问题的通知》（财税〔2008〕159号）第二条的规定：“合伙企业以每一个合伙人为纳税义务人，合伙企业合伙人是自然人的，缴纳个人所得税；合伙人是法人和其他组织的，缴纳企业所得税。”即B有限合伙企业是税收透明体，既不是个人所得税纳税义务人，也不是企业所得税纳税义务人。合伙人李四是自然人，缴纳个人所得税；法人合伙人A公司是法人，缴纳企业所得税。

2.纳税地点的判断

根据国家税务总局2014年第67号公告第十九条的规定：“个人股权转让所得个人所得税以被投资企业所在地地税机关为主管税务机关。”若转让方为自然人，应在被投资企业所在地税务机关办理相关事宜；若转让方为法人和其他组织，应在机构所在地税务机关办理相关事宜。

因此，李四所得须在B有限合伙企业所在地税务机关办理缴纳个人所得税。法人合伙人A公司为法人，在A公司机构所在地税务机关办理企业所得税缴纳。

3.项目公司已按25%的税率缴纳了企业所得税，法人合伙人A公司按照比例分回的税后股息500万元，是否可以作为免税收入，不用再缴纳25%的企业所得税

答：不可以。

根据《企业所得税法》第二十六条的规定，符合条件的居民企业之间的股息、红利等权益性投资收益为免税收入。对应法人合伙人A公司，不是直接投资给居民企业，而是通过B有限合伙企业间接投资给居民企业项目公司，不属于免税收入。因此，项目公司已按25%的税率缴纳了企业所得税，法人合伙人A公司按照比例分回的税后股息500万元，不可以作为免税收入，必须再缴纳25%的企业所得税。

4.基于合伙企业实行“先分后税”的规定，A公司和李四需要分红到手才缴税，可否采取不分红方式，就不用缴税了？也就是说缴税的时间是如何规定的

答：理解错误。

根据财税〔2008〕159号文件第三条的规定：“合伙企业生产经营所得和其他所得采取“先分后税”的原则。具体应纳税所得额的计算按照《财政部 国家税务总局关于个人独资企业和合伙企业投资者征收个人所得税的规定》（财税〔2000〕91号）及《财政部 国家税务总局关于调整个体工商户个人独资企业和合伙企业个人所得税税前扣除标准有关问题的通知》（财税〔2008〕65号）的有关规定执行。前款所称生产经营所得和其他所得，包括合伙企业分配给所有合伙人的所得和企业当年留存的所得（利润）。”且合伙人按照“协议约定、协商决定、出资比例、合伙人数”4个原则依序分配并确定纳税所得额。

根据上述规定，作为合伙企业的合伙人，不论合伙企业是否分利润，只要其有留存利润，该部分留存利润也应先按规定的比例分配，也就是“先分后税”的意思，并不是先到手才有纳税义务，即不管到不到手，先把所得分了，再按各自适用税率计算缴税。

5.股息分红500万元如何缴税

根据《国家税务总局关于〈关于个人独资企业和合伙企业投资者征收个人所得税的规定〉执行口径的通知》（国税函〔2001〕84号）第二条的规定：“个人独资企业和合伙企业对外投资分回的利息或者股息、红利，不并入企业的收入，而应单独作为投资者个人取得的利息、股

息、红利所得，按“利息、股息、红利所得”应税项目计算缴纳个人所得税。”

因此，根据以上税法规定，合伙企业收到1000万元分红款，不并入合伙企业的收入中，而是直接按比例分给李四500万元，由李四按照20%税率缴纳个人所得税。另外500万元分给A公司，并入应纳税所得额缴纳25%的企业所得税。

6. 合伙企业的股权转让所得1000万元如何缴税

根据财税〔2000〕91号文件第四条规定：“个人独资企业和合伙企业（以下简称企业）每一纳税年度的收入总额减除成本、费用以及损失后的余额，作为投资者个人的生产经营所得，比照个人所得税法的“个体工商户的生产经营所得”应税项目，适用5%—35%的五级超额累进税率，计算征收个人所得税。

前款所称收入总额，是指企业从事生产经营以及与生产经营有关的活动所取得的各项收入，包括商品（产品）销售收入、营运收入、劳务服务收入、工程价款收入、财产出租或转让收入、利息收入、其他业务收入和营业外收入。”

按照上述规定，B有限合伙企业的股权转让所得1000万元属于合伙企业的生产经营所得，依据合伙企业生产经营所得采取“先分后税”的原则，先分所得后，对于个人投资人，比照个人所得税法的“个体工商户的生产经营所得”应税项目，适用5%—35%的五级超额累进税率，计算征收个人所得税；对于法人企业投资者，应当按适用税率缴纳企业所得税。

（二）三种股权架构主体下的股权转让和股息分红税负比较分析

通过以上对三种股权架构主体的涉税处理分析，三种股权架构主体持有核心公司的股权转让和从核心公司分回的股息分红收入的涉税处理总结如表3-1所示。

表3-1　　三种股权架构主体发生的股权转让收入的税负比较

股权转让收入的税负比较		
持股方式	股东最终税率	备注
个人直接持股	20%	按“财产转让所得”应税项目计税
通过有限公司间接持股	双重征税，综合税率40%	持股公司企业所得税25%，股东个人所得税20%，综合税率25%+（1-25%）×20%=40%
通过合伙企业间接持股	5%—35%超额累进税率，可享受一定的税收优惠政策	合伙企业以每个合伙人为纳税义务人，合伙人为自然人的，征收个人所得税

表3-2　　三种股权架构主体从核心公司分回的股息红利收入的税负比较

股息分红收入的税负比较		
持股方式	股东最终税率	备注
个人直接持股	20%	按“利息、股息、红利所得”应税项目计税
通过有限公司间接持股	20%	居民企业直接投资于其他居民取得的股息、红利等权益性投资收益为免税收入，但公司持股平台将得到的股息红利分配个人股东时，需要按20%税率计征个人所得税
通过合伙企业间接持股	20%	合伙企业对外投资分回的股息红利，不并入合伙企业的收入，而是单独作为有限合伙企业个人所得的利息、股息、红利所得应税项目计税

第三节　“定向分红”股权搭建“税务+法律”风险破局

所谓的“定向分红”是指根据《公司法》的规定，有限责任公司的股东之间签订股东协议或股东出资协议或公司章程约定“在一定的时间内，公司的未分配利润只向特定的某一股东进行分配，其他股东不参与未分配利润的分配”。这在股权融资或增资扩股过程中，为了吸引新的投资者进入，实现融资目的而经常采用的一种股权融资的激励措施。

根据我国现有税法的规定，自然人股东从被投资企业分回的股息红利，存在三种情况不缴纳个人所得税：一是根据财税字〔1994〕20号文件第二条第（八）项的规定，外籍个人股东从外商投资企业取得的股息、红利所得，暂免征收个人所得税。二是**根据**财政部、税务总局、证监会2019年第78号公告第一条的规定，个人持有挂牌公司的股票，持股期限超过1年的，对股息红利所得暂免征收个人所得税。三是**根据**财税〔2015〕101号文件第一条的规定，个人从公开发行和转让市场取得的上市公司股票，持股期限超过1年的，股息红利所得暂免征收个人所得税。除了以上三种免征个税情况外，自然人股东从被投资企业分回的股息红利，都要依法按照20%的税率缴纳个人所得税。因此，笔者从股权布局设计的角度，将《公司法》《企业所得税法》及其相关税收政策规定相互融合，对公司股权布局进行巧妙设计，从而达到合法合理使自然人股东从被投资公司分回股息红利不缴纳个税的目的。

一、定向分红股权搭建策略

定向分红股权搭建策略是：**公司创立之初，采用“创始人（自然人股东）+家族公司100%持股的防火墙公司+共同持有赚钱公司（主体经营公司）股权”的股权搭建策略。**

（一）定向分红股权搭建的商法融合

定向分红股权搭建的商法融合，是指定向分红股权搭建的商业行为安排与相关法律包括税法、税收政策的相互融合，具体而言，体现为以下三个方面：

第一方面是指《公司法》第二百一十条第四款“……**全体股东约定不按照出资比例分配利润的除外**”的规定与《企业所得税法》第二十六条第（二）项、《企业所得税法实施条例》第八十三条等税法规定的相互融合。

第二方面是《公司法》第二十三条第三款**“只有一个股东的公司，股东不能证明公司财产独立于股东自己的财产的，应当对公司债务承担连带责任**”的规定与股东持有主体经营公司（赚钱公司）的股权比例的相互融合。

第三方面是原始股东（自然人）或原始创始人（自然人）少量持有主

体经营公司（赚钱公司）的股权比例与财政部、税务总局、证监会2019年第78号公告第一条、财税〔2015〕101号文件第一条的税收政策规定相互融合。

该商法融合在企业股权架构搭建中的具体运用如下。

第一，《企业所得税法》及其实施条例关于“**居民企业直接投资于其他居民企业取得的投资收益**免征企业所得税”的规定，在股权架构搭建时，必须以有限责任公司（防火墙公司）作为股东，持有主体经营公司（赚钱公司）的股权。实现防火墙公司从主体经营公司（赚钱公司）分回的股息、红利免征企业所得税。同时，在主体经营公司的《公司章程》中约定：主体经营公司（赚钱公司）的未分配利润，只分配给主体经营公司（赚钱公司）的法人股东，自然人股东不参与分配（同股不同酬）。

第二，《公司法》第二十三条第三款“**只有一个股东的公司，股东不能证明公司财产独立于股东自己的财产的，应当对公司债务承担连带责任**”的规定，在企业股权搭建实践中，有限责任公司（防火墙公司）不能100%持有主体经营公司（赚钱公司）的股权。

第三，财政部、税务总局、证监会2019年第78号公告第一条、财税〔2015〕101号文件第一条关于“个人从公开发行和转让市场取得的上市公司股票，或个人持有挂牌公司的股票持股期限超过1年的，股息红利所得暂免征收个人所得税”的规定，在企业股权搭建实践中，原始股东（自然人）或原始创始人（自然人）应少量持有上市的主体经营公司（赚钱公司）的股权比例，以便今后实现分红免个人所得税。

（二）定向分红股权搭建策略的实操落地要点

1.第一步：原始创始人股东注册家族企业

老板或原始创始人（自然人股东）及其家庭成员（如老板或原始创始人及其儿子、女儿）共同实缴资本10万元，注册成立一家家族公司（该家族公司必须是有限责任公司），假设该家族公司在市场监督管理局登记取名为“某某企业管理咨询有限公司”，其中老板或原始创始人及其家庭成员分别在该家族公司占有的股权比例为：80%、20%。

笔者认为：注册家族公司应注意以下六大关键点。

第一，家族公司应注册为有限责任公司。

家族公司可以注册为有限责任公司，也可以注册为有限合伙企业，但不可以注册为个人独资企业、合伙企业、个体工商户。建议家族公司注册为有限责任公司，理由如下。

根据《民法典》第一百零二条和第一百零四条的规定，个人独资企业、合伙企业是非法人组织，是不具有法人资格的专业服务机构。个人独资企业、合伙企业的财产不足以清偿债务的，其出资人或设立人承担无限责任。同时根据《民法典》第五十四条和第五十六条的规定，个体工商户是自然人从事工商业经营并依法登记的经济组织，个体工商户分为个体经营和家庭经营两种经营形式。个体工商户的债务，个体经营的，以个人财产承担债务责任；家庭经营的，以家庭财产承担；无法区分的，以家庭财产承担。因此，个体工商户不可以再投资成立别的企业或公司。

第二，每一位原始创始股东各自注册一家家族公司。

如果原始创始人股东不止一个人，假设为三个人，则建议每一位原始创始人股东都按照第一步的方法分别注册各自的家族公司，然后三家家族公司和三个自然人股东共六个股东共同持有赚钱公司（经营主体公司）的股权，配置好各个原始创始人股东及其家族公司持有的股权比例。

第三，家族公司的股东人数要求。

家族公司的股东不可以老板两夫妻或老板一个人（称为一人有限责任公司），只能是老板及其其他家族成员中的任何一人。

第四，家族公司的命名。

家族公司命名为"某某企业管理咨询有限公司、某某企业发展管理有限公司、某某企业技术服务有限公司"等。

第五，家族公司注册经营范围。

家族公司的注册范围："家族公司"的经营范围是企业管理、企业咨询、企业技术服务三大类。

第六，家族公司的注册资本要求。

家族公司的注册资本必须是实缴制，不可以认缴制，而且注册资本不要大，一般控制在10万元至50万元即可。

2.第二步：注册设立防火墙公司

第一步注册成立的家族公司出资注册一家100%持股的防火墙公司，防火墙公司的注册资本必须实缴，一般注册100万元左右。**防火墙公司与家族公司的注册地点在一个地方，也可以不在同一个地方，但与赚钱公司不在同一个地方，经营范围与家族公司基本上一致。**假设该家族公司在市场监督管理局登记取名为“某某企业管理咨询有限公司”，假设该防火墙公司在市场监督管理局登记取名为“某某企业技术服务有限公司”。

3.第三步：注册设立赚钱公司（经营主体公司）

老板或原始创始人与第二步注册成立的防火墙公司，共同投资注册成立赚钱公司（经营主体公司），经营主体公司的注册资本可以实缴制，也可以认缴制。由于家族公司的注册资本小且是实缴制，建议赚钱公司（经营主体公司）的注册资本采用认缴制为好。其中老板或原始创始人与第二步注册成立的防火墙公司，在赚钱公司（经营主体公司）的股权比例（以出资比例配置股权比例）分别为10%、90%或分别为15%、85%。

4.第四步：拟定《公司章程》特别约定“定向分红”（同工不同酬）条款

《公司法》第二百一十条第四款规定：“公司弥补亏损和提取公积金后所余税后利润，有限责任公司按照股东实缴的出资比例分配利润，**全体股东约定不按照出资比例分配利润的除外。”**

基于“全体股东约定不按照出资比例分配利润的除外”的规定，全体股东可以签订“某某公司股东分红协议”或在《公司章程》中约定定向分红策略。即涉及定向分红有两个操作要点：一是全体股东一致同意签订《公司股东分红协议书》；二是全体股东一致同意签订《公司章程》或修改后的《公司章程》。在《公司股东分红协议书》或《公司章程》中约定：公司弥补亏损和提取公积金后所余税后利润，只分配给某某股东，或全部分配给某某股东，其他股东不参与公司利润分配或放弃利润分配等定向分配利润。

因此，原始创始股东、防火墙公司共同签订《公司章程》并在市场监督管理局备案。在《公司章程》的股东分红条款中必须特别约定：公司经营期间，如果符合《公司法》可以分红的条件规定，则公司经营期间产生的未分配利润一直分配给“某某企业技术服务有限公司”（防火墙公司），老板或原始创始人股东放弃公司股息红利的分红。或者《公司章程》约定：公司经营期间，如果符合《公司法》可以分红的条件规定，则公司经营期间产生的未分配利润在一定的年限内（如自公司注册成立后的5年之内或8年之内）一直分配给“某某企业技术服务有限公司”（防火墙公司），老板或原始创始人股东放弃公司股息红利的分红。

5.第五步：工商注册登记

在赚钱公司（经营主体公司）所在地市场监督管理局办理工商注册登记手续。

笔者特别提示：在进行工商注册登记时，可能当地工商部门强行要求使用市场监督管理局提供的《公司章程》范本进行备案，由于市场监督管理局提供的《公司章程》范本没有“定向分配红利”条款，只有各股东按照“实缴的出资比例分取红利”的一般性规定。因此，如果工商部门强行要求使用市场监督管理局提供的《公司章程》范本。而不愿意使用各股东签订的有“定向分配红利”条款的《公司章程》，则有以下两种方法解决：

一是各个股东必须一致同意签订《股东投资协议》或另一份《公司章程》,《股东分红协议》内容与工商部门强行要求使用市场监督管理局提供的《公司章程》范本规定的内容一致，不同点是含有“定向分配红利”条款。

二是各个股东必须一致同意签订《股东分红协议》，该协议重点约定“定向分红”条款。

（三）定向分红的股权布局架构

经过以上五步法：**公司创立之初，通过“创始人（自然人股东）+家族公司100%持股的防火墙公司+共同持有赚钱公司（主体经营公司）股权”的股权布局控税设计架构如图3-2所示。**

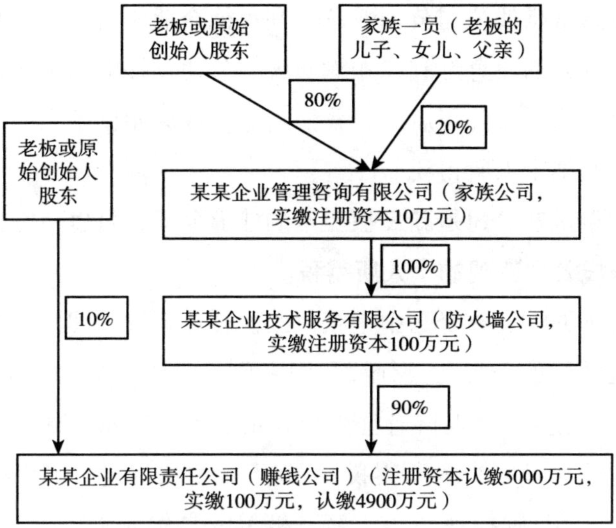

图3-2 股权布局控税设计架构

二、股权布局控税分析

老板或原始创始人股东直接持有赚钱公司10%的股权比例，家族公司“某某企业管理咨询有限公司”持有赚钱公司90%的股权比例，与老板或原始创始人股东不在赚钱公司占有股权，直接让防火墙公司“某某企业技术服务有限公司”持有赚钱公司100%的股权比例相比，更能节约老板或原始创始人股东的税负，分析如下。

（一）老板或原始创始人股东从赚钱公司分回股息红利或转让赚钱公司的股权更节税

首先，老板或原始创始人股东最终从赚钱公司分回的股息红利的税负是一样的。

如果老板或原始创始人股东直接持有赚钱公司10%的股权比例，防火墙公司“某某企业技术服务有限公司”持有赚钱公司90%的股权比例，则原始创始人股东从赚钱公司“某某企业技术服务有限公司”分回的股息红利按照20%税率缴纳个人所得税。而让防火墙公司持有赚钱公司100%的股权比例，防火墙公司虽然从赚钱公司分回股息红利免征企业所得税，但是防火墙公司将从赚钱公司分回的股息红利，扣除防火墙公司预提的法定盈余公积后的股息红利，再分配给家族公司后，又分配给老板或原始创始人股东时，仍然要按照20%税率缴纳个人所得税。

其次，如果赚钱公司是新三板上市的挂靠公司，可以免征老板或原始创始人股东从赚钱公司套现的个人所得税。

根据《关于继续实施全国中小企业股份转让系统挂牌公司股息红利差别化个人所得税政策的公告》（财政部 国家税务总局 证监会公告2019年第78号）第一条的规定：“个人持有挂牌公司的股票，持股期限超过1年的，对股息红利所得暂免征收个人所得税。”基于此税法规定，如果赚钱公司是挂牌公司（新三板），则挂牌公司（新三板）的自然人（老板或原始创始人）股东，持股期限超过1年，免征分红的个人所得税。

最后，如果老板或原始创始人股东今后因融资的需要而转让其在赚钱公司的股权，则可以降低税负。

如果老板或原始创始人股东直接持有赚钱公司10%的股权比例，防火墙公司持有赚钱公司90%的股权比例，则老板或原始创始人股东转让其在赚钱公司的股权，只按照20%税率缴纳个人所得税。

如果老板或原始创始人股东不在赚钱公司占有股权，直接让防火墙公司持有赚钱公司100%的股权比例，则防火墙公司转让其在赚钱公司的股权要按照25%缴纳企业所得税，然后防火墙公司将其从赚钱公司转让股权的税后利润分配给家族公司，家族公司再分配给老板或原始创始人股东时，要依法代扣代缴20%的个人所得税。即老板或原始创始人股东承担的税负为：40%［25%+（1–25%）×20%］。

因此，老板或原始创始人股东直接持有赚钱公司10%的股权比例，防火墙公司持有赚钱公司90%的股权比例，与老板或原始创始人股东不在赚钱公司占有股权，直接让防火墙公司持有赚钱公司100%的股权比例相比，老板或原始创始人股东转让股权更节约税负。

（二）基于《公司章程》“定向分红”的约定，老板或原始创始人将从赚钱公司分回的股息红利只用于投资转增赚钱公司的注册资本或股本，则更能节约老板或原始创始人股东的税负

首先，如果老板或原始创始人股东直接持有赚钱公司10%的股权比例，防火墙公司持有赚钱公司90%的股权比例的情况下，则赚钱公司将其税后的未分配利润用于投资设立另外的公司，或者转增赚钱公司的注册资本或股本，老板或原始创始人股东按照其持有赚钱公司10%的股权比例计算的投资额转增资本或股本金额，由赚钱公司依法代扣代缴老板或原始创始人股东的个人所得税。

其次，如果老板或原始创始人股东不在赚钱公司占有股权，直接让防火墙公司持有赚钱公司100%的股权比例的情况下，则赚钱公司将其税后的未分配利润用于投资设立另外的公司，或者转增赚钱公司的注册资本，免征老板或原始创始人股东的个人所得税。

最后，由于本股权布局策略设计中的第四步，老板或原始创始人股东与防火墙公司共同拟定**《公司章程》，在《公司章程》中特别约定“定向分红（同股不同酬）”条款。因此，赚钱公司在分红时，**老板或原始创始人股东放弃分红，全部分配给防火墙公司的股息红利，根据**《企业所得税法》第二十六条第（二）项** 和**《企业所得税法实施条例》**第八十三条的规定，免征企业所得税。

三、“定向分红”（同股不同酬）不属于反避税范围

“定向分红”属于具有合理商业目的的安排，不属于反避税范围，分析如下。

（一）“定向分红”符合《公司法》规定的合法安排行为

1.《公司法》关于“定向分红”的规定

《公司法》第二百一十条第四款规定：“公司弥补亏损和提取公积金后所余税后利润，有限责任公司按照股东实缴的出资比例分配利润，**全体股东约定不按照出资比例分配利润的除外。**”第二百一十二条规定：“股东会作出分

配利润的决议的，董事会应当在股东会决议作出之日起六个月内进行分配。”

2.全体股东一致约定的“定向分红”条款合法有效

（1）全体股东一致约定的“定向分红”条款符合《公司法》第二百一十条第四款的规定。

根据《公司法》第二百一十条第四款“**全体股东约定不按照出资比例分配利润的除外**”的规定，只要全体股东一致同意，签订“定向分红”条款的约定是合法有效的。涉及“定向分红”的两个具体实操细节：一是全体股东一致同意签订《公司股东分红协议书》；二是全体股东一致同意签订《公司章程》或修改后的《公司章程》。在《公司股东分红协议书》或《公司章程》中约定定向分配利润条款，该条款约定：公司弥补亏损和提取公积金后所余税后利润，只分配给某某股东，或全部分配给某某股东，其他股东不参与公司利润分配或放弃利润。

（2）全体股东一致约定的“定向分红”条款符合《民法典》第一百四十三条的规定。

《民法典》第一百四十三条规定：“具备下列条件的民事法律行为有效：

（一）行为人具有相应的民事行为能力；

（二）意思表示真实；

（三）不违反法律、行政法规的强制性规定，不违背公序良俗。”

《民法典》第四百六十四条规定：“合同是民事主体之间设立、变更、终止民事法律关系的协议。”

《民法典》第五百零二条规定：“依法成立的合同，自成立时生效，但是法律另有规定或者当事人另有约定的除外。”

基于以上《民法典》的规定，**全体股东一致同意签订的“定向分红协议”或《公司章程》中的“定向分红”约定**，是具有相应民事行为能力的全体股东的真实意思表述，不违反法律、行政法规的强制性规定，不违背公序良俗，是有效的合同。

3.“定向分红”的股权架构合法有效

基于意思法律分析，赚钱公司（主体经营公司）的老板或原始创始人股东和法人股东（老板或原始创始人股东注册的家族公司再投资注册的防火墙公司）在《公司章程》《股东投资协议》《股东分红协议》一致同意约定“定向分红（同股不同酬）”条款，该条款约定：老板或原始创始人股东在一定的时间内，放弃分红或不参与分红，将赚钱公司（主体经营公司）弥补亏损和提取公积金后所余税后利润全部分给法人股东。该条款完全是符合《公司法》第二百一十条第四款**“全体股东约定不按照出资比例分配利润的除外”**的规定，完全是合法有效行为，受到法律保护。

（二）“定向分红”（同股不同酬）是“具有合理商业目的”的安排

1.“不具有合理商业目的”的税法界定分析

《个人所得税法》第八条第（三）项规定，个人实施其他不具有合理商业目的的安排而获取不当税收利益的，税务机关有权按照合理方法进行纳税调整。

对于“**不具有合理商业目的**”如何理解？在税法上是如何界定的？《个人所得税法》对于“不具有合理商业目的”的界定没有具体的规定，但是《企业所得税法》对“不具有合理商业目的”有严格的界定。

《企业所得税法》第四十七条规定：“企业实施其他不具有合理商业目的的安排而减少其应纳税收入或者所得额的，税务机关有权按照合理方法调整。”《企业所得税法实施条例》第一百二十条规定：“企业所得税法第四十七条所称**‘不具有合理商业目的’，是指以减少、免除或者推迟缴纳税款为主要目的。**”

《一般反避税管理办法（试行）》（国家税务总局令第32号）第三条规定：**“税收利益是指减少、免除或者推迟缴纳企业所得税应纳税额。”**

基于以上税法规定，个人实施了以减少、免除或者推迟缴纳税款为主要目的安排而获得了减少、免除或者推迟缴纳税款等税收利益，税务机关有权按照合理方法进行纳税调整。

2.“不具有合理商业目的”的安排应满足的三个条件

《企业所得税法实施条例》立法起草小组在《实施条例释义及适用指南》

中明确**“不具有合理商业目的”的安排应该满足以下三个条件**：

一是必须存在一个安排，是指人为规划的一个或一系列行动或者交易。

二是企业必须从该安排中获取“税收利益”，即减少应纳税收入或者所得额。

三是企业将获取税收利益作为**其从事某种安排的唯一或主要目的**。

只有满足了以上三个条件，才可断定其不具有合理商业目的的安排且已经构成了避税事实。

3.避税安排的两个特征

《一般反避税管理办法（试行）》（国家税务总局令第32号）第四条规定：“避税安排具有以下特征：

（一）以获取税收利益为唯一目的或者主要目的；

（二）以形式符合税法规定、但与其经济实质不符的方式获取税收利益。”

（三）“定向分红”是“具有合理商业目的”安排的原因分析

基于以上税法政策规定，“定向分红”是符合《公司法》规定的“具有合理商业目的”的安排。原因分析如下：

1.赚钱公司（主体经营公司）的老板或原始创始股东没有获得减少、免除或者推迟缴纳税款等税收利益

老板或原始创始股东不参与分配赚钱公司（主体经营公司）的股息、红利，而是由赚钱公司（主体经营公司）分配定向分红给防火墙公司（老板或原始创始人股东注册的家族公司再投资注册的防火墙公司），然后由防火墙公司依法计提法定公积金后所余税后利润，再分配给家族公司（老板或原始创始人股东注册的家族公司），符合《企业所得税法》第二十六条的规定，防火墙公司、家族企业免征企业所得税。尽管如此，但是老板或原始创始股东个人没有取得股息红利收入，只不过是将其在赚钱公司（主体经营公司）应分得的股息红利转移到其设立的家族公司而已。如果家族公司将从赚钱公司（主体经营公司）分回的股息红利再分配给家族公司的老板或原始创始股东个人，则必须依法按照20%的税率缴纳个人所得税。因此，赚钱公司（主

体经营公司）的老板或原始创始股东，因“定向分红”的安排而根本没有获得减少、免除或者推迟缴纳税款等税收利益。

2.“定向分红”的合法安排的主要目的或唯一目的，不是获取税收利益，而是规避两类法律风险

第一，规避老板或原始创始股东承担主体经营公司（赚钱公司）的债务清偿的法律风险。

实践中的赚钱公司大部分是注册资本认缴制，而不是实缴制，如果赚钱公司的股东是自然人股东，则自然股东必须以其认缴的注册资本为限承担赚钱公司未来的债务清偿责任。如果让老板或原始创始人股东注册家族公司，成为家族公司的股东，而家族公司又注册防火墙公司，100%持股或控股防火墙公司，防火墙公司再成为赚钱公司的股东之一。实际注册公司时，家族公司、防火墙公司往往是注册资本实行实缴制的有限责任公司，其注册资本远远比在赚钱公司认缴的注册资本小，则防火墙公司起到防火墙的作用，隔离了老板或原始创始人承担赚钱公司的债务清偿的法律风险。

第二，加强老板或原始创始人股东对赚钱公司（主体经营公司）的控制权，规避公司控制权丧失的法律风险。

随着赚钱公司的发展，今后难免会面临股权融资，吸引新的股东投资。在股权融资特别是增资扩股过程中，原始创始人的股权将面临被稀释。如果赚钱公司的股东全是老板或原始创始人自然人股东，则赚钱公司在今后的几轮增资扩股的融资过程中，会不断同比例稀释老板或原始创始股东的股权比例，从而会失去赚钱公司（主体经营公司）的控制权，出现“自己养大的孩子叫别人爹”的现象。如果赚钱公司由防火墙公司（有限责任公司）控股持有的情况下，在今后的增资扩股过程中，只要防火墙公司的股权稀释到67%，则家族公司的老板或原始创始人股东控股持有的家族公司100%控股持有防火墙公司，就可以掌握赚钱公司的控制权。

因此，经过以上分析，自然人股东定向分红给被投资公司的法人股东（防火墙公司）是具有“合理商业目的”的合法安排，不属于反避税范围。

（四）税务机关征收税款的法律依据：法律、行政法规的规定

《税收征收管理法》第二十八条规定：“税务机关依照法律、行政法规的规定征收税款，不得违反法律、行政法规的规定开征、停征、多征、少征、提前征收、延缓征收或者摊派税款。”本条规定的“法律、行政法规”如何理解？根据《立法法》的规定，所谓的“法律”是指全国人民代表大会通过颁布的各项法律，包括税法。所谓的“行政法规”是指国务院通过颁布的各项行政规章。而《公司法》《企业所得税法》《个人所得税法》是法律，而《企业所得税法实施条例》《个人所得税法实施条例》是行政规章。当然国务院授权财政部、国家税务总局制定的一些税收政策，也视为行政规章。

因此，税务机关在征收税款时，不仅依照税法、税收行政规章和税收政策，还必须依照全国人大颁布的与税有关的各项民商法（《公司法》《民法典》《证券法》等）的规定。

第四节　自然人股东在公司内部平价转让股权的商法融合

一、自然人转让股权的“税务＋法律风险”

自然人股东转让股权面临的“税务+法律”风险集中体现为：逃税导致的补税、滞纳金和罚款的税务风险，以及构成逃税罪、逃避追缴欠税罪的刑事法律风险。具体分析如下。

（一）税务风险：补税、滞纳金和罚款

根据《股权转让所得个人所得税管理办法（试行）》（国家税务总局公告2014年第67号）第十四条第（一）项的规定，自然人股东存在以下两种股权转让的定价行为，必须按照净资产核定法，核定股权转让收入，否则存在补税、缴纳滞纳金和罚款的税务风险。

1.净资产大于实缴注册资本下的自然人股东平价转让股权。

2.被投资企业的土地使用权、房屋、房地产企业未销售房产、知识产权、探矿权、采矿权、股权等资产占企业总资产比例超过20%的，未进行评估而按照净资产定价转让股权。

（二）刑事法律风险：逃税罪、逃避追缴欠税罪

1.逃税罪

如果股权转让方与受让方为了少缴税而签订股权转让的“阴阳合同”，则根据《最高人民法院 最高人民检察院关于办理危害税收征管刑事案件适用法律若干问题的解释》（法释〔2024〕4号）第一条第（二）项的规定，以签订“阴阳合同”等形式隐匿或者以他人名义分解收入、财产的，应当认定为刑法第二百零一条（逃税罪）第一款规定的“欺骗、隐瞒手段”。

2.逃避追缴欠税罪

如果股权转让方与受让方为了少缴税而以明显不合理的价格签订股权转让合同，则根据《最高人民法院 最高人民检察院关于办理危害税收征管刑事案件适用法律若干问题的解释》（法释〔2024〕4号）第六条第（三）项的规定，以明显不合理的价格进行交易的，应当认定为刑法第二百零三条（逃避追缴欠税罪）规定的“采取转移或者隐匿财产的手段”。

二、自然人股东平价转让股权防控“税务+法律”风险的商法融合

（一）商法融合策略：自然人股东平价转让股权给公司内部股东

自然人股东平价转让股权防控“税务+法律”风险的商法融合，在实际操作过程中，主要体现为《公司法》第八十四条第三款“限制性转让股权”的规定与《国家税务总局关于发布〈股权转让所得个人所得税管理办法（试行）〉的公告》（国家税务总局公告2014年第67号）第十三条规定的相互融合。

1.《公司法》关于“限制性转让股权”规定的实操运用

《公司法》第八十四条规定：“有限责任公司的股东之间可以相互转让其

全部或者部分股权。

股东向股东以外的人转让股权的，应当将股权转让的数量、价格、支付方式和期限等事项书面通知其他股东，其他股东在同等条件下有优先购买权。股东自接到书面通知之日起三十日内未答复的，视为放弃优先购买权。两个以上股东行使优先购买权的，协商确定各自的购买比例；协商不成的，按照转让时各自的出资比例行使优先购买权。

公司章程对股权转让另有规定的，从其规定。"

《公司法》第一百五十七条规定："股份有限公司的股东持有的股份可以向其他股东转让，也可以向股东以外的人转让；**公司章程对股份转让有限制的，其转让按照公司章程的规定进行。"**

《公司法》第八十四条第三款"公司章程对股权转让另有规定的，从其规定"的规定是"限制性转让股权"的规定，各股东以书面形式一致同意，可以不召开股东会会议在"修改公司章程"决定性文件上签名、盖章。"修改公司章程"决定性文件可以约定如下：

（1）公司各股东的股权不可以对外进行转让，如果要转让，则由公司内部其他股东平价或折价收购股权。

（2）在公司亏损期限内，任何股东不能退出公司或者转让股权，如果要退出或转让股权，则必须按照其出资金额的50%或10%、20%、30%向内部其他股东转让股权。

（3）在公司成立一定期限（例如约定3年内）届满，才能对外转让股权，但公司内部股东有优先购买权，而且内部股东只能按照其出资金额收购其股权。

（4）在公司盈利期内转让股权，不能对外转让，只能按照公司净资产与其占有的出资比例计算的价格转让给内部股东。

2.《股权转让所得个人所得税管理办法（试行）》关于"限制性转让股权"规定的实操运用

《股权转让所得个人所得税管理办法（试行）》（国家税务总局公告2014年第67号）第十三条规定：**"符合下列条件之一的股权转让收入明显偏低，**

视为有正当理由：

（一）能出具有效文件，证明被投资企业因国家政策调整，生产经营受到重大影响，导致低价转让股权；

（二）继承或将股权转让给其能提供具有法律效力身份关系证明的配偶、父母、子女、祖父母、外祖父母、孙子女、外孙子女、兄弟姐妹以及对转让人承担直接抚养或者赡养义务的抚养人或者赡养人；

（三）相关法律、政府文件或**企业章程规定，并有相关资料充分证明转让价格合理且真实的本企业员工持有的不能对外转让股权的内部转让。”**

以上《公司法》关于“限制股权转让”的规定与国家税务总局公告2014年第67号第十三条关于“自然人股东内部低价转让股权”不交个人所得税的规定相互融合，为设计公司内部自然人股东的股权低价转让给内部股东的股权布局提供了重要的法律支持和保障。

（二）自然人股东平价转让给公司内部股东的两步实操路径

第一步：自然人股东持有的被投资企业修改《公司章程》。在《公司章程》中约定：公司内部各股东的股权不允许对外转让，只能在公司内部股东之间进行转让，而且转让股权时，只能平价向内部其他股东转让。

第二步：转让股权的自然人股东必须与被投资企业签订全日制的《劳动合同》，被投资企业必须向自然人股东支付工资报酬，依法预扣个人所得税，必须给自然人股东依法缴纳社保费用。

【案例分析26：自然人股东在公司内部平价转让股权防控“税务+法律”风险的商法融合】

（一）案情基本情况

自然人股东甲、乙与法人股东某某企业管理有限责任公司共实缴出资1000万元设立某某有限责任公司，甲出资500万元，乙出资200万元，某某企业管理有限责任公司出资300万元，出资比例分别为50%、

20%、30%，某某有限责任公司的股权架构如图3-3所示。

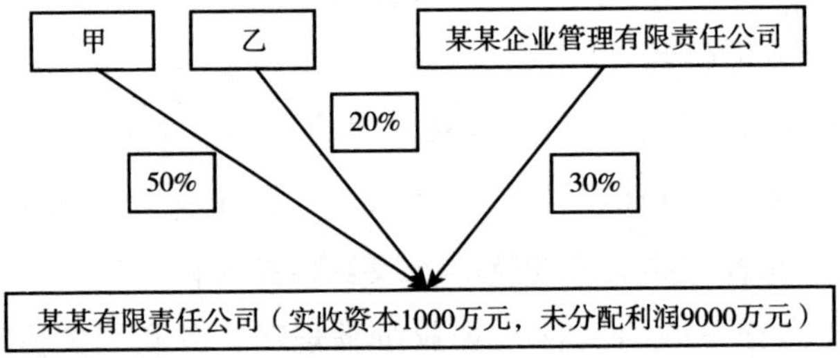

图3-3 某某有限责任公司的股权架构

经过多年的经营积累，账上有未分配利润9000万元人民币，请问乙将股权转让给某某企业管理有限责任公司，应如何操作才能规避20%税率的个人所得税呢？

（二）操作要点

第一步：某某有限责任公司召开股东会议，全体股东签字盖章"修改《公司章程》"的股东决议，在《公司章程》中增加一个"股权转让"条款，该条款约定：自然人股东甲、乙和法人股东某某企业管理有限责任公司，在某某有限责任公司的股权不可以对外进行转让，如果要转让，则只能在某某有限责任公司内部股东之间转让，且某某有限责任公司内部其他股东按照其出资金额进行平价或折价收购股权。

第二步：自然人股东甲、乙必须与某某有限责任公司签订《劳动合同》，某某有限责任公司支付自然人股东甲、乙工资，申报个税、缴纳社保。

第三步：自然人股东乙与某某有限责任公司必须签订200万元的股权转让协议，将合同交到税务局进行备案。

第四步：凭借税务局出具的完税证明（个人所得税额为0，印花税2000000×0.03%=6000元）到市场监督管理局办理股东变更手续。

股权转让后，某某有限责任公司的股权布局如图3-4所示。

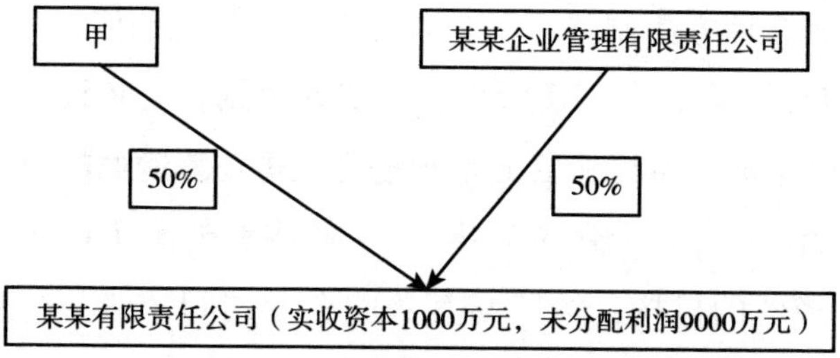

图3-4　股权转让后的某某有限责任公司股权架构

三、自然人股东在公司内部低价或平价转让股权不属于反避税的范围

（一）反避税的法律依据

根据《个人所得税法》第八条第（一）项的规定，个人与其关联方之间的业务往来不符合独立交易原则而减少本人或者其关联方应纳税额，且无正当理由的，税务机关有权按照合理方法进行纳税调整。

（二）“关联方”的税法界定

《企业所得税法实施条例》第一百零九条规定：“企业所得税法第四十一条所称关联方，是指与企业有下列关联关系之一的企业、其他组织或者个人：

（一）在资金、经营、购销等方面存在直接或者间接的控制关系；

（二）直接或者间接地同为第三者控制；

（三）在利益上具有相关联的其他关系。”

基于此税法规定，赚钱公司（经营主体公司）的原始创始人股东或老板与其设立的家族公司、防火墙公司之间是“关联方”关系。

（三）“独立交易原则”的税法界定及其“价格合理”的司法界定

《企业所得税法》第四十一条规定：“企业与其关联方之间的业务往来，不符合独立交易原则而减少企业或者其关联方应纳税收入或者所得额的，税务机关有权按照合理方法调整。”《企业所得税法实施条例》第一百一十条规定：“企业所得税法第四十一条所称**独立交易原则，是指没有关联关系的交易各方，按照公平成交价格和营业常规进行业务往来遵循的原则。**”

《税收征管法》第三十六条规定：“企业或者外国企业在中国境内设立的从事生产、经营的机构、场所与其关联企业之间的业务往来，应当按照独立企业之间的业务往来收取或者支付价款；不按照独立企业之间的业务往来收取或者支付价款，而减少其应纳税的收入或者所得额的，税务机关有权进行合理调整。”《税收征管法实施细则》第五十二条规定：“税收征管法第三十六条所称**独立企业之间的业务往来，是指没有关联关系的企业之间按照公平成交价格和营业常规所进行的业务往来。**”

《中华人民共和国公司法》第二百六十五条第（四）项规定：“关联关系，是指公司控股股东、实际控制人、董事、监事、高级管理人员与其直接或者间接控制的企业之间的关系，以及可能导致公司利益转移的其他关系。”

根据《全国法院贯彻实施民法典工作会议纪要》（法〔2021〕94号）第一条第9点规定：“对于民法典第五百三十九条规定的明显不合理的低价或者高价，人民法院应当以交易当地一般经营者的判断，并参考交易当时交易地的物价部门指导价或者市场交易价，结合其他相关因素综合考虑予以认定。

转让价格达不到交易时交易地的指导价或者市场交易价百分之七十的，一般可以视为明显不合理的低价；对转让价格高于当地指导价或者市场交易价百分之三十的，一般可以视为明显不合理的高价。当事人对于其所主张的交易时交易地的指导价或者市场交易价承担举证责任。”

因此，交易过程中如果支付的实际对价不低于当地指导价或者市场交易价的百分之七十，不高于当地指导价或者市场交易价百分之三十的，税务机关认定为该交易符合“独立交易原则”。

（四）个人转让股权收入偏低视为“正当理由”的税法依据及其分析

1. 自然人股东在公司内部转让股权收入偏低视为“正当理由”的税法依据

根据《股权转让所得个人所得税管理办法（试行）》（国家税务总局公告

2014年第67号）第十三条第（三）项的规定，符合**“相关法律、政府文件或企业章程规定，并有相关资料充分证明转让价格合理且真实的本企业员工持有的不能对外转让股权的内部转让”条件的股权转让收入明显偏低，视为有正当理由。**

2. 自然人股东在公司内部低价或平价转让股权不属于反避税的范围

基于《公司法》第八十四条第三款的规定，主体经营公司（赚钱公司）的自然人股东（老板或原始创始人）与法人股东（防火墙公司）共同签订的《公司章程》一致约定：“公司各股东的股权不可以对外进行转让，如果要转让，则由公司其他股东平价或折价收购其股权。”在以上《公司章程》对股权转让的限制性约定的情况下，原始创始人股东或老板将其在赚钱公司（主体经营公司）的股权低价或平价转让给其法人股东（防火墙公司）的股权转让交易行为，是个人与其关联方（防火墙公司）之间的业务往来，虽然不符合独立交易原则（当赚钱公司账上存在未分配利润的情况下），但根据《股权转让所得个人所得税管理办法（试行）》（国家税务总局公告2014年第67号）第十三条第（三）项的规定，符合“虽然股权转让收入明显偏低，但视为有正当理由”的行为，不纳入税务机关纳税调整或反避税的范围。

第四章

股权搭建“税务+法律”风险破局：股权布局控税

所谓的“股权布局控税”是指企业通过公司股权架构设计，既实现原始股东（创始人）紧紧掌握公司控制权又实现合法节税和股权激励目标的一种股权安排策略。“股权布局控税”必须实现两个目标：一是原始股东或原始创始人紧紧掌握公司的控制权；二是依托于原始股东不丧失公司控制权的前提下，实现公司合法合理纳税，降低税收风险，提升企业税收安全的目标。因此，股权布局控税必须遵循**“既不丧失公司控制权又合法控税”**的新思维。

企业要在经营中规避财税法三大风险，维持企业健康持续经营，作为企业的老板和财务负责人，一定要重视财务风险、税务风险和法律风险控制，提升企业的税收安全，增强竞争力。“股权布局控税”的逻辑思路：第一，必须在遵循《公司法》、公司章程和税法相互融合的法律保障前提下，策划企业股权架构的布局；第二，企业股权布局全过程中必须贯彻“原始股东不丧失公司控制权”原则；第三，股权布局必须控制税收风险，合法纳税。因此，“股权布局控税”是指在合法的法律框架下进行的**“既不丧失公司控制权又合法控税”**的企业股权搭建策略。

第一节　建筑企业挂靠利润合法提取的股权布局控税搭建

在建筑行业的挂靠业务模式中，如何从被挂靠的建筑企业账上提取利润，既要节税又实现合法目的，是被挂靠方和挂靠方共同面临的棘手问题。为解决这个问题，笔者团队经过全国建筑企业的内训、咨询实践，结合国家税收政策和相关法律政策的理论研究，得出结论：必须从企业股权架构设计上进行布局，建立长久性、稳定性、合法性的提取挂靠利润的合法节税渠道。具体操作如下。

一、股权布局必须遵循的两大原则

（一）原则一：不要设立一个股东的有限责任公司，而应设立至少两个股东直接持股的有限责任公司

根据《公司法》第二十三条第三款的规定：“只有一个股东的公司，股东不能证明公司财产独立于股东自己的财产的，应当对公司债务承担连带责任。”根据此法律规定，如果只有一个自然人股东或只有两夫妻股东的有限责任公司，该股东不能证明公司财产独立于股东自己的财产的，应当对公司债务承担连带责任。

因此，出于法律风险规避的需要，自然人不要单独作为有限责任公司的直接持股股东，**不要设立一个股东的有限责任公司，而应设立至少两个股东直接持股的有限责任公司。**

（二）原则二：单位负责人为同一人或者存在控股、管理关系的不同单位不可以同时参与同一标段投标或者未划分标段的同一招标项目投标

《招标投标法实施条例》第三十四条明确规定：“与招标人存在利害关系可能影响招标公正性的法人、其他组织或者个人，不得参加投标。单位负责人为同一人或者存在控股、管理关系的不同单位，不得参加同一标段投标或者未划分标段的同一招标项目投标。违反前两款规定的，相关投标均无效。”

《工程建设项目货物招标投标办法》第三十二条明确规定：“法定代表人为同一个人的两个及两个以上法人，母公司、全资子公司及其控股公司，都

不得在同一货物招标中同时投标。"

如何正确理解《招标投标法实施条例》第三十四条的规定？总结中国司法裁判观点如下：

（1）如何理解"与招标人存在利害关系可能影响招标公正性的法人、其他组织或者个人，不得参加投标"？

一方面，"利害关系"主要指投标人与招标人之间存在**隶属关系、个人关系、经济关系**三个方面的关系。**隶属关系，**主要指招标人与潜在投标人之间相互控股或参股，或者有行政主管关系。**个人关系，**指的是投标人的法定代表人等高管人员与招标人的法定代表人等高管人员存在夫妻关系、亲属关系或者为同一人的情况。**经济关系，**指的是潜在投标人为招标事项前期准备提供设计或询问服务等情形。

另一方面，投标人与招标人存在实际控制、控股关系或中标前已订立合同，双方具有利害关系，其投标无效。

（2）如何理解"单位负责人为同一人或者存在控股管理关系的不同单位，不得参加同一标段或者未划分标段的同一招标项目的投标"？

首先，该规定限制了两种投标情形：一是单位负责人为同一人的不同单位，也就是两家以上投标人的单位负责人是同一人的，不得参加同一项目的投标。这里的**"单位负责人"是指单位法定代表人或者法律、行政法规规定代表单位行使职权的主要负责人。**二是存在控股、管理关系的不同单位，也就是两家以上投标人相互之间存在控股、管理关系的，不得参加同一项目的投标。

其次，何为"控股关系"和"管理关系"。

《公司法》第二百六十五条第（二）项规定："**控股股东，**是指其出资额占有限责任公司资本总额超过百分之五十或者其持有的股份占股份有限公司股本总额超过百分之五十的股东；出资额或者持有股份的比例虽然低于百分之五十，但依**其出资额或者持有的股份所享有的表决权已足以对股东会的决议产生重大影响的股东。**"

《公司法》第二百六十五条第（三）项规定："**实际控制人，是指通过投**

资关系、协议或者其他安排，能够实际支配公司行为的人。”而**“管理关系”是指不具有出资持股关系的其他单位之间存在的管理与被管理关系。**存在控股或者管理关系的两个单位，如母公司与其控股子公司在同一标段或者同一招标项目中投标，容易事先沟通、私下串通，影响竞争公平，因此有必要加以禁止。

最后，投标人之间仅有相同股东，或者为同一股东控股，都不能据此认定其相互之间存在控股、管理关系，不影响其参加同一招标项目的投标资格。

（3）《招标投标法实施条例》第三十四条限制的是两个以上投标人的单位负责人为同一个人或者其相互之间存在控股、管理关系时的投标资格，但并没有禁止两个以上投标人为同一人控制、股东相同或有部分股东重叠时的投标资格，尽管此种情形下，有一定关联关系时容易发生协同一致采取行动串标、围标的可能性，但法律、行政法规并没有明确限制其投标。

因此，投标人之间全部或仅有部分股东相同，不能据此认定其相互之间存在控股、管理关系，不影响其投标资格。也就是说，在招标文件没有特别规定的情况下，同一公司下属的两家及以上子公司，或者同一个股东或相同的多个股东共同出资设立的两家或以上子公司，只要其单位负责人不是同一人，就可以同时参加同一标段的投标或者未划分标段的同一招标项目的投标。即**两个投标人或者有相同股东，或者为同一股东控股，但二者相互没有控股、管理关系，只要其法定代表人不是同一人，就不会影响其参加同一招标项目的投标资格。**

【案例分析27：董事为同一人的两个公司能投标同一项目吗？】

（一）基本情况介绍

投标人A公司、B公司、C公司同时参加了××市医院液氧政府采购公开招标项目。在中标候选人公示阶段，投标人C公司提出了质疑。质疑内容为投标人A公司以企业法定代表人身份持有投标人B公司20%的股份；两家公司的主要人员存在相互交叉任职。A公司的董事长徐某在B公司担任监事会主席，A公司的董事陈某同时也在B公司担任董事。据调查，投标人A公司虽持有B公司20%股份，但不是B公司的最大持股人。B公司最大持股人占股30%。C公司认为A、B两家公司存在关联关系，有串通投标的嫌疑，不能同时参加一个项目的投标。请问：1.投标人C的质疑正确吗？2.法律法规是如何规定直接控股的？

（二）相关法律分析

1.A、B两家公司的单位负责人非同一人

单位负责人为同一人或者存在控股或管理关系的不同单位参与同一合同项下的采购活动，容易发生事先沟通、私下串通等情况，不利于采购活动的公平竞争，损害他人的合法权益。因此，按照相关规定，有上述关系的单位不得参加同一合同项下的政府采购项目。

单位负责人主要有两类。一是单位的法定代表人，指依法代表法人单位行使职权的负责人；二是按照法律、行政法规的规定代表单位行使职权的负责人，具体指代表法人单位行使职权的负责人。《公司法》第十条规定：“公司的法定代表人按照公司章程的规定，由代表公司执行公司事务的董事或者经理担任。担任法定代表人的董事或者经理辞任的，视为同时辞去法定代表人。法定代表人辞任的，公司应当在法定代表人辞任之日起三十日内确定新的法定代表人。”第一百二十七条规定：“公司董事会可以决定由董事会成员兼任经理。”

在本案例中，投标人A、B两家公司的法定代表人为不同的两个人，不属于单位负责人为同一人的情形。

2.A、B两家公司不存在控股、管理的上下级关系

《公司法》第二百六十五条第（二）项规定：“控股股东，是指其出资额占有限责任公司资本总额超过百分之五十或者其持有的股份占股份

有限公司股本总额超过百分之五十的股东；**出资额或者持有股份的比例虽然低于百分之五十，但依其出资额或者持有的股份所享有的表决权已足以对股东会的决议产生重大影响的股东。”**

本案例中，投标人A公司占有B公司20%股份，并不是B公司的最大股东，所以A公司不是控股股东。A、B两家公司也不存在上下级管理关系。因此，C公司的质疑不成立。

3.单位负责人为同一人或者存在直接控股、管理关系的不同供应商，不得参加同一合同项下的政府采购活动

根据《政府采购法实施条例》第十八条的规定：“单位负责人为同一人或者存在直接控股、管理关系的不同供应商，不得参加同一合同项下的政府采购活动。”

二、资质低挂靠资质高的建筑企业从被挂靠方提取挂靠利润的基本思路

（一）第一步：签订专业分包合同

资质低的建筑企业与资质高的建筑企业签订一份专业分包合同（特别提醒：专业分包合同是指包工包料的建筑分包合同），且专业分包的合同金额必须控制在资质高的建筑企业与发包方签订的建筑总承包合同金额的50%（不含50%）以下。

根据《建筑法》第二十九条的规定：“建筑工程总承包单位可以将承包工程中的部分工程发包给具有相应资质条件的分包单位；但是，除总承包合同中约定的分包外，必须经建设单位认可。**施工总承包的，建筑工程主体结构的施工必须由总承包单位自行完成。”基于此规定，专业分包的合同金额必须控制在资质高的建筑企业与发包方签订的建筑总承包合同金额的50%（不含50%）以下。**

（二）第二步：设立三家有限责任公司

资质低的建筑企业的老板或负责人必须设立三家公司：材料贸易公司、建筑设备机械租赁公司和建筑劳务公司。这三家公司的性质必须设立为一般纳税人资格的有限责任公司，这三家有限责任公司的股权如何架构，详见后文中“三、股权架构控税设计之策：从被挂靠方提取材料、设备、劳务利润”的介绍。

（三）第三步：签订三份交易合同，提取材料、设备、劳务的利润

第二步成立的材料贸易公司、建筑设备机械租赁公司和建筑劳务公司分包与资质高的建筑企业分包签订材料销售合同、机械设备租赁合同（分为“湿租”和“干租”两种合同）和劳务分包合同，在满足“四流一致”的情况下，分别向资质高的建筑企业开具材料销售发票、设备租赁发票（签订“干租”合同情况下），按照“建筑服务”开具设备租赁发票（签订“湿租”合同情况下）。将材料、设备、劳务的利润从被挂靠方账上提取到材料贸易公司、建筑设备机械租赁公司和建筑劳务公司账上。

三、股权架构控税设计之策：从被挂靠方提取材料、设备、劳务利润

（一）第一步：设立一家不做业务的“家族企业”

挂靠方老板及其家庭成员中的一员，在北、上、广、深和海口共同投资设立一家，经营范围为管理类、咨询类或技术服务类的“某某企业管理咨询有限责任公司”（简称为“家族企业1”），注册资本在50万—100万元，股东必须为两个自然人，最优的股权比例是80%、20%或者是70%、30%。

根据《公司法》第二十三条第三款的规定：“只有一个股东的公司，股东不能证明公司财产独立于股东自己的财产的，应当对公司债务承担连带责任。”基于此法律条款的规定，绝对不能让两夫妻共同作为“家族企业1”的股东。

（二）第二步：以家族企业投资设立一家防火墙公司

以“某某企业管理咨询有限责任公司”（家族企业1）投资设立一家100%持股的“某某企业技术服务有限责任公司”（防火墙公司1），注册资本在100万元左右。防火墙公司的注册地点可以与家族企业的注册地点相同，也可以与实体经营公司或赚钱公司的注册地点相同。

由于家族企业1与防火墙公司1不做业务，只是股权架构关系，所以家族企业1可以100%持股防火墙公司1。

（三）第三步：注册一家小微企业：某某工程管理服务有限公司

所谓的“小型微利企业”，是指从事国家非限制和禁止行业，且同时符合年度应纳税所得额不超过300万元、从业人数不超过300人、资产总额不超过5000万元三个条件的企业。在防火墙公司1或实体经营公司的注册地，注册一家实缴注册资本为50万元某某工程管理服务有限公司（小微企业）。其经营范围为：工程咨询、工程项目管理、工程劳务咨询、工程技术服务。控制员工30人以内，以便不缴纳残保金。根据**《关于延续实施残疾人就业保障金优惠政策的公告》**（财政部公告2023年第8号）第二条规定，将小微企业的职工人数控制在30人（含）以下，可以免征残疾人就业保障金。

（四）第四步：以防火墙公司1、小微企业共同投资，设立做业务的三家有限责任公司

以防火墙公司1、小微企业分别按照98%、2%的出资比例，共同投资设立**做业务的三家有限责任公司**：建筑材料贸易有限责任公司、设备租赁有限责任公司、建筑劳务有限责任公司。三家有限责任公司的注册资本可以采用认缴制。自注册设立之日起5年内完成认缴注册资本的缴足。

以上公司的股权架构如图4-1所示。

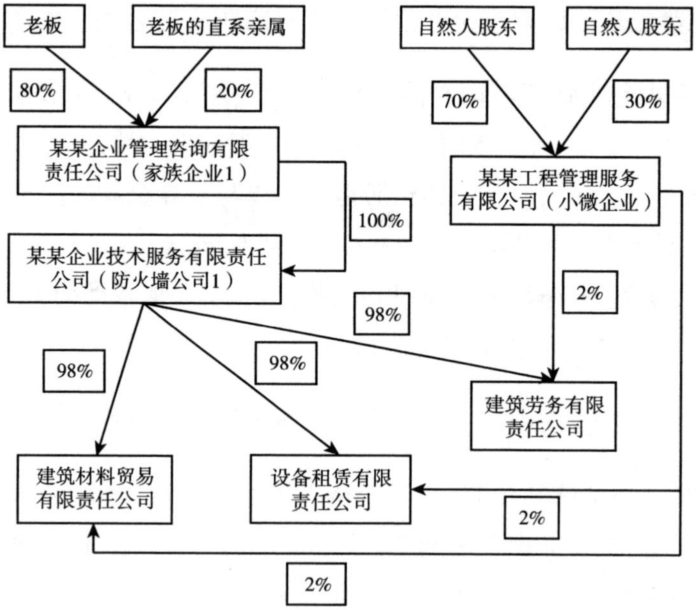

图 4-1 各公司股权架构

（五）第五步：三家有限责任公司分配股息红利（免征企业所得税）

将以上三家有限责任公司税后的未分配利润（股息或红利），按照出资比例分回**“某某企业技术服务有限责任公司”（防火墙公司 1）、某某工程管理服务有限公司（小微企业），然后“某某企业技术服务有限责任公司”（防火墙公司 1）按照 10% 计提一定的法定盈余公积后，将剩下的未分配利润全部分回某某企业管理咨询有限责任公司（家族企业 1）**。

“某某企业技术服务有限责任公司”（防火墙公司 1）、某某工程管理服务有限公司（小微企业）、“某某企业管理咨询有限责任公司”（“家族企业 1”），根据《企业所得税法》及其实施条例的规定，从直接投资的居民企业分回的股息和红利免征企业所得税。

（六）第六步：家族企业不向自然人股东分配股息红利

“某某企业管理咨询有限责任公司”（“家族企业 1”）通过从赚钱的三家公司分回的股息和红利，不要分回给老板及其儿子或家庭一员，否则要征收

20%的个人所得税。

（七）第七步：家族企业从三家有限责任公司分回的股息红利的用途

“某某企业管理咨询有限责任公司”（家族企业1）通过**“某某企业技术服务有限责任公司”（防火墙公司1）间接**从赚钱的三家公司分回的股息和红利，用于以下用途。

1.用于家庭成员发工资、缴纳社保费用（家庭成员与“家族企业1”签订劳动合同）。

2.家族企业1用于投资注册另外的公司免税。

3.家族企业1用于缴纳未缴足的认缴的注册资本免税。

4.家族企业1用于偿还其向老板的借款（该借款是用于缴足认缴的注册资本）免税。

5.家族企业1用于报销家庭成员发生的开具“家族企业1”为抬头发票的费用。

6.家族企业1用于购买家族成员使用的车辆、房产（产权登记在家族企业1的名下），并用于车辆发生的油费、过桥费、保险费、维修费用。

7.家族企业1用于购买股票、债券投资产品免税。

四、股权架构控税设计之策：从被挂靠方提取专业分包利润

（一）第一步：设立一家“家族企业2”和一家“防火墙公司2”

老板的两位家庭成员（如老板的妻子、女儿）共同出资设立一家“某某企业管理咨询有限公司”（家族企业2），注册资本为100万—1000万元。然后以“家族企业2”投资设立一家100%持股的“某某企业技术服务有限公司”（防火墙公司2）。

（二）第二步：“家族企业2”与“股权代持人”共同设立一家有限合伙企业的股权持股平台

以老板的某一位家庭成员为“股权代持人”，或者选一位资质低的建筑

企业（挂靠方）的高管或技术骨干作为股权激励人员，与第一步设立的“某某企业管理咨询有限公司”（家族企业2）共同投资设立一家“某某有限合伙企业”，其中以“某某企业管理咨询有限公司”（家族企业2）作为“GP”（普通合伙人或事务执行合伙人），占合伙企业的1%份额，以老板的某一家庭成员或者建筑企业（挂靠方）的高管或技术骨干（股权激励人员）作为“LP”（有限合伙人），占合伙企业的99%份额。

（三）第三步：建筑企业（挂靠方）的股权架构设计策略

假设该建筑企业（挂靠方或资质低的建筑企业）是自然人股东（老板及其家庭人员）直接持股的已经存在的建筑企业，而且账上可能有未分配利润，也有可能是亏损状态。基于以上假设条件，建筑企业（挂靠方）的股权架构设计策略如下：

必须将自然人股东（老板及其家庭人员）直接持有该建筑企业（挂靠方）的股权转让给第一步设立的“某某企业技术服务有限公司”（防火墙公司2）和第二步设立的“某某有限合伙企业”。出于掌握公司控制权的需要，“某某企业技术服务公司”（防火墙公司2）和“某某有限合伙企业”在建筑企业（挂靠方）最优的股权比例为80%、20%。

（四）第四步：建筑企业向“家族企业2”和有限合伙企业分配股息红利

建筑企业（挂靠方）将账上的未分配利润或股息红利分回到第一步设立的“某某企业技术服务公司”（防火墙公司2）和第二步设立的“某某有限合伙企业”。其中分回到第一步设立的“某某企业技术服务有限公司”（防火墙公司2）的股息红利免征企业所得税，分回到第二步设立的“某某有限合伙企业”的投资收益，根据财税〔2008〕159号文件第二条的规定，合伙企业本身不缴税，纳税义务人是合伙企业的合伙人，如果合伙人是个人，则按照“利息、股息、红利所得”税目20%的税率征收个人所得税；如果合伙人是企业法人则缴纳企业所得税。

然后“某某企业技术服务有限公司”（防火墙公司2）从建筑企业（挂靠方）分回的未分配利润，按照10%计提法定盈余公积，累计达到防火墙公司注册资本的50%以后就不再进行计提。“某某企业技术服务有限公司”（防火墙公司2）将从建筑企业（挂靠方）分回的未分配利润，扣除累计计提法定盈余公积的未分配利润，直接分回“某某企业管理咨询有限公司”（家族企业2），免征企业所得税。

（五）第五步：“家族企业2”从建筑企业（挂靠方）分回的股息红利的用途

第一步设立的“某某企业管理咨询有限公司”（家族企业2）间接从建筑企业（挂靠方）分回的股息红利的用途与前文“**三、股权架构控税设计之策：从被挂靠方提取材料、设备、劳务利润**”中的“某某企业管理咨询有限公司”（家族企业1）的用途一样。

以上公司的股权架构如图4-2所示。

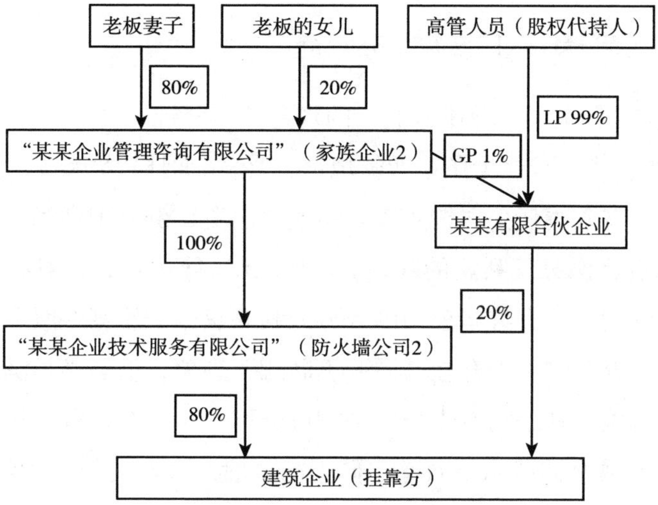

图4-2　建筑企业股权架构

第二节 自然人股东以公司未分配利润缴纳其已认缴未缴足资本的股权布局控税搭建

根据《公司法》和《最高人民法院关于适用〈中华人民共和国公司法〉时间效力的若干规定》(法释〔2024〕7号)第二条的规定，对于2024年6月30日之前注册的存量公司，已认缴注册资本未缴足的股东，必须在2027年6月30日之前，到市场监督管理局变更注册资本认缴期限。可是很多存量公司的股东是自然人股东，且存量公司账上又存在较大的未分配利润，如何将账上的未分配利润拿出来缴足已经认缴但未缴足的注册资本，而又不缴税呢？这是广大企业老板非常关心的热点问题！为此，笔者以案例分析的方法翔实介绍“**自然人股东以公司未分配利润缴纳其已认缴未缴足注册资本的股权布局控税搭建**”。

一、股权布局控税搭建的法律依据

(一)“定向分红”的法律依据分析

1.《公司法》关于“分配红利”的规定及其分析

《公司法》第二百一十条第四款规定：“公司弥补亏损和提取公积金后所余税后利润，有限责任公司按照股东实缴的出资比例分配利润，**全体股东约定不按照出资比例分配利润的除外。”**基于此法律规定，针对有限责任公司在分配股息红利时，允许将公司的未分配利润只分配给某些股东，而另外一些股东可以放弃分红。即存在“同股不同酬”现象，但是必须满足两个前提条件：一是有限责任公司有未分配利润可分配；二是在《股东投资协议》或《公司章程》或全体股东一致签字同意的《股东分红协议》中约定：“**全体股东不按照出资比例分取红利，只将公司可分配的未分配利润分配给一部分股东，其他股东放弃分红**”。

2.《企业所得税法》及其实施条例关于“公司分配股息、红利免税”的规定及其分析

《企业所得税法》第二十六条第（二）项规定，符合条件的居民企业之间的股息、红利等权益性投资收益为免企业所得税收入。**《企业所得税法实施条例》**第八十三条规定：“企业所得税法第二十六条第（二）项所称符合条件的居民企业之间的股息、红利等权益性投资收益，是指居民企业直接投资于其他居民企业取得的投资收益。企业所得税法第二十六条第（二）项和第（三）项所称股息、红利等权益性投资收益，不包括连续持有居民企业公开发行并上市流通的股票不足12个月取得的投资收益。”**基于以上税法规定，对于被投资的有限责任公司而言，只要有限责任公司（被投资的居民企业）的法人股东通过投资形式成为被投资居民企业的法人股东，与投资多长时间没有任何关系，都可以享受被投资居民企业的分红所得。**

（二）公司增资的法律依据分析

《公司法》第二百二十七条规定：“有限责任公司增加注册资本时，股东在同等条件下有权优先按照实缴的出资比例认缴出资。**但是，全体股东约定不按照出资比例优先认缴出资的除外。”**第二百二十八条规定：“有限责任公司增加注册资本时，股东认缴新增资本的出资，依照本法设立有限责任公司缴纳出资的有关规定执行。”

基于以上法律条款中“**全体股东约定不按照出资比例优先认缴出资的除外**”的规定，如果有限责任公司要增资时，股东之间可以按照实缴的出资比例同比例增加出资，也可以通过《公司章程》或《股东投资协议》约定“某些股东增资，另外一些股东不增资”。

（三）“限制性股权转让”的法律依据分析

1.《公司法》可以约定“限制性股权转让”

《公司法》第八十四条规定：“有限责任公司的股东之间可以相互转让其全部或者部分股权。

股东向股东以外的人转让股权的，应当将股权转让的数量、价格、支付方式和期限等事项书面通知其他股东，其他股东在同等条件下有优先购买权。股东自接到书面通知之日起三十日内未答复的，视为放弃优先购买权。两个以上股东行使优先购买权的，协商确定各自的购买比例；协商不成的，按照转让时各自的出资比例行使优先购买权。

公司章程对股权转让另有规定的，从其规定。"

《公司法》第一百五十七条规定："股份有限公司的股东持有的股份可以向其他股东转让，也可以向股东以外的人转让；公司章程对股份转让有限制的，其转让按照公司章程的规定进行。"

基于以上法律规定，各股东以书面形式一致同意，可以不召开股东会会议在"修改公司章程"决定性文件上签名、盖章。"修改公司章程"决定性文件约定：公司各股东的股权不可以对外进行转让，如果要转让，则由公司其他股东平价或折价收购股权。

2.公司员工持股低价内部转让视为股权转让收入明显偏低且有正当理由

《国家税务总局关于发布〈股权转让所得个人所得税管理办法（试行）〉的公告》（国家税务总局公告2014年第67号）第十三条第（三）项规定的"相关法律、政府文件或企业章程规定，并有相关资料充分证明转让价格合理且真实的**本企业员工**持有的不能对外转让股权的内部转让"视为股权转让收入明显偏低且有正当理由。**特别提醒：所谓"本企业员工"是指与本公司签订劳动合同，依法每月支付工资薪金和缴纳社保费用的企业职工，包括公司的股东。**

（四）主体经营公司的股东不能只有一个，否则该股东将承担无限连带法律责任

根据《公司法》第二十三条第三款的规定："只有一个股东的公司，股东不能证明公司财产独立于股东自己的财产的，应当对公司债务承担连带责任。"根据此法律规定，如果只有一个自然人股东或只有两夫妻股东的有限责任公司，该股东不能证明公司财产独立于股东自己财产的，应当对公司债务承担连带责任。基于此法律条款的规定，在股权搭建时，对于主体经营公

司（赚钱公司）的股东数量而言，不能出现一个股东，至少是两个股东持有主体经营公司（赚钱公司）的股权。

二、股权布局控税搭建

【案例分析28：自然人股东以公司未分配利润缴纳其已认缴未缴足资本的股权布局控税搭建】

（一）企业基本情况

甲、乙两自然人股东，分别按照80%、20%的认缴出资比例，共认缴注册资金1亿元：甲认缴出资8000万元，乙认缴出资2000万元。实缴注册资本1000万元，其中甲实际缴纳800万元，认缴未缴足注册资本7200万元，乙实际缴纳200万元，认缴未缴足注册资本1800万元。两自然人股东共同投资设立某某有限责任公司，某某有限责任公司的股权架构如图4-3所示。

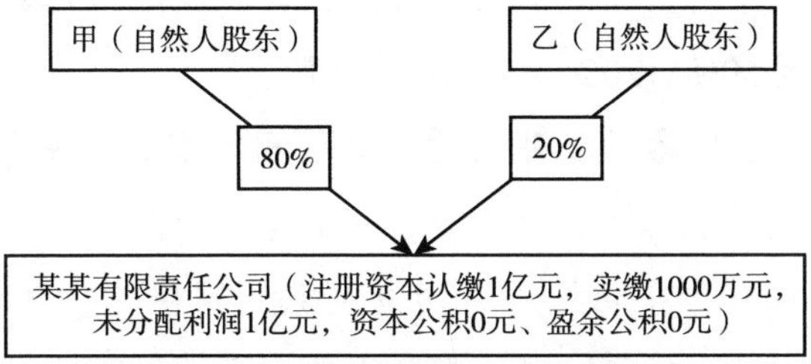

图4-3　某某有限责任公司股权架构

经过多年的经营积累，账上有未分配利润1亿元、法定盈余公积0元、资本公积0元。

请问甲、乙从账上提取1亿元未分配利润，用于缴足其已经认缴未缴纳的注册资本共9000万元，应如何操作才能规避20%税率的个人所得税呢？

（二）落地实操方案

1.第一步：注册家族公司

如果甲、乙是朋友关系，则甲、乙分别注册各自独立的一家家族公司；如果甲、乙是两夫妻关系，则以甲或乙与其家族人员，例如其儿子或女儿，作为自然人股东，共同注册一家家族公司。如果甲或乙的子女为未成年人，则以甲或乙的父母或兄弟姐妹作为“股权代持人”，代持股东甲或乙的子女在家族公司的股权。

注册家族公司的操作细则如下：

（1）注册类型：家族公司必须注册为“某某有限责任公司”。

（2）注册资本：注册资本必须实缴，一般控制在10万—50万元。

（3）注册地点：与赚钱公司（主体经营公司）不在同一个城市的地方，最好注册在北京、上海、广州、深圳、海口等城市，至少注册在省会城市。

（4）注册的经营范围：财税咨询，技术服务，技术咨询，企业管理咨询，企业商务策划，市场策划，企业直接投资的企业股权管理等。

（5）股东结构：必须有两个股东，但不能是两夫妻，两个股东的最优股权比例是80%、20%或者70%、30%。

2.第二步：以第一步注册的家族公司投资设立一家100%持股的防火墙公司

特别提醒：如果甲、乙是朋友关系，则甲、乙用各自在第一步设立的家族公司共同投资注册一家防火墙公司，持股比例分别为：甲持股80%，乙持股20%。如果甲、乙是夫妻关系，则用甲或乙与其家族人员在第一步注册的家族企业设立一家100%持股的防火墙公司。

注册防火墙公司的操作细则如下：

（1）注册类型：防火墙公司必须注册为“某某有限责任公司”。

（2）注册资本：防火墙公司的注册资本必须实缴，控制在50万—100万元。

（3）注册地点：防火墙公司的注册地点与家族公司在同一个地点，或者至少保证与赚钱公司（主体经营公司）不在同一个城市。

（4）根据《公司法》的规定，防火墙公司与家族公司都不设立股东会、董事会、监事会，只设立一名董事，由该董事担任公司的法定代表人、总经理。

（5）防火墙公司与家族公司的总经理、法定代表人、财务负责人不能由同一个人担任。

（6）经营范围：防火墙公司的经营范围与家族公司的经营范围基本一致。

3. 第三步，让第二步设立的防火墙公司通过增资扩股方式成为赚钱公司（主体经营公司）的股东

防火墙公司成为赚钱公司（主体经营公司）的股东，在实际操作过程中有两种方式：一是股权转让；二是增资扩股。依据我国现有的税收政策规定，在主体经营公司账上有未分配利润，且股东是自然人股东的情况下，股权转让涉及个人所得税和印花税，而增资扩股只涉及印花税。因此，第三步建议采用增资扩股方式，实现防火墙公司成为赚钱公司（主体经营公司）的股东。

具体的操作细则如下：

（1）某某有限责任公司原股东甲、乙一致同意给予通过增资扩股方式进入的新股东（第二步成立的防火墙公司）1%的股权。

（2）计算防火墙公司的增资金额。

假设防火墙公司的增资金额为X元，则X÷（X+增资扩股之前赚钱公司的市值）=X÷（X+2亿元）=1%，解出X=202万元。

特别提醒：

公司增资前的市值=公司注册资金+盈余公积+资本公积+未分配利润

公司增资后的市值=新股东增资前的公司净资产+新股东增资的金额

本案例中新股东增资前的公司净资产是2亿元（未分配利润1亿元+认缴的注册资本1亿元+盈余公积0元+资本公积0元）。

实践中评估公司增资前的公司市值，一般有两种方式：一种是市场评估法，即对公司进行市场评估；另一种方式：公司净资产法，即按照公司的净资产进行定价，公司净资产包括未分配利润、实收资本（包括股东认缴未缴足的注册资本）、盈余公积、资本公积。

（3）计算防火墙公司在赚钱公司占有的实收资本和资本公积。

假设防火墙公司在赚钱公司占有的实收资本为Y元，则Y÷（1亿元+Y）=1%。解出Y=101万元。

（4）相关账务处理

① 赚钱公司账务处理。

借：银行存款	2020000	
贷：实收资本		1010000
资本公积		1010000

②防火墙公司账务处理。

由于防火墙公司在第二步注册设立时的实际注册资本只有100万元，于是，防火墙公司向股东甲借入202万元-100万元=102万元。账务处理如下：

借：银行存款	1020000	
贷：其他应付款——甲		1020000
借：长期股权投资——赚钱公司（主体经营公司）	2020000	
贷：银行存款		2020000

（5）赚钱公司的股权架构如图4-4所示：

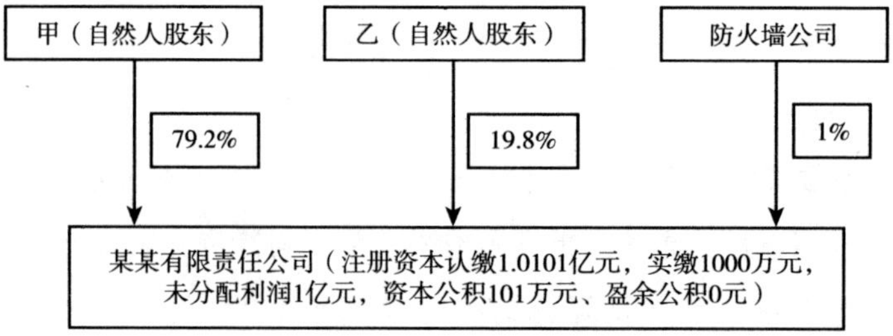

图4-4 某某有限责任公司股权架构

4.第四步：注册一家有限合伙企业（股权持股平台）用于激励公司的高管、技术骨干人员

具体的操作细则如下：

（1）以第一步设立的家族企业为GP，以公司的某一技术骨干人员为LP（如果主体经营公司或赚钱公司还未实行股权激励，未找到合适的为激励对象，则以家族公司老板的亲属或其爱人为临时的LP，以后确定激励对象的人选后，将老板的亲属或其爱人持有的LP份额转让给新确定的激励对象）在主体经营公司或赚钱公司所在地注册一家有限合伙企业。

（2）有限合伙企业的注册资金必须实缴，其中家族公司占1%，其他LP共占99%的份额。

肖太寿博士温馨提示：第一，在会计核算时，合伙企业收到合伙人的投资份额时，不通过“实收资本”科目核算，通过“合伙人资本”科目核算。《中华人民共和国印花税法》第五条第（三）项规定：“应税营业账簿的计税依据，为账簿记载的实收资本（股本）、资本公积合计金额。”因此，合伙企业收到合伙人的投资份额，不是印花税的计税依据，不缴印花税。第二，合伙企业只有合伙人协议，没有公司章程；合伙企业的投资者，不称为“股东”，而称为“合伙人”。

（3）有限合伙企业的经营范围，与家族公司、防火墙公司的经营范围基本一致，都是管理类、服务类、咨询类。

（4）有限合伙企业的合伙协议要约定定向分红条款。《中华人民共和国合伙企业法》**第六十九条规定：“**有限合伙企业不得将全部利润分配给部分合伙人；但是，合伙协议另有约定的除外。**”**基于该条款规定，有限合伙企业的全体合伙人可在合伙协议约定：有限合伙企业的税后利润只分配给LP，GP不参与分红。

（5）不要让自然人担任GP，而应让一家有限责任公司担任GP。

《中华人民共和国合伙企业法》第二条第三款规定：“有限合伙企业由普通合伙人和有限合伙人组成，普通合伙人对合伙企业债务承担无

限连带责任，有限合伙人以其认缴的出资额为限对合伙企业债务承担责任。”基于以上法律规定，在注册设立有限合伙企业时，最好不要让自然人担任GP，而应让一家有限责任公司担任GP。

5.第五步：修改“某某有限责任公司”（主体经营公司或赚钱公司）《公司章程》中的“股东分红”和“股东转让股权”条款

具体操作细则如下：

（1）“某某有限责任公司”（主体经营公司或赚钱公司）的全体股东做出修改《公司章程》中“定向分红”条款的股东决议。

《中华人民共和国公司法》第二百一十条第四款规定：“公司弥补亏损和提取公积金后所余税后利润，有限责任公司按照股东实缴的出资比例分配利润，全体股东约定不按照出资比例分配利润的除外”。

肖太寿博士温馨提示：《公司法》中“全体股东约定不按照出资比例分配利润的除外”的规定，意味着全体股东可以签订“某某公司股东分红协议”，或在《公司章程》中约定定向分红策略。涉及定向分红的两个实际操作要点：一是全体股东一致同意签订《公司股东分红协议书》；二是全体股东一致同意签订《公司章程》或修改后的《公司章程》。在《公司股东分红协议书》或《公司章程》中约定：公司弥补亏损和提取公积金后所余税后利润，只分配给某某股东，或全部分配给某某股东，其他股东不参与公司利润分配或放弃利润分配等定向分配利润的约定。

因此，“某某有限责任公司”（主体经营公司或赚钱公司）的《公司章程》约定如下：自某年某月某日（增资扩股的日期）之后，“某某有限责任公司”账上的未分配利润扣除计提法定盈余公积之后的未分配利润，全部分配给防火墙公司，甲、乙股东不参与分红。

（2）“某某有限责任公司”（主体经营公司或赚钱公司）全体股东做出修改公司章程中“限制性转让股权”条款的股东决议。

《中华人民共和国公司法》第八十四条第三款规定：“公司章程对股权转让另有规定的，从其规定。”基于此“限制性转让股权”的规定，各股东以书面形式一致同意，可以不召开股东会会议，在“修改的《公司章程》”决定性文件上签名、盖章。修改的《公司章程》决定性文件可以约定如下参考性条款：

① 公司各股东的股权不可以对外进行转让，如果要转让，则由公司内部其他股东平价或折价收购股权。

② 或者约定：在公司亏损期限内，任何股东不能退出公司或者转让股权，如果要退出或转让股权，则必须按照其出资金额的50%或10%、20%、30%向内部其他股东转让股权。

③ 或者约定：在公司成立一定期限（例如约定3年内）届满，才能对外转让股权，但公司内部股东有优先购买权，而且内部股东只能按照其出资金额收购其股权。

④ 或者约定：在公司盈利期内转让股权，不能对外转让，只能按照公司净资产与其占有的出资比例计算的价格转让给内部股东。

《国家税务总局关于发布〈股权转让所得个人所得税管理办法（试行）〉的公告》（国家税务总局公告2014年第67号）第十三条规定：“符合下列条件之一的股权转让收入明显偏低，视为有正当理由：

（一）能出具有效文件，证明被投资企业因国家政策调整，生产经营受到重大影响，导致低价转让股权；

（二）继承或将股权转让给其能提供具有法律效力身份关系证明的配偶、父母、子女、祖父母、外祖父母、孙子女、外孙子女、兄弟姐妹以及对转让人承担直接抚养或者赡养义务的抚养人或者赡养人；

（三）相关法律、政府文件或企业章程规定，并有相关资料充分证明转让价格合理且真实的本企业员工持有的不能对外转让股权的内部转让。”

以上《公司法》关于“限制股权转让”与国家税务总局公告2014年第67号第十三条关于“职工内部低价转让股权”不缴个税的规定相互融合，为设计公司内部职工股权低价转让给内部股东的股权布局提供了重要的法律支持和保障。

因此，修改“某某有限责任公司”（主体经营公司或赚钱公司）的《公司章程》，在《公司章程》中的股权转让条款约定“某某有限责任公司”的所有股东不能对外转让股权，只能内部平价转让给其他股东。

（3）到“某某有限责任公司”（主体经营公司或赚钱公司）所在地的市场监督管理局办理工商变更手续。

6. 第六步：“某某有限责任公司”（主体经营公司或赚钱公司）将扣除累计计提法定盈余公积（假设累计计提的法定盈余公积为A元）后的未分配利润（1亿–A）元，全部分配给第二步注册设立的防火墙公司。

具体操作细则如下：

（1）“某某有限责任公司”（主体经营公司或赚钱公司）补提法定盈余公积。

《中华人民共和国公司法》第二百一十条第一款规定：“公司分配当年税后利润时，应当提取利润的百分之十列入公司法定公积金。公司法定公积金累计额为公司注册资本的百分之五十以上的，可以不再提取。”基于此规定，由于“某某有限责任公司”（主体经营公司或赚钱公司）没有计提法定盈余公积，所以“某某有限责任公司”（主体经营公司或赚钱公司）必须补提以前年度没有计提的法定盈余公积。假设累计计提的法定盈余公积为A元。

（2）把握“某某有限责任公司”（主体经营公司或赚钱公司）分配利润的时间点。

自防火墙公司增资进入“某某有限责任公司”（主体经营公司或赚钱公司）成为股东，自办理工商变更登记手续之日起，大约一年之后，“某某有限责任公司”（主体经营公司或赚钱公司）将未分配利润（1亿–A）元，全部分配给第二步注册设立的防火墙公司。

（3）“某某有限责任公司”（主体经营公司或赚钱公司）全体股东做出“未分配利润（1亿–A）元，全部分配给第二步注册设立的防火墙公司”的股东决议。

分红后赚钱公司的股权架构如图4–5所示。

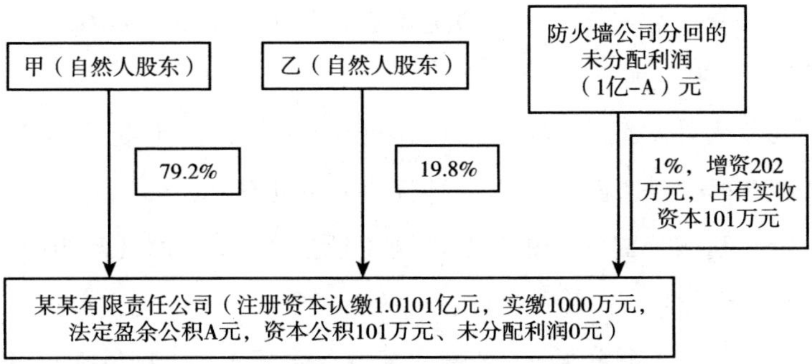

图4-5　分红后某某有限责任公司的股权架构

（4）“某某有限责任公司”（主体经营公司或赚钱公司）的账务处理。

①主体经营公司补提法定盈余公积的账务处理：

借：利润分配——补提法定盈余公积　　A

　　贷：盈余公积——法定盈余公积　　A

②主体经营公司年末将“利润分配——补提法定盈余公积”结转到“利润分配——未分配利润”科目的账务处理：

借：利润分配——未分配利润　　A

　　贷：利润分配——补提法定盈余公积　　A

③“未分配利润（1亿-A）元，全部分配给第二步注册设立的防火墙公司的账务处理。

借：利润分配——未分配利润　　（1亿-A）

　　贷：银行处理　　（1亿-A）

（5）防火墙公司的账务处理。

①收到分回的利润（1亿-A）元的账务处理：

借：银行存款　　（1亿-A）

　　贷：投资收益　　（1亿-A）

②防火墙公司计提法定盈余公积的账务处理：

借：利润分配——计提法定盈余公积（1亿-A）×10%（≤50万元，注册资本100万元）

贷：盈余公积——法定盈余公积（1亿-A）×10%（≤50万元，注册资本100万元）

③防火墙公司年末将"利润分配——补提法定盈余公积"结转到"利润分配——未分配利润"科目的账务处理：

借：利润分配——未分配利润（1亿-A）×10%（≤50万元，注册资本100万元）

贷：利润分配——补提法定盈余公积A元（1亿-A）×10%（≤50万元，注册资本100万元）

7.第七步：将"某某有限责任公司"（主体经营公司或赚钱公司）原股东甲、乙的股权转让给防火墙公司

具体操作细则如下：

（1）将甲持有"某某有限责任公司"（主体经营公司或赚钱公司）的79%、乙持有"某某有限责任公司"（主体经营公司或赚钱公司）的19%平价转让给防火墙公司。

（2）股东防火墙公司承担出资义务的出资金额。

根据《中华人民共和国公司法》第八十八条，股东转让已认缴出资但未届出资期限的股权的，由受让人承担缴纳该出资的义务；受让人未按期足额缴纳出资的，转让人对受让人未按期缴纳的出资承担补充责任。根据此规定，甲认缴未出资的7200万元（认缴出资1亿元×80%-已实缴800万元），乙认缴未出资的1800万元，（认缴出资1亿元×20%-已实缴200万元），未履行的出资义务，由新股东：防火墙公司承担出资9000万×（79%+19%）=8820（万元）义务。

（3）甲、乙平价转让股权必须提供以下法律证据资料备查。

①甲、乙与"某某有限责任公司"（主体经营公司或赚钱公司）签订的劳动合同。

②甲、乙在"某某有限责任公司"（主体经营公司或赚钱公司）发放工资的记录和申报个税的记录或社保记录。

③"某某有限责任公司"（主体经营公司或赚钱公司）修改后的

《公司章程》。

④法律文件条款规定：《中华人民共和国公司法》第八十四条第三款，国家税务总局公告2014年第67号文件第十三条第（三）项的规定。

（4）甲、乙按照其共同实际出资额1000万元×98%进行定价，签订股权转让合同，剩下的甲、乙以认缴未出资的8820万元由防火墙公司履行出资义务。股权架构如图4–6所示。

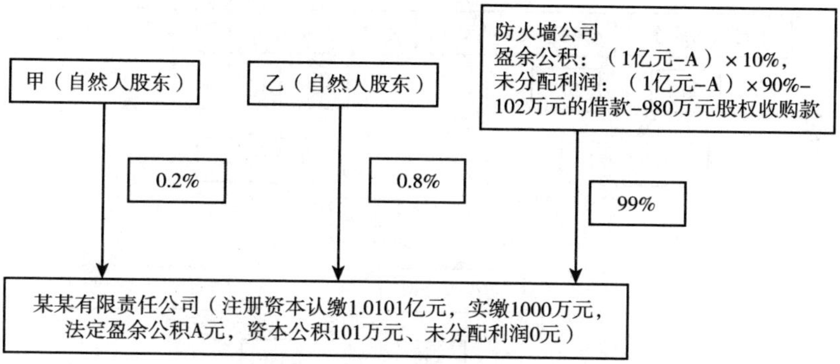

图4–6 某某有限责任公司股权架构

8.第八步：如果赚钱公司没有股权激励的打算，则按照以下方法完成赚钱公司的认缴未出资9000万元的缴纳义务

具体操作细则如下：

（1）将赚钱公司账上补提的盈余公积A元转成资本，盈余公积转化过程中，防火墙公司占有的99%不征税，只有甲、乙自然人股东共同占有的1%依法缴纳个人所得税，即A元×1%×20%。

（2）防火墙公司账上的未分配利润：（1亿元–A）×90%–102万元的借款–980万元股权收购款，用来缴纳防火墙公司应承担自然人股东甲、乙未履行的已经认缴未出资8820万元的出资义务，不征税。

9.第九步：如果赚钱公司要实施股权激励的情况下，则将甲、乙剩余的股权共1%按净资产法全部转让给第四步注册设立的有限合伙企业

具体操作细则如下：

（1）防火墙公司做出放弃优先购买股权的声明书；

（2）甲、乙与有限合伙企业签订股权转让合同；

（3）按净资产定价：实缴出资额1000元 ×1%+（资本公积101万元+盈余公积0元）×1%=11.01（万元）；

（4）转让所得额=定价－实缴出资额1000万元 ×1%=10101（元）；

（5）应缴个税=10101×20%=2020（元）。

最后的股权架构如图4-7所示。

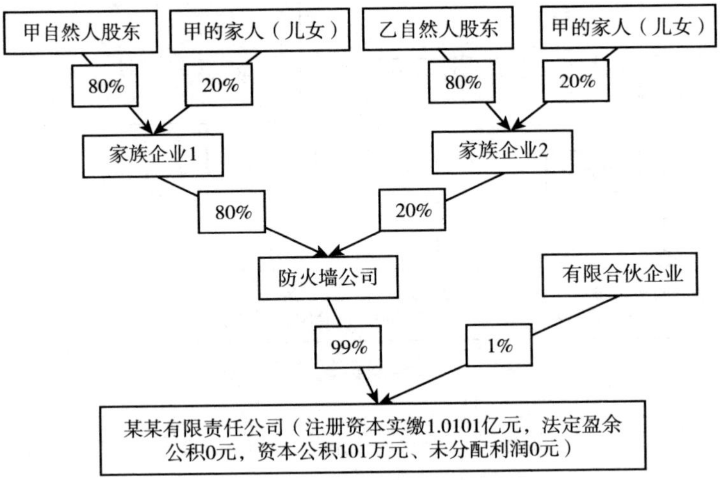

图4-7　最后的股权架构

第三节　建筑劳务公司老板提取劳务利润的股权布局控税搭建

一、劳务公司股权布局控税设计方案的法律依据

（一）小型微利企业（增值税一般纳税人）享受“六税两费”减半征收政策

根据《**财政部 税务总局关于进一步实施小微企业“六税两费”减免政**

策的公告》（财政部 税务总局公告2022年第10号）第一条的规定：“由省、自治区、直辖市人民政府根据本地区实际情况，以及宏观调控需要确定，对**增值税小规模纳税人、小型微利企业和个体工商户**可以**在50%的税额幅度内减征**资源税、城市维护建设税、房产税、城镇土地使用税、印花税（不含证券交易印花税）、耕地占用税和教育费附加、地方教育附加。”该规定执行期限为2022年1月1日至2024年12月31日。自2024年12月31日之后，**增值税小规模纳税人、小型微利企业和个体工商户是否可继续享受以上税收优惠政策，以国家税务总局颁布的文件规定为主。同时，根据《国家税务总局关于进一步实施小微企业“六税两费”减免政策有关征管问题的公告》**（国家税务总局公告2022年第3号）第一条第（一）项的规定：“适用“六税两费”减免政策的小型微利企业的判定以**企业所得税年度汇算清缴结果为准。**”

小型微利企业是指从事国家非限制和禁止行业，且同时符合年度应纳税所得额不超过300万元、从业人数不超过300人、资产总额不超过5000万元等三个条件的企业。

从业人数包括与企业建立劳动关系的职工人数和企业接受的劳务派遣用工人数。所称从业人数和资产总额指标，应按企业全年的季度平均值确定。具体计算公式如下：

季度平均值=（季初值+季末值）÷2

全年季度平均值=全年各季度平均值之和 ÷4

年度中间开业或者终止经营活动的，以其实际经营期作为一个纳税年度确定上述相关指标。

（二）小型微利企业的企业所得税优惠政策

《财政部 税务总局关于小微企业和个体工商户所得税优惠政策的公告》（财政部 税务总局公告2023年第6号）第一条规定，自2023年1月1日至2024年12月31日，“对小型微利企业年应纳税所得额不超过100万元的部分，减按25%计入应纳税所得额，按20%的税率缴纳企业所得税。”根据《财政部 税务总局关于进一步支持小微企业和个体工商户发展有关税费政策的公告》（财政部 税务总局公告2023年第12号）第三条规定：“对小型微利企业减按25%计算应纳税所得额，按20%的税率缴纳企业所得税政策，延续执行至2027年12月31日。”

（三）小型微利企业的建筑劳务公司（增值税一般纳税人）的增值税优惠政策

根据财税〔2016〕36号文件的规定，建筑劳务公司从事建筑劳务可以选择简易计税方法，按照3%增值税税率计征增值税。

二、建筑劳务公司老板提取劳务利润的股权布局控税设计方案

（一）股权布局控税设计方案的操作要点

第一步：建筑劳务公司的老板注册一家注册资本为10万元的家族公司。操作细节如下：

（1）家族公司一定要注册为两个自然人股东的有限责任公司，建议两个自然人股东的股权比例按照出资比例来配比，最佳的股权比例为80%、20%或70%、30%。绝对不可以注册为一人有限责任公司，或者老板两夫妻作为自然人股东的家族公司。

（2）家族公司的注册资本绝对是实缴制而不可以是认缴制，且注册资本不要过大，一般控制在10万—50万元。

（3）注册家族公司时，建议家族公司取名为“某某工程管理咨询有限公司”在工商登记机关登记的经营范围一般是：企业管理咨询、企业技术服务、技术咨询、财务咨询、企业策划、劳务咨询等。

（4）家族公司一般不发生业务，照常纳税申报，但没有发生业务，总是零申报会有税务预警提示，因此，家族公司需要偶尔向建筑劳务公司提供一两笔工程劳务咨询服务，开具发票，就可规避零申报税的问题。

第二步：用第一步设立的家族公司“某某工程管理咨询有限公司”投资设立一家100%控股的注册资本为50万元的防火墙公司。

操作细节如下：

（1）防火墙公司一定要注册为有限责任公司，不可以注册为个人独资企业、有限合伙企业、个体工商户。

（2）防火墙公司的注册资本绝对是实缴制而不可以是认缴制，且注册资本也不要过大，一般控制在50万—100万元。

（3）注册防火墙公司时，建议取名为“某某企业管理控股有限公司”，在工商登记机关登记的经营范围一般是：企业管理咨询、企业技术服务、技术咨询、财务咨询、企业策划、劳务咨询等。

（4）防火墙公司一般也不发生业务，照常纳税申报，为防止税务预警，因此，由防火墙公司向建筑劳务公司偶尔提供一两笔工程劳务咨询服务，开具发票，就规避零申报税的问题。

第三步：用第一步设立的家族公司“某某工程管理咨询有限公司”作为普通执行事务合伙人（GP），以劳务公司高管人员（股权激励对象）或班组长作为普通合伙人（LP）共同出资设立“某某有限合伙企业”。

操作细节如下：

（1）**注册地点：“某某有限合伙企业”与第二步设立的**“某某企业管理控股有限公司”（防火墙公司）的注册地址在同一个地方；或与股权架构最低层的主体经营公司（赚钱公司）的注册地址在同一个地方。

（2）**出资份额：“某某有限合伙企业”出资份额是按照“某某有限合伙企业”持有**主体经营公司（赚钱公司）的股份比例（10%—20%）乘以主体经营公司（赚钱公司）认缴出资额进行确定的。

（3）合伙人持有的份额比例：普通执行事务合伙人（GP）即“某某工程管理咨询有限公司”占有80%或90%；普通合伙人（LP）占有20%或10%。

第四步：通过第三步设立的防火墙公司与“某某有限合伙企业”共同投资设立3—5家（当然可以选择少于5家或多于5家，主要根据业务总量或劳务产值进行确定）一般纳税人的小微企业性质的劳务公司或专业作业劳务公司、一家一般纳税人的小微企业性质建筑设备租赁有限公司、一家一般纳税人的小微企业性质建筑辅材贸易有限公司。

操作细节如下：

（1）劳务公司（专业作业劳务公司）、**建筑设备租赁有限公司、建筑辅材贸易有限公司**必须注册为注册资本大概为500万元的有限责任公司，注册资本实行认缴制。

（2）劳务公司（专业作业劳务公司）、**建筑设备租赁有限公司、建筑辅材贸易有限公司**必须是增值税一般纳税人，而且是小微企业。

笔者（微信公众号：xtstax）特别提醒以下几点：

第一，第一步注册的家族公司与第二步注册的防火墙公司的法人代表不能是同一个人。

第二，劳务公司（专业作业劳务公司）、**建筑设备租赁有限公司、建筑辅材贸易有限公司的法定代表人、总经理、财务负责人不可以由同一个人担任。**

第三，第一步注册的家族公司的法定代表人可以担任劳务公司（专业作业劳务公司）、**建筑设备租赁有限公司、建筑辅材贸易有限公司**的法定代表人，但是不可以同时担任以上各公司的法定代表人。

第四，每一个劳务公司（专业作业劳务公司）、**建筑设备租赁有限公司、建筑辅材贸易有限公司**必须将年应纳税所得额控制在300万元以内（出于享受小型微利企业5%企业所得税优惠税率政策的需要）。

第五，每一个劳务公司（专业作业劳务公司）、**建筑设备租赁有限公司、建筑辅材贸易有限公司**必须将与公司签订一年以上（含一年）劳动合同的员工人数控制在30人以内（出于避免公司缴纳残保金的需要）。

第六，每一个劳务公司（专业作业劳务公司）将利润率控制在0.8%。如果将年应纳税所得额控制在300万元之内，则每一个劳务公司（专业作业劳务公司）的年收入额（年产值）控制在37500万元之内。

第七，每一个劳务公司（专业作业劳务公司）将利润率控制在1%。如果将年应纳税所得额控制在300万元之内，则每一个劳务公司（专业作业劳务公司）的年收入额（年产值）控制在30000万元之内。

第五步：第一步设立家族公司的老板以其控制的家属人员注册销售建筑

辅材、提供专业作业劳务的个体工商户，与劳务公司签订销售合同或专业作业劳务合作协议，提供真实交易行为，开具发票给劳务公司（专业作业劳务公司）。

第六步：农民工与劳务公司（专业作业劳务公司）签订一年以内（一般是12个月以内）的固定期限劳动合同或简易劳动合同，简易劳动合同中的劳动期限注明劳动期限为12个月以内。

笔者温馨提醒以下两点认知：

（1）劳务公司招聘的农民工不缴纳残保金。

根据财税〔2015〕72号文件第八条的规定，只有企业在编人员或与企业签订一年以上（含一年）劳动合同的雇佣人数，才作为计算企业缴纳残保金的依据，季节性用工人数需要折算为企业用工人数。基于以上政策规定，由于劳务公司的用工人员流动频繁，劳动用工时间都在12个月以内而且根本不具有季节性用工特征，劳务公司招聘农民工根本不缴纳残保金！

（2）劳务公司与农民工签订简易劳动合同或灵活就业协议。

如果工程项目当地劳动局提供简易劳动合同模板，强行要求劳务公司与农民工签订简易劳动合同的情况下，则劳务公司与农民工签订简易劳动合同，而且在简易合同中的劳动期限条款中约定12个月以内的劳动期限；如果工程项目当地劳动局没有提供简易劳动合同模板，没有强行要求劳务公司与农民工签订简易劳动合同的情况下，则劳务公司与农民工签订简易灵活就业协议书。

（3）关于农民工社保费用的缴纳问题处理方案。

方案处理一：如果劳务公司与农民工签订简易劳动合同，而且在简易合同的劳动期限条款中约定“12个月以内的劳动期限”的情况下，则在简易劳动合同中约定社保费用条款，该条款约定：劳务公司承担农民工在其家乡户籍所在地社保所缴纳的城乡居民社保费用，实行农民工先自己缴纳后报销的制度。或者约定：农民工（或乙方）放弃在劳务公司所在地缴纳社保费用的承诺，劳务公司（或甲方）每月支付的工资总额中含有劳务公司支付的社会保险补贴费用××元，如果农民工（或乙方）以劳务公司没有购买社会保险费用而向政府相关部门提起劳动仲裁或是诉讼，则农民工（或乙方）必须向劳务公司（或甲方）退还劳务公司支付其每月工资中含有的社会保险补贴费用××元，同时必须按照银行同期市场贷款利率（LPR）的4倍向劳务公司支付资金占用费！

方案处理二：如果劳务公司与农民工签订简易灵活就业协议书，则根据《中华人民共和国社会保险法》的规定，劳务公司不承担农民工的社保费用，农民工自己可以选择在其户口所在地社保所缴纳灵活就业社保费用。

通过以上六步操作后的股权布局架构如图4-8所示。

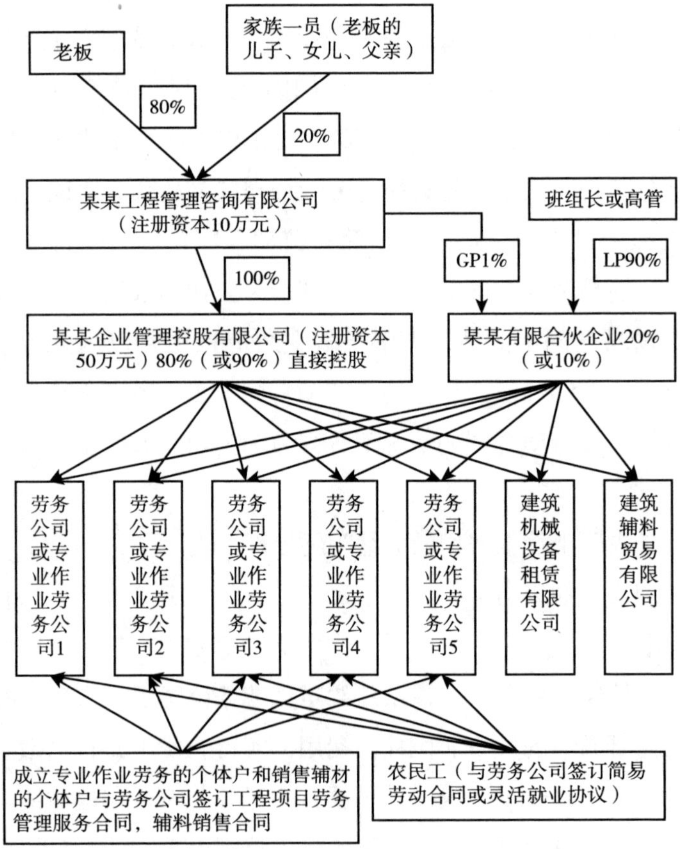

图4-8 股权布局架构

（二）股权布局控税设计方案的涉税分析

1. **5家劳务公司（专业作业劳务公司）、建筑设备租赁有限公司、建筑辅材贸易有限公司是增值税一般纳税人资格的小微企业，依据《财政部 税务总局关于进一步实施小微企业“六税两费”减免政策的公告》**（财政部 税务总局公告2022年第10号）第一条的规定，享受资源税、城市维护建设税、房产税、城镇土地使用税、印花税（不含证券交易印花税）、耕地占用税和教育费附加、地方教育附加等“六税两费”减半征收税收优惠政策。

2. 根据《财政部 税务总局关于小微企业和个体工商户所得税优惠政策的公告》（财政部 税务总局公告2023年第6号）第一条、《财政部 税务总局关于进一步支持小微企业和个体工商户发展有关税费政策的公告》（财政部 税务总局公告2023年第12号）第三条的规定，5家劳务公司（专业作业劳务公司）、**建筑设备租赁有限公司、建筑辅材贸易有限公司**根据年销售收入，必须控制年应纳税所得额在300万元之内，享受5%企业所得税优惠政策。

3. 劳务公司（专业作业劳务公司）、**建筑设备租赁有限公司、建筑辅材贸易有限公司注册为有限责任公司比注册个人独资企业或有限合伙企业更节税。分析如下：**

如果注册为有限责任公司，且股东是自然人的话，则年应纳税所得在300万元以内，企业所得税和自然人股东的个人所得税的总税负率为：5%+（1-5%）×20%=24%。

如果注册为个人独资企业或有限合伙企业，虽然不缴纳企业所得税，但必须按照5%—35%的五档税率，按照“经营所得”税目，依法申报缴纳个人所得税。年应纳税所得额超过50万元，必须按照35%的税率计算“经营所得”的个人所得税。

4. 5家劳务公司（专业作业劳务公司）、**建筑设备租赁有限公司、建筑辅材贸易有限公司**账上的未分配利润分配给防火墙公司“某某企业管理控股有限公司”免征企业所得税。

5. 5家劳务公司（专业作业劳务公司）、**建筑设备租赁有限公司、建筑辅**

材贸易有限公司账上的未分配利润分配给"某某有限合伙企业",依据财税〔2008〕159号文件第二条的规定,合伙企业以每一个合伙人为纳税义务人,合伙企业合伙人是自然人的,缴纳个人所得税;合伙企业是法人和其他组织的,缴纳企业所得税。同时,根据《合伙企业法》的规定,有限合伙企业的合伙协议可以约定定向分红。即"某某合伙企业"的合伙协议可以约定:普通合伙人(GP)即"某某工程管理咨询有限公司"不参与分红,5家劳务公司(专业作业劳务公司)、**建筑设备租赁有限公司、建筑辅材贸易有限公司**分配给"某某有限合伙企业"的未分配利润全部分配给有限合伙人(LP)。

6.防火墙公司"某某企业管理控股有限公司"账上的未分配利润分回到家族公司"某某工程管理咨询有限公司"免征企业所得税。

7.防火墙公司"某某企业管理控股有限公司"分回的股息和红利,用于以下用途。

(1)用于家庭成员发工资、缴纳社保费用(家庭成员与家族公司签订劳动合同)。

(2)家族公司用于投资注册另外的公司免税。

(3)家族公司用于缴纳未缴足的认缴的注册资本免税。

(4)家族公司用于偿还家族企业向老板的借款(该借款是用于缴足认缴的注册资本)免税。

(5)家族公司用于报销家庭成员发生的开具"家族公司"为抬头发票的费用。

(6)家族公司用于购买家族成员使用的车辆、房产(产权登记在家族公司的名下),并用于车辆发生的油费、过桥费、保险费、维修费用。

(7)家族公司用于购买股票、债券投资产品免税。

第四节 目标公司上市前的股权布局控税搭建

目标公司(赚钱公司)的持股股东类型主要是三类股东:第一类是自然

人（原始创始人）股东；第二类是有限合伙企业股东（持股平台公司）；第三类是有限责任公司股东（持股平台公司）。基于以下三方面的考虑：一是原始创始人不丧失目标公司（赚钱公司）的控制权；二是原始创始人今后减持限售股节约20%个人所得税；三是原始创始人成立的家族公司通过防火墙公司提取目标公司未分配利润节约企业所得税。原始创始人及其防火墙公司共持有目标公司（赚钱公司）不低于52%的股权。具体分析如下。

一、企业上市前，创始人在公司持股52%比持股51%更不会丧失公司控制权

根据《公司法》第十六条、第九十条、第一百零三条和第二百一十六条之规定，公司股东会决定的普通事项包括向其他企业投资、为他人提供担保、创立大会等除了经三分之二以上表决权通过的重大事项以外的事务。股份有限公司股东大会作出普通决议，必须经出席会议的股东所持表决权过半数通过。有限责任公司股东向股东以外的人转让股权，应当经其他股东过半数同意。持有公司二分之一以上股权的股东被称为"控股股东"，在创始人无法成为绝对控股股东实现对公司的绝对控股的情况下，持股比例超过二分之一的"控股股东"也能在很大程度上掌握公司话语权。

基于以上法律政策规定，股东在公司的股权比例达到51%，称为相对控制权的股权生命线。因此，很多公司的创始人认为：自己在公司持股51%就享有最大的股东话语权。其实，以上观点是不准确的，如果企业无论做多大都不考虑上市，那么创始人控股51%就足够了。但是如果企业要上市，创始人所占比例要大于等于52%。虽说51%和52%只差一个百分点，但是如果企业真的上市，这1%的控股将直接影响创始人对其企业的控制权。也就是说，创始人在公司持股52%比持股51%更不会丧失公司控制权，具体分析如下。

（一）公司要上市，必经两次股权稀释35%以上

如果公司准备上市，在公司上市前，创始人的股权至少会经过两轮稀释。第一轮是风投，风投有两种方式进入公司，一种是购买创始人的股权，

另一种是增资。但无论是哪种进入方式，创始人的股权稀释最少达到10%。第二轮是公众流通股，至少稀释创始人股份的25%，两轮股权稀释的总额在35%以上。

（二）创始人股权稀释后的股权比例计算

1.持有公司51%股权的创始人经两次股权稀释35%后的股权比例为33.15%（51%–51%×35%）。

2.持有公司52%股权的创始人经两次股权稀释后的股权比例为33.8%（52%–52%×35%）。

（三）持有股权52%比51%的优势：创始人不会丧失公司的控制权

通过以上计算分析，如果创始人在公司上市前持有51%的股份，被风投和公众流通股稀释了35%后，剩下的股权只有33.15%，小于33.33%（没有重大事件一票否决权）。如果创始人在公司上市前持有52%的股份，被风投和公众流通股稀释了35%后，剩下的股权就有33.8%，大于33.33（有重大事件一票否决权）。

因此，通过持有公司51%和52%股权的创始人，在融资稀释股权后的股权差距虽然只有0.65%，但在公司拥有的控制权却有着天壤之别。这是由于在股权生命线上，绝对控股的三分之二66.67%、相对控股的51%和一票否决的三分之一33.34%，是三大战略控制点。因此持股比例不低于三分之一，即33.34%是股权的黄金分割点，也是公司控制权的生命线，不可失守。

二、降低税负的股权布局控税搭建

（一）股权布局控税搭建的法律依据

1.对于拟上市的目标公司，原始创始人持有目标公司限售股和股票一年以上套现，取得股息红利所得暂免征收个人所得税

根据《关于上市公司股息红利差别化个人所得税政策有关问题的通知》

（财税〔2015〕101号）第一条和财税〔2012〕85号文件第四条的规定：对个人持有的上市公司限售股，解禁后取得的股息红利，持股期限超过1年的，股息红利所得暂免征收个人所得税。个人从公开发行和转让市场取得的上市公司股票，持股期限在1个月以内（含1个月）的，其股息红利所得全额计入应纳税所得额；持股期限在1个月以上至1年（含1年）的，暂减按50%计入应纳税所得额；上述所得统一适用20%的税率计征个人所得税。

根据《关于继续实施全国中小企业股份转让系统挂牌公司股息红利差别化个人所得税政策的公告》（财政部 税务总局公告2024年第8号）第一条的规定：“个人持有挂牌公司的股票，持股期限超过1年的，对股息红利所得暂免征收个人所得税。”

2.不打算上市的目标公司，个人通过“有限公司持股平台”持有目标公司股权，比自然人持股目标公司股权的股权布局（见图4–9），更省税

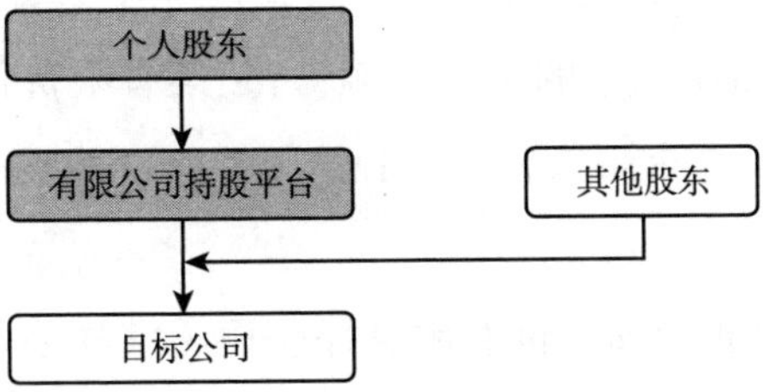

图4–9　有限公司持股平台股权布局

根据《企业所得税法》第二十六条第（二）项和《企业所得税法实施条例》**第八十三条的规定，**居民企业直接投资于其他居民企业取得的股息红利等权益性投资收益免征企业所得税，但不包括连续持有居民企业公开发行并上市流通的股票不足12个月取得的投资收益。基于此税法规定，目标公司分红给“有限公司持股平台”，不仅免征企业所得税，而且“有限公司持股平台”将从目标公司分得的红利用于对外投资、理财和经营费用开支、给目标公司增资等，都是免税的。

（二）目标公司上市前的股权布局控税搭建

1.股权布局控税搭建策略：原始创始人持股+（原始创始人成立的家族

公司+股权激励平台公司）设立的防火墙公司（有限责任公司）持股相结合的混合股东持股架构

2.股权布局控税搭建方案

基于以上法律和涉税分析，出于掌握目标公司控制权和节税的考虑，**目标公司上市前应实施以下股权布局搭建策略：原始创始人持股+原始创始人成立的家族公司（有限责任公司）持股相结合的混合股东持股架构。具体搭建方案如下：**

第一步：原始创始人应设立一家有两个自然人股东（原始创始人与其子女）的"某某企业管理咨询有限责任公司"（家族公司，一定是注册资本实缴制的有限责任公司）。

第二步：由目标公司（赚钱公司）"某某企业有限责任公司"的财务投资者和高管激励对象出资设立一家"某某有限合伙企业"，其中第一步设立的某某企业管理咨询有限责任公司（家族公司）作为普通合伙人（GP），占有"某某有限合伙企业"1%的出资份额，"某某有限责任公司"的财务投资者和高管激励对象作为有限合伙人（LP），占有"某某有限合伙企业"99%的出资份额。

第三步：某某企业管理咨询有限责任公司（家族公司）与某某有限合伙企业共同出资设立一家防火墙公司："某某企业控股有限责任公司"。其中某某企业管理咨询有限责任公司（家族公司）占有防火墙公司70%的股权比例，某某有限合伙企业占有防火墙公司30%的股权比例。

第四步：原始创始人、某某企业控股有限责任公司共同设立"某某企业有限责任公司"（赚钱公司），其中原始创始人占有赚钱公司"某某企业有限责任公司"20%的股权比例，某某企业控股有限责任公司占有赚钱公司"某某企业有限责任公司"80%的股权比例。

基于以上四步设计的股权布局控税架构如图4-10所示。

经过多轮风险投资和上市后发行公众股后，原始创始人的股权最少稀释35%，股权稀释后的股权布局如图4-11所示。

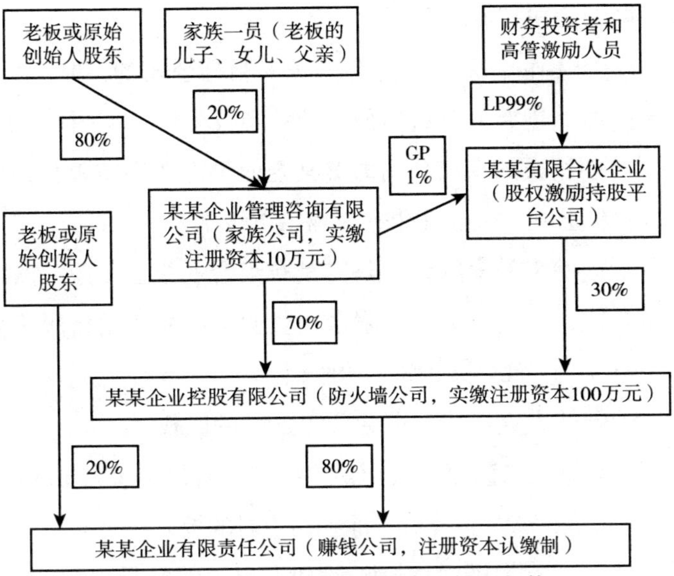

图4–10 四步设计的股权布局控税架构

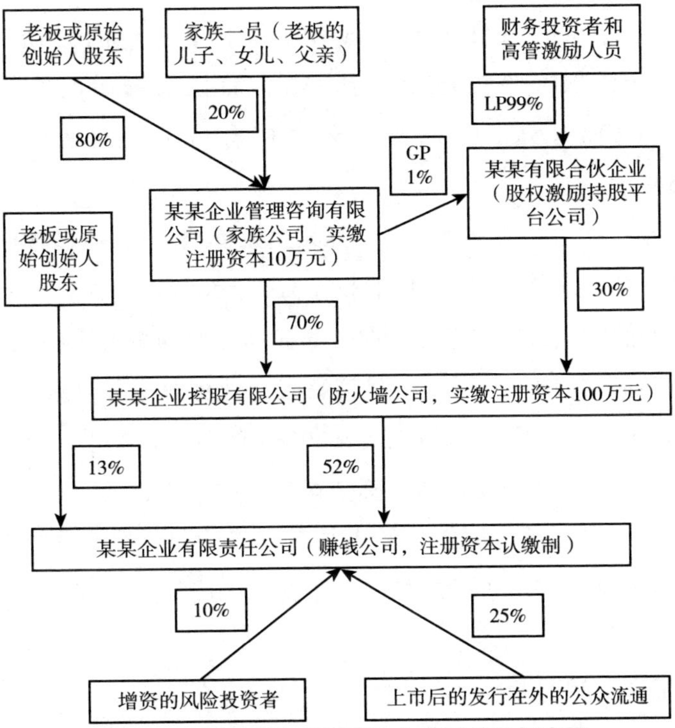

图4–11 风险投资者增资和上市后的股权布局

3.股权布局的公司控制力分析

从图4–10、图4–11来看，原始创始人对目标公司的控制权分析如下：

（1）上市前原始创始人对目标公司的控制权分析（见图4–10）。

第一，原始创始人的家族公司即**某某企业管理咨询有限公司**通过防火墙公司间接持有目标公司56%的股权（80%×70%）。

第二，原始创始人的家族公司是**某某有限合伙企业（股权激励持股平台公司）**的普通合伙人，通过**某某有限合伙企业（股权激励持股平台公司）**间接持有目标公司24%（80%×30%）的股权。

第三，原始创始人直接持有目标公司20%的股权。

因此，原始创始人与其家族公司最终共同持有目标公司100%（20%+24%+56%）的股权,大于67%，实现对目标公司绝对的控制权。

（2）引进新的风险投资者增资扩股和上市后的发行公众流通股25%后，原始创始人对目标公司的控制权分析（见图4–11）。

第一，通过风险投资增资持股10%和上市发行的公众流通股25%后，目标公司的股东发生股权稀释35%，股权稀释后的原始创始人股权变为13%（20%×65%），防火墙公司持有目标公司的股权变为52%（80%×65%）。

第二，原始创始人的家族公司“**某某企业管理咨询有限公司**”通过防火墙公司间接持有目标公司36.4%的股权（52%×70%）。

第三，原始创始人的家族公司是“**某某有限合伙企业（股权激励持股平台公司）**”的普通合伙人，通过“**某某有限合伙企业（股权激励持股平台公司）**”间接持有目标公司15.6%（52%×30%）的股权。

第四，原始创始人直接持有目标公司13%的股权。

因此，股权稀释后，原始创始人与其家族公司最终共同持有目标公司65%（15.6%+36.4%+13%）的股权，大于52%的股权，实现对目标公司的相对控制权。

4.股权布局控税分析

第一，无论上市前还是上市后，目标公司将股息红利等权益性投资收益分配给“**某某企业控股有限公司**”（防火墙公司）免企业所得税。

第二，“**某某企业控股有限公司**”（防火墙公司）收到目标公司分配而来的股息红利再分配给“**某某企业管理咨询有限公司**”（家族公司）是免企业所得税。

第三，根据财税〔2008〕159号第二条的规定，根据穿透性原则，有限合伙企业不缴纳税，其合伙人是纳税义务人，如果合伙人是自然人，则按照20%缴纳个人所得税；如果合伙人是企业或其他组织，则缴纳企业所得税。因此，“**某某企业控股有限公司**”（防火墙公司）收到目标公司分配而来的股息红利，再分配给“**某某有限合伙企业（股权激励持股平台公司）**”的合伙人：财务投资者和高管激励人员，依法缴纳20%的股息红利的个人所得税；分配给合伙人：“**某某企业管理咨询有限公司**”（家族公司），依法按照25%税率缴纳企业所得税。当然，根据《中华人民共和国合伙企业法》第六十九条的规定，“**某某有限合伙企业（股权激励持股平台公司）**”的合伙协议可以约定：普通合伙人“**某某企业管理咨询有限公司**”（家族公司）不参与合伙企业的利润分配，将全部利润分配给财务投资和高管激励人员。

第四，原始创始人持有目标公司的13%的股权，在上市后持有目标公司的限售股，在股票持有期限超过1年的（自限售股解禁之日算起），对股息红利所得暂免征收个人所得税。

第五，“**某某企业管理咨询有限公司**”（家族公司）通过“**某某企业控股有限公司**”（防火墙公司）间接收到目标公司分配而来的股息红利不仅免企业所得税，而且用于以下支出也是免税：

（1）用于投资成立公司。

（2）用于购买理财产品、设立家族股权信托。

（3）用于“**某某企业控股有限公司**”（防火墙公司）转增资本，从而又转入给目标公司转增资本。

（4）用于家族公司发生的各种费用支出。

【案例分析29：厦门吉比特创始人卢某岩分得3亿元红利免个人所得税】

（一）基本情况介绍

1. 吉比特发布限售股上市流通公告

2017年1月，厦门吉比特网络技术股份有限公司（以下简称“吉比特”）开始上市，2019年12月31日，吉比特发布《首次公开发行部分限售股上市流通公告》（见图4-12）

五、本次限售股上市流通情况

（1）本次限售股上市流通数量为30093125股；

（2）本次限售股上市流通日期为2020年1月6日；

（3）首次公开发行部分限售股上市流通明细清单如下：

单位：股

序号	股东名称	持有限售股数量	持有限售股占公司总股本比例	本次上市流通数量	剩余限售股数量
1	卢某岩	21629475	30.09%	21629475	0
2	陈某琳	8240025	11.46%	8240025	0
3	高某	223625	0.31%	223625	0
合计		30093125	41.86%	30093125	0

图4-12 吉比特《首次公开发行部分限售股上市流通公告》节选

2. 吉比特发布2022年三季度利润分配方案

2022年10月27日，吉比特发布三季度利润分配方案。向全体股东每10股派发现金红利140元（含税）。截至目前，公司总股本71866482股，以此计算合计拟派发现金红利1006130748元（含税），占2022年前三季度合并报表归属于母公司股东的净利润的比例为99.45%。截至2022年9月30日，公司合并报表未分配利润3033833233.8元，此次分红占未分配利润的1/3。

3.“吉比特”创始人卢某岩持有的股票及其解禁情况

2020年1月6日，公司实控人（创始人）卢某岩持有**吉比特**2162.95万股的**股票**全部解禁。在本次分红方案中，卢某岩分红3亿元。

请分析**吉比特创始人卢某岩分得3亿元是否要按照20%的税率缴纳个人所得税。**

（二）涉税分析

1.涉税依据

根据《关于上市公司股息红利差别化个人所得税政策有关问题的通知》（财税〔2015〕101号）第一条的规定：“个人从公开发行和转让市场取得的上市公司股票，持股期限超过1年的，股息红利所得暂免征收个人所得税。个人从公开发行和转让市场取得的上市公司股票，持股期限在1个月以内（含1个月）的，其股息红利所得全额计入应纳税所得额；持股期限在1个月以上至1年（含1年）的，暂减按50%计入应纳税所得额；上述所得统一适用20%的税率计征个人所得税。”

按照《财政部 国家税务总局 证监会关于实施上市公司股息红利差别化个人所得税政策有关问题的通知》（财税〔2012〕85号）第四条的规定：“对个人持有的上市公司限售股，解禁后取得的股息红利，按照本通知规定计算纳税，持股时间自解禁日起计算；解禁前取得的股息红利继续暂减按50%计入应纳税所得额，适用20%的税率计征个人所得税。”

2.涉税分析

根据上述股息红利差别化个人所得税政策，在2020年1月6日解禁之前的分红，需要“按50%计入应纳税所得额，适用20%的税率计征个人所得税”；然后解禁后1个月内，股息红利所得全额计入应纳税所得额（黑色1个月）；解禁后1个月到1年，按50%计入应纳税所得额（同解禁前）；解禁后1年（2021年1月5日），免个人所得税。

2022年10月27日，吉比特发布三季度利润分配方案，原始创始人卢某岩持有吉比特2162.95万股的股票于2020年1月6日全部解禁后，到2022年10月27日超过一年，依据财税〔2012〕85号第四条和财税〔2015〕101号第一条的规定，原始创始人卢某岩分得3亿元股息红利免个人所得税。

3.分析结论

在企业股权布局架构的视角下，如果原始创始人不准备转让股票，而是通过长期持有获取上市公司红利，自然人直接持股目标公司的股权是最好的方式。

第五节 "明股实债"项目融资的股权布局控税搭建

"明股实债"融资是指投资方以股权形式进行投资，但以回购、第三方收购、对赌、定期分红等形式获得固定收益，以与融资方约定投资资本金远期有效退出和约定利息（固定）收益的刚性实现为要件的一种融资方式。"明股实债"交易过程一般包括认购、投资入股、退出三个环节，银行理财、集合信托及保险资金是目前存续的"明股实债"类投资的主要投资方；股权投资主体（SPV）形式主要有股权投资计划、信托计划及私募股权投资基金等。本节从"明股实债"融资的合法和节税的视角，分析"明股实债"融资模式的股权布局设计策略。

一、"明股实债"融资的股权布局控税设计的相关法律依据分析

（一）"明股实债"融资在房地产项目融资的崛起缘由

1."无放贷资质的主体2年10次以上放贷入刑"的法律规定

根据《最高人民法院 最高人民检察院 公安部 司法部关于办理非法放贷刑事案件若干问题的意见》第一条规定，"2年内向不特定多人（包括单位

和个人）以借款或其他名义出借资金10次以上”，视为“经常性地向社会不特定对象发放贷款”，依照《刑法》第二百二十五条第（四）项的规定，以**非法经营罪**定罪处罚。基于此法律规定，无放贷资质的机构对开发商的直接放款（指直接债权融资）通道的问题受到前所未有的重视。

2.银行贷款、信托贷款必须符合“四、三、二”条件

根据《关于支持信托公司创新发展有关问题的通知》（银监发〔2009〕25号）第十条、《关于调整和完善固定资产投资项目资本金制度的通知》（国发〔2015〕51号）、《关于加强房地产市场宏观调控促进房地产市场健康发展的若干意见》（建住房〔2002〕217号）的规定，所谓“四、三、二”条件是指：（1）“四”是指四证齐全，即用款项目必须同时具备四大证件：土地使用权证、建设用地规划许可证、建设工程规划许可证以及建筑工程施工许可证；（2）“三”是指作为融资方的房地产企业就用款项目已投入资金符合30%的自有资金最低比例要求；（3）“二”是融资方或其控股股东具有二级及以上的房地产开发资质。

根据《关于信托公司房地产信托业务风险提示的通知》（银监办发〔2010〕343号）的规定，信托公司对于房地产业务应进行合规性风险自查，包括信托公司发放贷款的房地产开发项目是否满足“四、三、二”条件。

因此，只要房地产项目融资采用银行贷款、信托贷款方式进行债权性融资，房地产企业都必须符合“四、三、二”条件。

3.房地产信托实务中规避“四、三、二”条件的方法：明股实债

房地产信托实务中，根据上述规定，很多不满足上述“四、三、二”条件的开发企业无法从信托公司获取贷款，倘若开发企业满足了上述条件，在条件允许的情况下，开发企业申请银行开发贷融资成本更低，而不用借助信托贷款。但是通常情况下，在取得土地证前（拿地阶段）及取得四证前，房地产开发企业的融资渠道较为狭窄。对于资本密集的房地产行业，为满足房地产开发企业拿地阶段及取得四证前迫切的融资需求，各信托公司比较常见的规避上述监管的做法是采用“明股实债”，明股实债是金融机构对地产项目进行股权投资，却以固定收益作为回报，到期由融资方的关联方或股东进

行股权回购的一种投资方式。明股实债不仅在信托中比较常见，更常见于基金子公司资管计划以及地产私募等资产管理活动中。信托公司发放的不再是贷款，而是对房地产开发企业进行股权投资，信托计划也成为股权投资信托计划，从而规避了房地产信托债权型融资房地产开发企业需满足的“四、三、二”条件。

（二）“三类股东”的相关法律监管规定

1.“三类股东”的法律内涵

所谓的“三类股东”是指通过**契约型私募基金、资产管理计划、信托计划**集合的资金投资于股份有限公司所形成的股东。“三类股东”不是真正的法律主体，只能以管理员的身份对外开展业务，从事民事法律行为。“三类股东”属于典型的股权代持人。

基金从组织形式来讲，一般有三种：公司型基金、合伙型基金和契约型基金，其中公司型基金和合伙型基金是一个法律实体。资产管理计划是指基金子公司和券商设立的向社会融资的一种理财产品，该理财产品就称为“资管计划”，其管理人为受证监会监管的持牌金融机构。**信托计划是信托公司设立的**向社会融资的一种理财产品，只是信托公司由原银保监会监管，资产管理公司和基金公司由证监会监管，在规模和法律上有一定的区别。

2.证监会对“三类股东”的监管规定

一是基于证券法、公司法和IPO办法的基本要求，为保证拟上市公司的稳定性、确保控股股东履行诚信义务，要求**公司控股股东、实际控制人、第一大股东不得为“三类股东”**。

二是基于管理部门对资管业务的规范要求，为确保“三类股东”依法设立并规范运作，**要求“三类股东”必须纳入金融监管部门有效监管**。

三是为从源头上防范利益输送行为，防控潜在风险，从严监管、高杠杆、结构化产品和层层嵌套的投资主体，要求存在上述情形的发行人提出符合监管要求的整改计划，并对“三类股东”做穿透式披露，同时要求中介机构对发行人及其利益相关人是否直接或间接在“三类股东”中持有权益进行核查。

四是为确保能够符合现行锁定期和减持规则，要求“三类股东”对其存续期做出合理安排。

五是“三类股东”是新三板上市企业的合规投资者。

（三）“明股实债”融资的投资模式及退出方式

在“明股实债”融资的常见投资模式中，主要有三种：股权投资模式、信托计划投资模式、私募股权基金投资模式。其中，股权投资模式、信托计划投资模式都以投资管理人的名义，代持投资者或接受投资者的委托，直接以股权投资形式，投资到项目公司，实现投资目的。而私募股权基金投资模式必须以集合信托计划（以其管理员的身份）、项目公司的母公司或项目公司的实际控制人共同设立一家有限合伙企业（股权持股平台），然后该有限合伙企业直接以股权投资形式，投资到项目公司，100%直接持股项目公司，实现投资目的。具体分析如下：

1.明股实债”融资的三种投资模式

（1）股权投资模式。

股权投资模式下，由基金公司或证券公司设立资管计划，投资者通过资管计划以股权投资的形式入股项目公司，并通过项目公司分红来进行资管计划的收益分配，项目公司或其股东可能约定对资管计划持有股权进行回购或特殊分红条款（如资管计划作为优先级股权，约定一系列优先分红和投资本金保障机制，项目公司母公司作为劣后级股权获得剩余收益，承担更大风险）。

（2）信托计划投资模式。

信托计划投资模式下，由信托公司设立信托计划，信托计划投资项目公司形式包含发放信托贷款、股权投资、可转债、购买特定资产收益权等，再通过项目公司进行还本付息、项目分红、回购等方式来退出投资。

（3）私募股权基金投资模式。

私募股权基金投资模式下，一般由项目公司母公司或实际控制人作为

GP，享受基金劣后收益，投资方作为LP，享受基金优先级收益，私募股权投资基金以权益投资方式投资项目公司，仍以特殊分红条款或回购等方式来退出。

2.“明股实债”退出方式：股权回购

公司股权回购必须符合《公司法》的规定，否则有法律风险。根据《公司法》及其《最高人民法院关于适用〈中华人民共和国公司法〉若干问题的规定（二）》（简称《会计法司法解释二》）的规定，公司回购股权分为三种：法定回购权、解散之诉回购权和约定回购权。具体如下：

（1）法定回购权：异议股东可以请求公司回购其股权。

《公司法》第八十九条规定：“有下列情形之一的，对股东会该项决议投反对票的股东可以请求公司按照合理的价格收购其股权：

（一）公司连续五年不向股东分配利润，而公司该五年连续盈利，并且符合本法规定的分配利润条件；

（二）公司合并、分立、转让主要财产；

（三）公司章程规定的营业期限届满或者章程规定的其他解散事由出现，股东会通过决议修改章程使公司存续。

自股东会决议作出之日起六十日内，股东与公司不能达成股权收购协议的，股东可以自股东会决议作出之日起九十日内向人民法院提起诉讼。

公司的控股股东滥用股东权利，严重损害公司或者其他股东利益的，其他股东有权请求公司按照合理的价格收购其股权。

公司因本条第一款、第三款规定的情形收购的本公司股权，应当在六个月内依法转让或者注销。”

（2）解散之诉回购权。

根据《最高人民法院关于适用〈中华人民共和国公司法〉若干问题的规定（二）》（法释〔2008〕6号）第五条的规定：“当事人协商同意由公司或者股东收购股份，或者以减资等方式使公司存续，且不违反法律、行政法规强制性规定的，人民法院应予支持。”“经人民法院调解公司收购原告股份的，公司应当自调解书生效之日起六个月内将股份转让或者注销。股份转让或者注销之前，原告不得以公司收购其股份为由对抗公司债权人。”

基于以上法律规定，只有在解散公司的诉讼中，若当事人达成一致同意的，有关股权回购条款方可得到法院支持。

（3）约定回购权。

《公司法》规定股东不得抽逃出资，但并不禁止股东在公司成立之后以合法方式退出公司，包括以公司回购股权的形式退出公司。《公司法》第八十九条规定的股东回购请求权是法定的股东回购请求权，根据该条规定的情形，股东可以请求公司按照合理价格收购其股权。除该条规定的情形，股东可行使法定的回购请求权外，《公司法》中仍有股东与公司于其他情形通过协议而由公司回购股东股权的余地。《公司法》第八十九条并未禁止有限责任公司与股东达成股权回购的约定。而且根据《最高人民法院关于适用〈中华人民共和国公司法〉若干问题的规定（二）》（法释〔2008〕6号）第五条，人民法院审理解散公司诉讼案件，当事人协商同意由公司或者股东收购股份，或者以减资等方式使公司存续，且不违反法律、行政法规强制性规定的，人民法院应予支持。

因此，只要投资者与融资者签订**《股权远期回购协议》（抽屉协议）**一致约定：被投资企业收回股权的约定属于真实意思表示，内容上不违背《公司法》及相关法律的强制性规范，应属有效。

（四）“明股实债”融资的落地操作流程

1.第一步：设计监管部门备案之需的股权投资布局

通过以上三种投资模式分析，为了规避法律风险和税收风险考虑，大部分采用最具有现实操作性的是**私募股权基金投资模式。其交易流程是：以资管计划、信托计划、私募股权基金作为投资者的股权代持人，入股合伙企业，然后以有限合伙企业直接投资于项目公司，实现股权投资目的。具体的交易流程如图4-13所示。**

2.第二步：投资者与融资方（资金需求方）签订“明股实债”的抽屉协议

融资方与投资方签订抽屉协议，通过“资管计划、信托计划和私募股

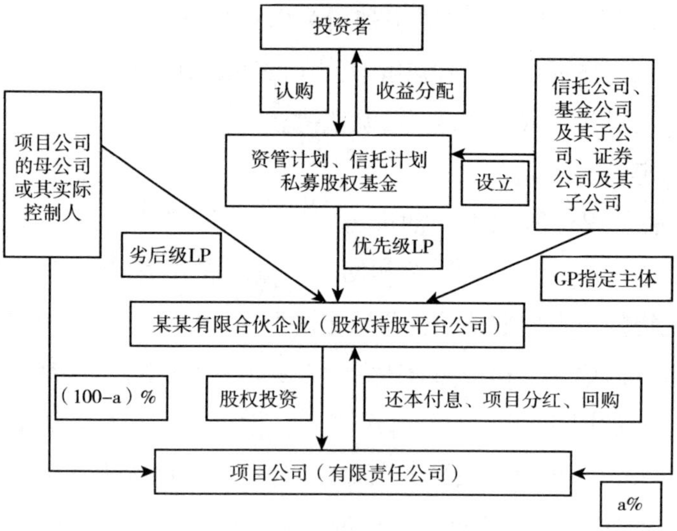

图4-13 具体交易流程

权基金产品"进行**"明股实债"融资**，在中国证券投资基金业协会和证券会等金融监管部门进行产品备案时，体现为直接的股权投资（如《增资扩股协议》或《股权转让协议》），但在备案文件之外通过签署抽屉协议（如《股权远期回购协议》）的方式约定：被投资企业的其他股东或实际控制人等资金需求方按照一定溢价率无条件回购或受让投资方股权，保证投资方在约定期限后收回本金及收益，同时在《股权远期回购协议》中约定投资方固定资金回报、资金退出、股权转让比例、时间安排、受让价款的计算方式、差额补足等内容。**在抽屉协议中约定的以下条款是"明股实债"的重要特征。**

（1）约定"业绩对赌"条款。

实务中，投资人与目标公司、投资人与实际控制人、投资人与公司管理层以及投资人与目标公司的关联方均可以签订业绩对赌协议。业绩对赌/估值调整是一种针对被投资企业未来前景不确定性而设计的保障性金融条款，以保护投资方的利益，在PE/VC投资中，投资人的初衷和目的并不在于固定收益，而是成功投资可能达到的数倍、数十倍甚至更高的收益。

关于"业绩对赌"问题，笔者温馨提醒，必须掌握以下三点：

一是在约定投资者只收取固定回报和投资者不参与目标公司经营管理的

情况下，业绩对赌才可能构成“明股实债”。

二是基于“投资者与被投资企业签订对赌无效”而“投资者与被投资企业的股东签订对赌协议有效”的司法实践考虑，投资者不与被投资企业签订对赌协议，转而与被投资企业股东或者其关联方签订业绩对赌协议。

三是中国证监会对于上市时间对赌、股权对赌协议、业绩对赌协议、董事会一票否决权安排、企业清算优先受偿协议五类对赌条款已明确为IPO审核禁区。

（2）约定“定期分红”条款。

根据中国证券投资基金业协会关于“明股实债”的定义可知，定期分红是不论目标企业经营好坏，投资方均可以优先或固定从目标公司获得一定金额分红，投资方累计获得的分红为其投资本金与按一定溢价率计算的收益之和，投资方通常不参与目标公司经营管理。“定期分红”约定条款与《公司法》关于“公司分红”的规定是相悖的，这种“不与公司经营业绩挂钩而强制或者定期要求分红”的约定，**其实不是股东分红，而是债权利息。**

（3）约定“差额补足”条款。

“差额补足”是指在股权投资中，为了保障投资者的资金安全，由被投资企业、被投资企业的实际控制人以及其他股东或关联第三方为投资者提供收益差额补足义务，约定当投资者的权益未实现时，由相应主体按照约定履行差额补足义务的行为。**“差额补足”**由目标公司实际控制人或指定第三方为投资方的股权投资提供差额补足或流动性支持，以弥补投资方在投资期内从目标公司获得的收益未达到预期部分的损失。

根据《公司法》第二十一条至第二十三条“股东禁止行为”的规定，公司股东应当遵守法律、行政法规和公司章程，依法行使股东权利，不得滥用股东权利损害公司或者其他股东的利益；不得滥用公司法人独立地位和股东有限责任损害公司债权人的利益。公司的控股股东、实际控制人、董事、监事、高级管理人员不得利用关联关系损害公司利益。违反前款规定，给公司造成损失的，应当承担赔偿责任。公司股东滥用股东权利给公司或者其他股东造成损失的，应当依法承担赔偿责任。公司股东滥用公司法人独立地位和股东有限责任，逃避债务，严重损害公司债权人利益的，应当对公司债务承担连带责任。

基于《公司法》第二十条的规定，被投资的企业承担差额补足义务会损害其他股东和债权人的权益。为稳妥起见，投资者可以与被投资企业实际控制人、其他股东或者第三方签订差额补足协议，由其承担补足义务，同时出于保障本金的安全考虑，在不愿继续参与公司投资时，可以向他们出让股权，以实现本金不受损失的目的。因此，**“差额补足”**形式是要达到保本保收益的效果，其仍然是“明股实债”。

（五）“明股实债”的涉税处理

1.在企业所得税处理上的“明股实债”必须同时满足五个条件

《国家税务总局关于企业混合性投资业务企业所得税处理问题的公告》（国家税务总局公告2013年第41号）第一条规定：“企业混合性投资业务，是指兼具权益和债权双重特性的投资业务。同时符合下列条件的混合性投资业务，按本公告进行企业所得税处理：

（1）被投资企业接受投资后，需要按投资合同或协议约定的利率定期支付利息（或定期支付保底利息、固定利润、固定股息，下同）；

（2）有明确的投资期限或特定的投资条件，并在投资期满或者满足特定投资条件后，被投资企业需要赎回投资或偿还本金；

（3）投资企业对被投资企业净资产不拥有所有权；

（4）投资企业不具有选举权和被选举权；

（5）投资企业不参与被投资企业日常生产经营活动。”

基于国家税务总局2013年第41号公告的规定，混合型投资，或者说是“明股实债”或“假股真债”必须同时具备以上五个条件。具体而言，这五个条件可以概况如下：

（1）投资回报不与被投资企业的经营业绩挂钩，不是按企业的投资效益进行分配，也不是按投资者的股份份额取得回报。投资者没有或很少承担投资风险的一种投资，实际为企业的一种融资形式。

（2）投资期限无论是否届满，只要合同或协议约定的、需要由被投资企业偿还本金或赎回投资的条件已经满足，被投资企业必须偿还本金或赎回投资。被投资企业偿还本金或赎回投资后，作减资处理。

（3）被投资企业如果依法停止生产经营活动需要清算的，投资企业的投资额可以按债权进行优先清偿，但对被投资企业净资产不能按投资份额拥有所有权。

（4）投资企业不具有选举权和被选举权。被投资企业在选举董事会、监事会成员时，投资企业不能按持股比例进行表决或被选为成员。

（5）不参与被投资企业日常生产经营活动。但是，投资资金如果指定了专门用途的，投资方企业可以监督其资金运用情况。

2.“明股实债”的企业所得税处理

（1）被投资企业支付利息的税务处理。

按合同或协议约定，由被投资企业定期支付利息的，投资企业应当于被投资企业应付利息的日期，根据合同或协议约定的利率，计算确定本期利息收入并计入当期应纳税所得额；被投资企业应于应付利息的日期确认本期利息支出，并按相关税法实施条例和《国家税务总局关于企业所得税若干问题的公告》（国家税务总局公告2011年第34号）规定的限定利率，在当期进行税前扣除。

（2）被投资企业赎回投资的税务处理。

投资期满或满足特定条件后，由被投资企业按投资合同或协议约定价格赎回的，应区分下列情况分别进行处理：

第一，当实际赎价高于投资成本时，投资企业应将赎价与投资成本之间的差额，在赎回时确认为债务重组收益，并计入当期应纳税所得额；被投资企业应将赎价与投资成本之间的差额，在赎回当期确认为债务重组损失，并准予在税前扣除。

第二，当实际赎价低于投资成本时，投资企业应将赎价与投资成本之间的差额，在赎回当期按规定确认为债务重组损失，并准予在税前扣除；被投资企业应将赎价与投资成本之间的差额，在赎回当期确认为债务重组收益，并计入当期应纳税所得额。

3.“明股实债”的增值税处理

财税〔2016〕36号文附件《销售服务、无形资产、不动产注释》第一条第（五）项第1点对贷款服务的说明是：“各种占用、拆借资金取得的收入，包括金融商品持有期间（含到期）利息（保本收益、报酬、资金占用费、补偿金等）收入、信用卡透支利息收入、买入返售金融商品利息收入、融资融券收取的利息收入，以及融资性售后回租、押汇、罚息、票据贴现、转贷等业务取得的利息及利息性质的收入，按照贷款服务缴纳增值税。**以货币资金投资收取的固定利润或者保底利润，按照贷款服务缴纳增值税。”**

《关于明确金融 房地产开发 教育辅助服务等增值税政策的通知》（财税〔2016〕140号）规定：“《销售服务、无形资产、不动产注释》（财税〔2016〕36号）第一条第（五）项第1点所称‘保本[①]收益、报酬、资金占用费、补偿金’，是指合同中明确承诺到期本金可全部收回的投资收益。金融商品持有期间（含到期）取得的非保本的上述收益,不属于利息或利息性质的收入，不征收增值税。”

二、“明股实债”的税务规划：合同控税

（一）税务规划的法律依据

根据《国家税务总局关于企业混合性投资业务企业所得税处理问题的公告》（国家税务总局公告2013年第41号）第二条第（二）项的规定，投资期

① 中国证券投资基金业协会在2017年12月31日发布的《证券投资基金增值税核算估值参考意见》，在其《释义》第四条表述：“财税〔2016〕140号文明确，‘保本收益、报酬、资金占用费、补偿金’是指合同中明确承诺到期本金可全部收回的投资收益。在合同成立时，合同中明确承诺到期偿还本金，金融商品持有期间取得的投资收益即属于保本收益，与合同到期后本金是否实际偿还无关。税务上强调的是合同设立时是否承诺偿还本金。‘保本’指的是到期有无偿还本金的义务，并且有无偿还本金的能力。因此，金融商品违约风险的高低以及为降低违约风险所采取的增信措施并不影响保本与否的认定。若合同中未明确承诺本金可全部收回，则不认为是‘保本’，无须再实质判断合同内容。”

满或满足特定条件后，由被投资企业按投资合同或协议约定价格赎回的，当实际赎价高于投资成本时，投资企业应将赎价与投资成本之间的差额，在赎回时确认为债务重组收益，并计入当期应纳税所得额；被投资企业应将赎价与投资成本之间的差额，在赎回当期确认为债务重组损失，并准予在税前扣除。基于此，税收政策的规定，如果项目公司采用股权融资的方法，让信托公司或基金公司采用假股真债（混合型投资）的方式，成为项目公司的股东之一，则在投资期满或满足特定条件后，由项目公司按投资合同或协议约定价格赎回的，当实际赎价高于投资成本时，信托公司或基金公司应将赎价与投资成本之间的差额，在赎回时确认为债务重组收益，并计入当期应纳税所得额；项目公司应将赎价与投资成本之间的差额，在赎回当期确认为债务重组损失，并准予在税前扣除。

（二）筹划方案：巧签合同节税

在投资协议中约定：固定收益率为银行同类贷款利率，将投资本金和还本付息扣除按照同类贷款利率计算的固定收益作为股权回购价款。

【案例分析30：某房地产项目信托融资的纳税规划】

（一）案情介绍

A房地产项目公司接受B信托投资公司“混合性”投资，由B信托投资公司向A房地产项目公司增资2.5亿元，双方约定年收益率为15%，两年后A房地产项目公司应以2.8亿元的对价赎回该项投资，假设银行同类贷款利率为6%，请问该如何进行纳税筹划，使A房地产项目公司税负更低?

（二）纳税筹划前的涉税成本分析

1.B信托投资公司在投资期间及投资收回时取得的利息收入和债务重组收入=25000×15%÷（1+6%）×2+28000−25000=10075.47（万元）

B信托投资公司该项投资业务需缴纳的企业所得税=10075.47×25%=2518.87（万元）

B信托投资公司该项投资业务需缴纳的增值税销项税额=25000×15%÷（1+6%）×2×6%=424.53（万元）

B信托投资公司总的税负=2518.87+424.53=2943.4（万元）

2.A房地产项目公司投资期间支付的利息及债务重组损失计算如下：

根据《财政部 国家税务总局关于全面推开营业税改征增值税试点的通知》（财税〔2016〕36号）附件1《营业税改征增值税试点实施办法》第二十七条第（六）项的规定，购进的贷款服务的进项税额不得从销项税额中抵扣。基于此规定，A房地产项目公司支付给B信托投资公司的利息含有的增值税进项税额不能抵扣，只能进成本在企业所得税前扣除。

因此，A房地产项目公司投资期间支付的利息及债务重组损失=25000×15%×2+28000−25000=10500（万元）

A房地产项目公司可以税前扣除的利息支出及债务重组损失=25000×6%×2+28000−25000=6000（万元）

A房地产项目公司需作纳税调增的金额=10500−6000=4500（万元）

A房地产项目公司应补缴企业所得税=4500×25%=1125（万元）

（三）税务规划方案：巧签合同合法节税

双方应修改投资协议，投资总额不变，年收益率改为6%，两年后赎回的价格为3.25亿元（2.8亿元+4500万元）。

（四）筹划后的涉税计算分析

1. B信托投资公司在投资期间及投资收回时取得的利息收入和债务重组收入=25000×6%÷（1+6%）×2+32500−25000=10330.19（万元）

B信托投资公司该项投资业务需缴纳的企业所得税=10330.19×25%=2582.55（万元）

B信托投资公司该项投资业务需缴纳的增值税销项税额=25000×6%÷（1+6%）×2×6%=169.81（万元）

B信托投资公司总的税负=2582.55+169.81=2752.36（万元）

2.A房地产项目公司投资期间支付的利息及债务重组损失=25000×6%×2+32500−25000=10500（万元）

A房地产项目公司可以税前扣除的利息支出及债务重组损失=25000×6%×2+32500−25000=10500（万元）

A房地产项目公司需作纳税调增的金额=10500−10500=0（万元）

3. 纳税筹划结论

通过纳税筹划,B信托投资公司的税负减少191.04（2943.4−2752.36）万元，A房地产企业项目公司税负减少1125万元。

三、房地产项目公司“明股实债”融资的两种股权布局控税搭建

房地产项目公司“明股实债”融资的股权布局控税设计分两种情况：一是涉及资金募集前提下的股权布局控税设计策略；二是不涉及资金募集前提下的股权布局控税设计策略。具体操作实践要点分析如下。

（一）涉及资金募集前提下的股权布局控税设计策略

1.股权布局设计策略

（1）第一步：注册设立专门开发某一地块的房地产项目公司：某某房地产开发有限公司。

房地产公司（房地产开发项目公司的母公司或其区域公司）中标拿地后，出资设立一家房地产项目公司：某某房地产开发有限公司。

（2）第二步：设立一家为项目公司进行股权投资的有限合伙企业。

信托公司、基金公司或证券公司以其设立的“资管计划、集合资金信托计划、私募股权投资基金”与房地产公司作为有限合伙人，共同注册一家有限合伙企业：某某有限合伙企业（股权持股平台）。

双方签订的合伙协议约定：“资管计划、集合资金信托计划、私募股权投资基金”作为优先级LP，房地产公司作为劣后级LP，**优先劣后比例不高于**

1：1，在本金及门槛收益实现前，劣后LP不得从有限合伙企业取得任何分红。同时在合伙协议中约定：信托公司、基金公司或证券公司指定的主体或有限公司担任执行事务合伙人（GP），在有限合伙企业里占有的份额比例在1%以下。

（3）第三步：房地产项目公司采用增资扩股的融资形式，签订《增资扩股协议》，引进“明股实债”的机构投资者。

第一步注册设立的房地产项目公司与第二步注册设立的某某有限合伙企业签订《增资扩股协议》。让某某有限合伙企业持有房地产项目公司的股权，《增资扩股协议》里约定以下条款：

①出资份额条款：某某有限合伙企业以“纯股权”[①]投资的方式向房地产项目公司注入资金，持股×%（×一般控制在51%—99%），房地产公司（房地产开发项目公司的母公司或其区域公司）持有（1-×）%。

②“优先劣后安排”分红条款：信托公司、基金公司或证券公司以其设立的“资管计划、集合资金信托计划、私募股权投资基金”持有有限合伙企业优先级LP，开发楼盘的项目公司的母公司或者开发楼盘的项目公司的区域公司持有有限合伙企业的劣后级LP，优先劣后比例不高于1：1，在本金及门槛收益实现前，劣后级LP不得从有限合伙企业取得任何分红。

③增信[②]条款，分别约定如下：

第一，现场监管权：投资方向项目公司派遣董事及法定代表人，修改公司章程，项目公司对外融资、提供担保、增/减资、处置资产等重大事项须

① 投资者注入资金的方式主要有三种，第一种是实收资本（即股本），第二种是资本公积，第三种是股东借款（或挂账）。于是在房产信托融资中，投资方注入被投资方（房地产项目公司）的方式主要有三种：一是小额股本加大额股东借款；二是股本加资本公积；三是纯股本。

② 增信并非严格的法律概念，顾名思义即信用增级，是指债务人为改善融资条件、降低融资成本，通过各种手段和措施来降低债务违约概率或减少违约损失率，以提高债务信用等级的行为。实践中，增信措施不但包括保证、抵（质）押等典型的担保方式，还包括让与担保、经营权、信托受益权质押等新型的担保方式，还有一些则通过特定交易结构来实现债权的保障，如合同约定在某个时间按照固定价格溢价回购或赎回、无条件的差额补足、固定利率优先支付收益且不受对外投资收益影响等。因此，如果一个增信措施使该产品达到了固定收益的程度，或者投资人可根据合同约定的救济措施取得约定的收入，那么就应当认定这些措施实质上构成了这个合同的保本承诺。

经投资方同意；投资方派驻现场监管人员，监管项目公司的证照、印章和账户；项目公司需在投资方指定银行开立监管账户。

第二，强制操盘权：若因触发对赌条件提前退出或模拟清算退出时，房地产开发项目公司的母公司或其区域公司及其指定的第三方无法履行义务或放弃优先购买权的，或者放弃在房地产项目公司董事会及股东会的所有表决权，投资方全面接手项目公司，行使操盘权，可采用对标的项目降价销售或整体对外转让等方式处置资产。

第三，拖售权[①]：若因触发对赌条件提前退出或模拟清算退出时，开发楼盘的项目公司的母公司或其指定的第三方无法履行义务或放弃优先购买权的，投资方有权将有限合伙所持项目公司全部股权向不特定的第三方，转让部分或全部股权实现退出，同时有权行使拖售权将房地产开发项目公司的母公司所持股权以同等条件对外转出，转让所得优先用于对投资方的投资本金及门槛收益的补足。

④退出方式条款：投资期限届满前，可通过盈余分配、触发对赌条件、模拟清算退出等方式，实现投资收益及本金的安全退出。

⑤担保质押条款：第二步设立的有限合伙企业享有第一步设立的某某房地产开发有限公司（项目公司）××亿元（该金额一般设定为投资方的投资金额）的债权，债权下设立多项担保措施：房地产开发项目公司的土地抵押担保、房地产开发项目公司的母公司及其董事长提供担保。

（4）第四步：签订业绩对赌协议。

信托公司、基金公司或证券公司与房地产公司签订《业绩对赌协议》，约定各方认可的项目商业计划书，包含成本预算、开发及销售计划/进度等，作为对赌条件进行考核。如果出现以下条件，则将触发对赌条件：

①工程计划或销售计划滞后于商业计划书约定时间累计达到×个月以上；销售均价/面积低于经营计划超过5%；

---

① 拖售权是指如果有第三方向股权投资基金发出股权收购要约，且股权投资基金接受该要约，则其有权要求其他股东一起按照相同的出售条件和价格向该第三方转让股权。

②×个月期限内，标的项目实现销售面积低于住宅总可售面积的80%；

③标的项目因项目公司原因导致产品定位或规划指标发生重大不利变化的。

通过以上操作步骤，“明股实债”的股权布局控税结构如图4–14所示。

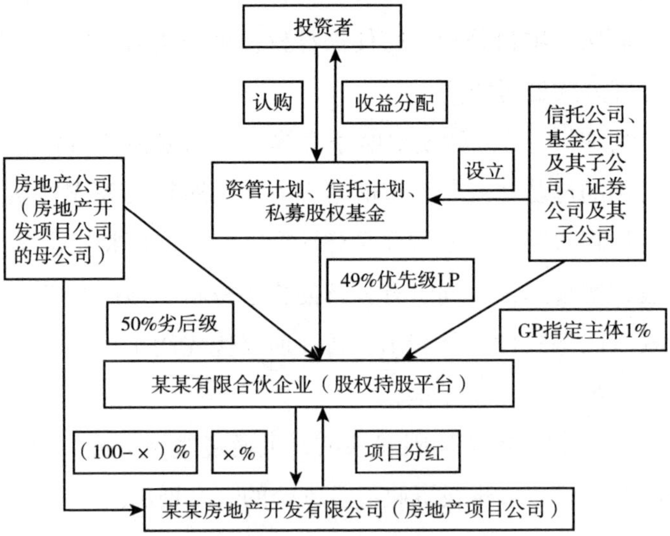

图4–14　“明股实债”的股权布局控税结构

2.股权布局控制权和控税分析

第一，通过以上《增资扩股协议》中的定期分红条款、增信条款约定，《业绩对赌协议》和某某有限合伙企业的合伙人占有的财产份额比例，可以看出信托公司、基金公司及其子公司、证券公司及其子公司（受托人）对房地产开发项目公司拥有绝对的公司控制权。

第二，依据财税〔2016〕36号文附件《销售服务、无形资产、不动产注释》第一条第（五）项第1点和《关于明确金融 房地产开发 教育辅助服务等增值税政策的通知》（财税〔2016〕140号）的规定，“保本”是指“合同中明确承诺到期本金可全部收回的投资收益”，而从《增资扩股协议》增信条款约定来看，信托公司、基金公司及其子公司、证券公司及其子公司（受托人）对房地产开发项目公司的投资收益具有保本承诺性质。因此，本股权布局通过股权投资实现融资是具有“假股真债”性质。

第三，从企业所得税的角度来讲，由于信托公司、基金公司及其子公司、证券公司及其子公司（受托人）对房地产开发项目公司拥有绝对的公司控制权，不符合国家税务总局2013年第41号公告的规定，不可以按照“假股真债”的企业所得税规定进行企业所得税处理。

第四，投资期限届满时，如果按照触发对赌条款退出投资本金，则房地产开发项目公司的母公司回购某某有限合伙企业的股权，必须进行评估，股权转让方必须要缴纳比较高的企业所得税。

第五，利息支付的财税处理：房地产开发项目公司可以以预分红的形式向某某有限合伙企业按月/按季支付固定收益，由此避开直接收取利息引起的增值税问题。在操作层面，预分红的流水在财务上可处理为某某有限合伙企业和房地产开发项目公司之间的挂账，并在融资到期的时候以分红的名义作冲销处理，进行会计科目的调整，所支付的融资成本最终沉淀在项目公司向某某有限合伙企业分配的股息。

第六，房地产开发项目公司向某某有限合伙企业分配的股息或投资收益，根据《增资扩股协议》的定期分红条款和财税〔2018〕159号文件的规定，由某某有限合伙企业的合伙人，即资管计划、信托计划、私募股权投资基金（优先级LP）的投资者缴纳个人所得税。但是根据《财政部 国家税务总局关于开放式证券投资基金有关税收问题的通知》（财税〔2002〕128号）的规定，**对个人投资者从基金分配中取得的收入，暂不征收个人所得税。**

第七，投资者（委托人）的涉税处理。

《财政部 国家税务总局关于资管产品增值税政策有关问题的补充通知》（**财税〔2017〕2号**）规定：“2017年7月1日（含）以后，资管产品运营过程中发生的增值税应税行为，以资管产品管理人为增值税纳税人。”

《财政部 税务总局关于资管产品增值税有关问题的通知》（**财税〔2017〕56号**）第一条规定：“资管产品管理人（以下称管理人）运营资管产品过程中发生的增值税应税行为（以下称资管产品运营业务），暂适用简易计税方法，按照3%的征收率缴纳增值税。”对于契约私募基金的个人投资人，**金融**

商品买卖免征增值税。

根据《财政部 国家税务总局关于开放式证券投资基金有关税收问题的通知》(财税〔2002〕128号)的规定，对个人投资者申购和赎回基金单位取得的差价收入，在对个人买卖股票的差价收入未恢复征收个人所得税以前，暂不征收个人所得税。对基金取得的股票的股息、红利收入，债券的利息收入、储蓄存款利息收入，由上市公司、发行债券的企业和银行在向基金支付上述收入时代扣代缴20%的个人所得税；**对投资者(包括个人和机构投资者)从基金分配中取得的收入，暂不征收个人所得税和企业所得税。**

根据《财政部 国家税务总局关于全面推开营业税改征增值税试点的通知》(财税〔2016〕36号)附件3的规定，对于个人投资人，金融商品买卖免征增值税。

基于以上税收政策规定，个人投资者购买资管计划、信托计划、私募股权投资基金获得的收入，不征增值税和个人所得税。由其受托人(资管产品的管理人：信托公司、基金公司、证券公司及其子公司)作为增值税的纳税义务人。

(二)不涉及资金募集前提下的股权布局控税搭建

1.股权布局搭建策略

(1)第一步：投资机构设立某某有限合伙企业。

投资机构设立一家某某有限合伙企业，投资机构作为有限合伙人(LP)，投资机构下属的另一家有限责任公司作为普通合伙事务执行人(GP)。

(2)第二步：投资机构与房地产公司共同投资设立某某有限责任公司(拍地平台公司)。

第一步设立的某某有限合伙企业与房地产公司(一般是房地产的区域公司)注册设立一家某某有限责任公司(拍地平台公司)，即SPV，其中某某有限合伙企业占有某某有限责任公司(拍地平台公司)51%的股权比例，房地产公司占有49%的股权比例。如开发商有并表等需求，则上述股权架构作相应调整，比如房地产公司代有限合伙企业持有某某有限责任公司31%的股权。

（3）第三步：设立房地产项目公司。

某某有限责任公司（拍地平台公司）提供拍卖保证金，参与土地竞标。如果土地竞拍成功，则某某有限责任公司（拍地平台公司）设立100%持股的房地产项目公司，按照法律程序，将土地使用权证书办到项目公司名下。如果土地竞拍不成功，则保证金原路退回某某有限责任公司（拍地平台公司）后继续用于其他地块的竞拍及保证金的交纳，如此循环使用。

通过以上三步设计的股权布局控税结构如图4-15所示。

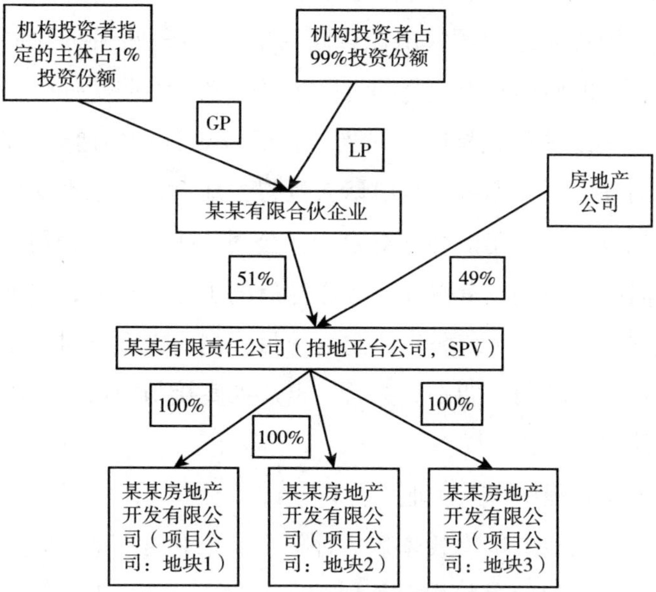

图4-15 三步设计的股权布局控税结构

笔者温馨提示：投资机构不直接持有房地产开发项目公司的股权，而通过拍地平台公司间接持有房地产开发项目公司股权的主要原因，在于**规避投资机构直接持有项目公司股权存在的以下两个弊端：**

第一个弊端：拍地的主体一般都有股转限制，比如政府规定土地的竞得方在一定期限内不得变更股权（即股东不得变更，如重庆），如此会给投资机构造成退出项目公司股权时的障碍。

第二个弊端：因项**目公司名下有地，借款到期并退股时，必须对项目公**

司进行资产溢价评估，从而导致股权转让要缴纳一笔高额的企业所得税。

（4）第四步：土地使用权证书办到房地产开发项目公司名下的流程和策略。

根据《招标拍卖挂牌出让国有土地使用权规范》（试行）（国土资发〔2006〕114号））第10.2条第（6）项的规定："申请人竞得土地后，拟成立新公司进行开发建设的，应在申请书中明确新公司的出资构成、成立时间等内容。出让人可以根据招标拍卖挂牌出让结果，先与竞得人签订《国有土地使用权出让合同》，在竞得人按约定办理完新公司注册登记手续后，再与新公司签订《国有土地使用权出让合同变更协议》；也可按约定直接与新公司签订《国有土地使用权出让合同》。"于是，某某有限责任公司（拍地平台公司）参与某一地块的投标时，向当地自然资源管理局递交用地预申请书，在申请书中明确以下几点：一是申请人竞得土地后，拟成立新公司进行开发建设；二是拟成立新公司由某某有限责任公司（拍地平台公司）100%持股，预计成立的时间；三是投资保证金和竞标后的土地出让金，先由某某有限责任公司（拍地平台公司）代替拟成立的项目公司一次性支付，土地出让收据开给拟成立的项目公司；四是竞标后，出让人直接与拟成立的项目公司签订《国有土地使用权出让合同》。

（5）第五步：投资者与房地产公司签订《投资合作协议》。

第一步设立的投资机构载体某某有限合伙企业与房地产公司（一般是房地产的区域公司）签订《投资合作协议》。双方一致同意约定投资者的资金放款方式、固定收益的收取方式、股权回购退出方式以及担保抵押方式等条款。其中资金放款方式及其固定收益收取方式主要有三种：一是小额股本+大额股东借款；二是股本+资本公积；三是纯股本。这三种注入资金方式的优缺点概括分析如下。

①方式一："小额股本+大额股东借款"及其固定收益收取。

根据上述股权布局控税架构，拍地平台公司（SPV）的注册资本一般设置为较小金额（如500万元左右），某某有限合伙企业和房地产公司都以**"小额股本+大额股东借款"**的形式注入配资款项。某某有限合伙企业将剩下的投资款向SPV提供股东借款并收取利息，SPV继续以“**小额股本＋大额股东借款**”的形式向全资持股的房地产项目公司注入资金，其中股东借款部分也需向项目公司收取利息。

需要注意的是：首先，关联方借款所涉的企业所得税税前扣除的利息部分存在比例限制，根据财税〔2008〕121号文及《企业所得税法》相关规定，关联方借款利息的企业所得税前扣除需考虑两个限制，即非金融企业“债资比”为2∶1的限制以及不超过同期金融机构贷款利率的限制。另外，项目公司对拍地平台公司（SPV）支付的利息可在项目公司层面实现税前扣除，其中企业所得税税前扣除按关联方借款的扣除限额处理，土地增值税税前扣除按非金融机构提供贷款情形视具体情况处理。除上述以外，因利息费用无法在项目公司增值税层面实现进项抵扣，因此在开发商有需要的时候，拍地平台公司（SPV）收取项目公司支付的利息可变通为在税收优惠地设立载体作为第三方，并由项目公司向该载体支付咨询费的方式，实现项目公司层面的增值税进项扣除、土地增值税税前扣除和企业所得税税前扣除。

②方式二：“股本＋资本公积”及其固定收益收取。

根据上述股权布局控税架构，某某有限合伙企业向SPV以“**股本＋资本公积**”的形式注入资金后，SPV继续向全资的项目公司以“**股本＋资本公积**”的形式注入资金。项目公司可以以预分红的形式向SPV按月/按季支付固定收益（SPV亦对有限合伙企业预分红），由此避开直接收取利息引起的增值税问题。在操作层面，预分红的流水可由开发商处理为SPV和项目公司之间的挂账，并在融资到期的时候以分红的名义作冲销处理，进行会计科目的调整，所支付的融资成本最终沉淀在项目公司层面。

需要注意的是，投资到期时，有限合伙企业将其持有的SPV股权转回给开发商的时候会面临一定的风险，尤其是在股本较小、资本公积较大的情况下，有限合伙企业的股转价格参照SPV的净资产确认时，股转价格可能出现明显的溢价，由此出现股转溢价产生的大额企业所得税的问题。

③方式三：纯股本及其固定收益收取。

根据上述股权布局控税架构，有限合伙企业向SPV以股本形式注入全部资金后，SPV继续向全资的项目公司以股本形式注入全部资金。在这种操作背景下，项目公司仍旧可以以预分红的形式向SPV按月/按季支付固定收益（SPV亦对有限合伙企业预分红），由此避开直接收取利息引起的增值税问题。在操作层面，预分红的流水同样可由开发商处理为SPV和项目公司之间的挂账，并在融资到期的时候以分红的名义作冲销处理，进行会计科目的调整，所支付的融资成本最终沉淀在项目公司层面。

2.股权布局控制权和控税分析

第一，通过上述股权布局控税架构，某某有限合伙企业相对控制某某有限责任公司（拍地平台公司）的股权，从而间接控制了房地产项目公司，对房地产项目公司拥有相对的公司控制权。

第二，依据财税〔2016〕36号文附件《销售服务、无形资产、不动产注释》第一条第（五）项第1点和《关于明确金融 房地产开发 教育辅助服务等增值税政策的通知》（财税〔2016〕140号）的规定，"保本"是指"合同中明确承诺到期本金可全部收回的投资收益"，而从《投资合作协议》的资金注入方式及其固定收益收取方法的约定来看，投资机构对房地产项目公司的投资收益具有保本承诺性质。因此，本股权布局通过股权投资实现融资具有"假股真债"性质。

第三，从企业所得税的角度来讲，由于投资机构对房地产项目公司拥有相对的公司控制权。不符合国家税务总局2013年第41号公告的规定，不可以按照"假股真债"的企业所得税规定进行企业所得税处理。在投资期限届满时，某某有限合伙企业在拍地平台公司的股权由房地产公司收回，按照股权转让所得依法申报企业所得税。

第四，投资期限届满时，如果按照触发对赌条款退出投资本金，则房地产项目公司的母公司回购某某有限合伙企业的股权，必须进行评估，股权转让方必须要缴纳比较高的企业所得税。

第五，利息支付的财税处理：房地产项目公司可以以预分红的形式向某某有限合伙企业按月/按季支付固定收益，由此避开直接收取利息引起的增值税问题。在操作层面，预分红的流水在财务上可处理为某某有限合伙企业和房地产项目公司之间的挂账，并在融资到期的时候以分红的名义作冲销处理，进行会计科目的调整，所支付的融资成本最终沉淀在项目公司向某某有限合伙企业分配的股息。

第六节　规避债权人追究股东承担连带赔偿责任的股权布局控税搭建

人格否定分为纵向人格否定和横向人格否定。该两种人格否定都会导致公司债权人追求股东承担连带赔偿责任的法律风险。要规避人格否定的法律风险，标本兼治的良策是：搭建规避债权人追究股东承担连带赔偿责任的公司股权架构。

一、纵向人格否定“税务+法律”风险“破局”的股权布局控税搭建

（一）纵向人格否定导致股东承担连带法律责任

1.法律依据

《公司法》第二十三条第一款的规定，纵向人格否定主要指当股东存在“滥用法人独立地位和股东有限责任”的情形，严重损害公司债权人利益，造成公司资不抵债时，债权人有权要求该股东对公司债务承担连带责任。

2.规避纵向人格否定导致债权人追究股东承担连带法律责任的措施

为了规避纵向人格否定导致的债权人追究股东承担连带法律责任，必须采取以下措施：

（1）坚决杜绝股东个人收取公司经营账款不入公司账户，或者坚决杜绝股东个人银行卡收取公司经营账款，坚决杜绝股东个人银行卡支付公司费用。

（2）坚决杜绝以公司账上资金购买房产、车辆，产权登记在公司股东及其家属名下。

（3）坚决杜绝股东个人在公司账上报销个人家庭开支：小孩学费、家庭水电费、物业管理费用以及其他生活家庭消费支出。

（4）股东无偿使用公司资金或者财产，必须进行财务记载。

（5）股东用公司的资金偿还股东的债务，或者将公司的资金供关联公司无偿使用，必须进行财务记载，并签订借款协议，按照银行同期贷款利率支付利息、开具发票。

（二）母子公司之间纵向人格否定法律风险的防控之策

母公司与子公司是相对应的法律概念，母公司是指拥有另一个公司一定比例以上的股份或者通过协议方式能够对另一个公司享有实际控制权的公司，具备法人资格。子公司是指公司一定比例以上的股份被另一公司持有或通过协议方式受另一公司实际控制的公司。由于股份被母公司控制，因此，子公司在实际经营中往往受母公司的支配与控制。母子公司之间人格否定风险的规避应采用以下策略。

1.住所及办公设施独立

以工商档案和企业基本信息为准，将母公司与子公司的住所登记地即主要营业场所区别开，避免母公司与子公司所使用的住所、厂房、办公楼、办公设施及设备等可以实体化的基础设施发生混同，进而防控公司住所与股东住所混同、关联公司住所混同。

2.业务独立

母公司与子公司若在业务经营范围存在重合，应避免在经销过程中存在共用销售手册、经销协议的情形；对外进行宣传时区分母公司与子公司信息。另外，注意经营业务区域划分，审慎区别母公司及子公司的公章及业务章的保管使用，防止母公司与子公司业务公章使用混乱，造成关联公司业务混同。

3.财务独立

财产混同是认定关联公司是否构成人格混同的关键所在，主要体现在公司没有独立健全的财务管理制度。在实践中，母公司将子公司纳入一体化管理以及合并报表并不当然被认定为人格混同，但是母公司与子公司之间共用财务账簿、共用账户、共同分享收益、共同承担债务和经营费用等情形，可能会被认定相关公司之间存在财产混同。

在公司经营过程中，公司应当根据《公司法》及《会计法》《税收征收管理法》《企业会计准则基本准则》等相关规定，严格、规范制作公司会计账簿、会计报表、委托审计机构出具专业审计报告，从报表层面明确体现现金流的具体归属。

在资金使用中，公司应当使用单位账户对外开展经营行为，不得使用子公司或自己公司股东的账户。公司账户与管理人员、股东账户及关联公司账户之间不得进行非法的资金往来，股东及子公司不得随意调配公司资金，以保证公司财务的独立性。

4. 公司治理结构独立

公司治理结构主要包括作出意思表示的机构，包括董事会、监事会、高级管理人员及重要中层管理人员。在实践中，母公司和子公司常发生公司治理结构人员任职混同，在董事会、监事会、高级管理人员以及公司的重要中层管理人员上存在任职的一致。以董事会、监事会以及高级管理人员为基础，母公司与子公司治理结构人员任职重叠越多，公司的治理结构混同程度越高，子公司容易丧失独立法人人格和决策自主权，产生人格混同。**因此，母公司和子公司在公司治理结构层面避免聘用相同人员，防止公司治理结构混同。**

（三）规避纵向人格否定“税务+法律”风险的股权搭建要点

第一，必须设立三层的股权架构：最上一层为家族公司；中间层为防火墙公司，最下面一层为经营实体公司（赚钱公司）。法律依据如下。

《最高人民法院关于民事执行中变更、追加当事人若干问题的规定》（法释〔2016〕21号）第十七条规定：“作为被执行人的企业法人，财产不足以清偿生效法律文书确定的债务，申请执行人申请变更、追加未缴纳或未足额缴纳出资的股东、出资人或依公司法规定对该出资承担连带责任的发起人为被执行人，在尚未缴纳出资的范围内依法承担责任的，人民法院应予支持。”

第二十一条规定：“作为被执行人的公司，未经清算即办理注销登记，导致公司无法进行清算，申请执行人申请变更、追加有限责任公司的股东、股份有限公司的董事和控股股东为被执行人，对公司债务承担连带清偿责任的，人民法院应予支持。”

第二十二条规定：“作为被执行人的法人或其他组织，被注销或出现被吊销营业执照、被撤销、被责令关闭、歇业等解散事由后，其股东、出资人或主管部门无偿接受其财产，致使该被执行人无遗留财产或遗留财产不足以清偿债务，申请执行人申请变更、追加该股东、出资人或主管部门为被执行人，在接受的财产范围内承担责任的，人民法院应予支持。”

根据《最高人民法院关于民事执行中变更、追加当事人若干问题的规定》（法释〔2016〕21号）的以上法律条款规定，准许追加被执行人的股东为被执行人，而不允许追加被执行人的股东的股东为被执行人。

目前实务中的案例，尤其是最高院的案例也认为，为避免“以执代审”，通过执行程序只能追加被执行人的股东，而不能继续追加股东的股东为被执行人。换言之，只能追一层，而不能追两层、三层……

基于以上法律分析，在设置股权架构时，必须设立三层股权架构，即在家族公司与赚钱公司之间必须设立防火墙公司。

第二，家族公司可以100%持股防火墙公司。

第三，防火墙公司不可以100%持股主体经营实体公司（赚钱公司），成为经营实体公司（赚钱公司）的唯一股东。

《公司法》第二十三条第三款规定：“只有一个股东的公司，股东不能证明公司财产独立于股东自己的财产的，应当对公司债务承担连带责任。”

《最高人民法院关于民事执行中变更、追加当事人若干问题的规定》（法释〔2016〕21号）第二十条规定：“作为被执行人的一人有限责任公司，财产不足以清偿生效法律文书确定的债务，股东不能证明公司财产独立于自己的财产，申请执行人申请变更、追加该股东为被执行人，对公司债务承担连带责任的，人民法院应予支持。”

基于以上法律规定，如果防火墙公司100%持股经营实体公司（赚钱公司），则该经营实体公司（赚钱公司）只有一个股东，很难证明防火墙公司的财产独立于经营实体公司（赚钱公司）的财产，这种举证倒置的法律规定，对于只有一个股东的公司的股东而言，无法自证清白的情况下，该经营实体公司（赚钱公司）的100%持股股东应当对公司债务承担连带责任。**因此，在股权架构设计中，防火墙公司不可以100%持股经营实体公司（赚钱公司）。**

第四，家族公司不可以由两夫妻做股东，应由老板与其儿女或父母做股东。

由于两夫妻做股东的公司，在中国的司法实践中，往往被认定为一人有限公司或只有一个股东或一个股东100%持股的公司，应当对公司债务承担连带责任。

二、横向人格否定“税务+法律”风险“破局”的股权布局控税搭建

（一）横向人格否定导致股东承担连带法律责任

1. 法律依据

根据《公司法》第二十三条第二款的规定，横向否定主要是指控股股东或实际控制人控制多个关联公司，滥用控制权使多个关联公司之间彼此财产边界不清、财务混同，利益相互输送，丧失人格独立性，进而导致关联公司之间对彼此债务互负连带责任的情形。

2. 规避横向人格否定导致的债权人追究股东承担连带法律责任的措施

认定关联公司人格混同承担连带责任的构成要件如下，即横向法人人格否定=关联公司人格混同（核心：财务混同）+逃避债务+严重损害公司债权人利益。

要规避横向人格否定导致的姐妹公司或同一股东或关键股东控制下的多

家关联公司之间承担债务连带法律责任，则必须采用以下方法：

（1）多家关联公司的法定代表人、董事长、总经理、财务负责人不可以由同一个人担任。

（2）多家关联公司的公司注册地、办公地址不能在同一个地方。

（3）多家关联公司的经营范围不能相同。

（4）多家关联公司必须单独建账核算，相互之间财产独立核算，不能有相互借款等占用资金，不能利用相互之间的账户收取关联公司之间的资金！

（5）坚决杜绝任意一家关联公司收取另外一家关联公司的经营账款，或者任意一家关联公司给另外一家关联公司支出费用。

（6）关联公司主营业务不能相同或相近，对外宣传时不能进行“捆绑宣传”。

（7）公司之间的多笔资金往来必须要有正当理由（比如有借款协议、债权债务转让协议、三方委托收款或付款协议）。

（8）关联公司之间不能存在相互交叉持有股权关系。

（9）关联公司之间的交易定价必须符合市场独立交易定价原则，不能存在利益输送致使一方亏损、一方盈利。

（二）规避横向人格否定“税务+法律”风险的股权搭建要点

要规避横向人格否定导致的姐妹公司或同一股东或关键股东控制下的多家关联公司之间承担债务连带法律责任，则股权搭建必须遵循以下要点：

第一，多家关联公司的法定代表人、董事长、总经理、财务负责人不可以由同一个人担任。

第二，多家关联公司的公司注册地、办公地址不能在同一个地方。

第三，关联公司之间不能存在相互交叉持有股权关系。

第四，严禁出现人员混同：避免出现“几块牌子，一套人马”的人员交叉任职现象。

【案例分析31：人格否定“税务+法律”风险“破局”的股权布局搭建】

一、相关公司基本情况介绍

（一）甲投资控股有限公司

甲投资控股有限公司是自然人独资的一人有限责任公司，法人代表张先生，成立日期为2019年7月17日，认缴注册资本1000万元，实缴注册资金0元，经营范围：经自有资金从事投资活动、企业管理咨询。暂时没有发生业务。

（二）乙建设工程有限责任公司

乙建设工程有限责任公司的法人代表是张先生，成立日期为2017年9月30日，认缴注册资本2000万元，其中张先生认缴800万元，5个自然人股东各自认缴200万元，丙工程机械租赁有限公司认缴200万元，张先生实缴注册资金633927.2元，截至2021年12月31日，账上未分配利润371万元，经营范围：对外承包工程等。公司股权架构如图4–16所示。

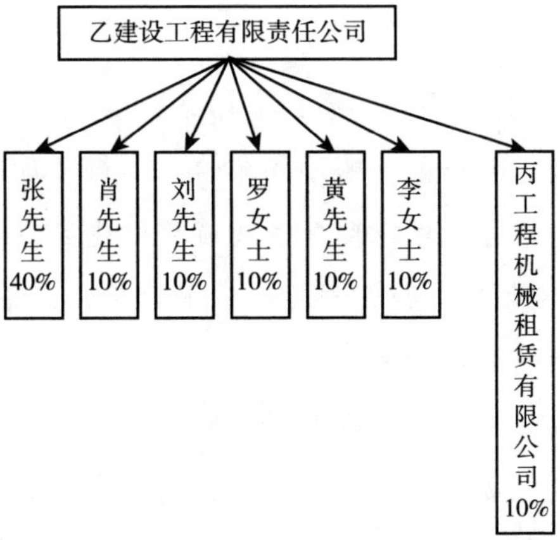

图4–16　乙建设工程有限责任公司股权架构

（三）丙工程机械租赁有限公司

丙工程机械租赁有限公司的法人代表也是张先生，成立日期为2016年10月17日，认缴注册资本1000万元，实缴注册资金0元，经营范围：建筑工程机械与设备租赁等。2021年12月31日，账上未分配利润-57万元，公司股权架构如图4-17所示。

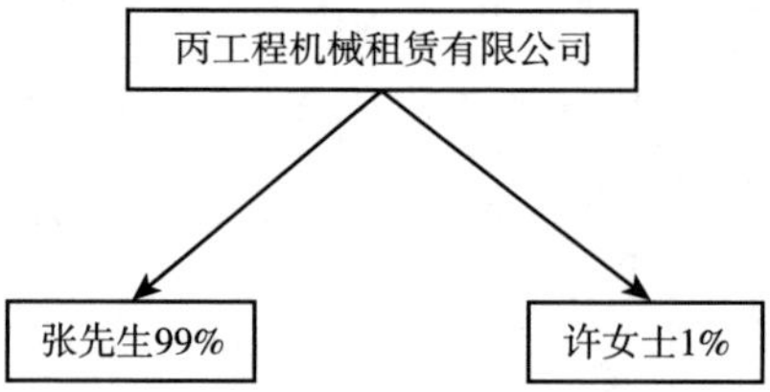

图4-17 丙工程机械租赁有限公司的股权架构

二、公司相应股权布局的“税务+法律”风险

（一）张先生担任多家公司的法人代表存在的法律风险分析

第一，不得参加同一标段投标或者未划分标段的同一招标项目投标，也不得参加同一合同项下的政府采购活动。

根据《政府采购法实施条例》第十八条的规定：“单位负责人为同一人或者存在直接控股、管理关系的不同供应商，不得参加同一合同项下的政府采购活动。”

《招标投标法实施条例》第三十四条明确规定：“单位负责人为同一人或者存在控股、管理关系的不同单位，不得参加同一标段投标或者未划分标段的同一招标项目投标。违反前两款规定的，相关投标均无效。”

《工程建设项目货物招标投标办法》第三十二条明确规定：“法定代表人为同一个人的两个及两个以上法人，母公司、全资子公司及其控股公司，都不得在同一货物招标中同时投标。”

单位负责人主要有两类。一是单位的法定代表人，指依法代表法人单位行使职权的负责人；二是按照法律、行政法规的规定代表单位行使职权的负责人，具体指代表法人单位行使职权的负责人。《公司法》第十条规定，公司的法定代表人依照公司章程的规定，由代表公司执行公司事务的董事或经理担任。

基于“一、相关公司基本情况介绍”可知，乙建设工程有限责任公司、丙工程机械租赁有限公司的法人代表都是张先生，即乙建设工程有限责任公司、丙工程机械租赁有限公司的单位负责人是同一人。

基于以上法律规定，乙建设工程有限责任公司、丙工程机械租赁有限公司不可以参加同一标段投标或者未划分标段的同一招标项目投标，也不得参加同一合同项下的政府采购活动。因此，从税法的角度来看，乙建设工程有限责任公司、丙工程机械租赁有限公司向同一个发包方开具增值税发票，是违法行为，特别是国有单位作为发包方的情况下，在财政审计一关就过不去！

第二，设立一人有限责任公司的股东不能证明公司财产独立于股东自己的财产的，应当对公司债务承担连带责任。

根据《公司法》第二十三条第三款的规定：“只有一个股东的公司，股东不能证明公司财产独立于股东自己的财产的，应当对公司债务承担连带责任。”

由于甲投资控股有限公司是自然人张先生独资的一人有限责任公司。虽然甲投资控股有限公司没有业务，但是今后发生业务的情况下，张先生不能证明，实践中也很难举证证明甲投资控股有限公司的公司财产独立于股东（张先生）自己的财产，因此，张先生应当对甲投资控股有限公司的债务承担连带责任。

出于法律风险规避的需要，建议自然人不要作为有限责任公司（赚钱公司）的直接持股股东，但可以作为企业管理咨询有限责任公司或技术服务有限责任公司（家族公司：不发生经济业务，不对外开具发票，只是持股平台）的直接持股股东。

第三，一个自然人股东持股的多家公司（赚钱公司）会导致公司的法律风险相互波及和传染。

由于张先生分别持股甲投资控股有限公司、乙建设工程有限责任公司、丙工程机械租赁有限公司，而且都是以上三家公司的法人代表，只要其中一家公司出现法律风险，该家公司的法律风险一定会传递到其他两家公司，甚至会波及张先生的家庭成员。

第四，自然人持股赚钱公司不利于原始创始人或老板掌握公司的控制权，甚至可能会丧失公司的控制权。

根据《公司法》第六十六条第三款的规定：“股东会作出修改公司章程、增加或者减少注册资本的决议，以及公司合并、分立、解散或者变更公司形式的决议，应当经代表三分之二以上表决权的股东通过。”

根据《中华人民共和国公司法》第六十二条第二款的规定，代表公司百分之十以上表决权的股东，具有召开临时股东（大）会的权利。

《公司法》第一百三十五条规定：“上市公司在一年内购买、出售重大资产或者担保金额超过公司资产总额百分之三十的，应当由股东大会作出决议，并经出席会议的股东所持表决权的三分之二以上通过。”

基于以上《公司法》的规定，老板或原始创始人持有公司股权比例的67%、51%分别称为绝对控制权线、相对控制权线。

由于乙建设工程有限责任公司存在7个股东（6个自然人股东，一个法人股东），股权过于分散，人多关系复杂，没有一个服众的核心人物，就会导致一盘散沙。张先生持有乙建设工程有限责任公司40%的股权比例，只是拥有一票否决权，对公司没有绝对控制权和相对控制权。

（二）自然人持股乙建设工程有限责任公司、丙工程机械租赁有限公司的股权布局的税务风险：税负重

第一，自然人股东从持股的乙建设工程有限责任公司、丙工程机械租赁有限公司**分回的股息、红利等权益性投资收益必须依法按照20%的比例税率征个人所得税。**

根据《个人所得税法》第二条第（六）项和第三条的规定，利息、股息红利所得应当缴纳个人所得税，适用比例税率为20%。因此，如果自然人或个人作为创业公司或实业公司的股东，则自然人股东从创业公

司或实业公司分配回来的股息、红利必须依法按照20%的比例税率征个人所得税。

第二，自然人股东作为乙建设工程有限责任公司、丙工程机械租赁有限公司的股东，乙建设工程有限责任公司、丙工程机械租赁有限公司的未分配利润转增资本或用于投资，必须依法按照20%的比例税率征个人所得税。

根据《国家税务总局关于进一步加强高收入者个人所得税征收管理的通知》（国税发〔2010〕54号）第二条第（二）项第1点的规定：“加强企业转增注册资本和股本管理，对以未分配利润、盈余公积和除股票溢价发行外的其他资本公积转增注册资本和股本的，要按照“利息、股息、红利所得”项目，依据现行政策规定计征个人所得税。”

因此，自然人股东以乙建设工程有限责任公司、丙工程机械租赁有限公司的未分配利润转增资本或投资必须依法按照20%的比例税率征个人所得税。

第三，自然人股东作为乙建设工程有限责任公司、丙工程机械租赁有限公司股东，从核心公司（被投资法人公司）借钱消费，自借款发生后12个月内未归还，必须依法按照20%的比例税率征个人所得税。

根据《财政部 国家税务总局关于规范个人投资者个人所得税征收管理的通知》（财税〔2003〕158号）第二条的规定：“纳税年度内个人投资者从其投资企业（个人独资企业、合伙企业除外）借款，在该纳税年度终了后既不归还，又未用于企业生产经营的，其未归还的借款可视为企业对个人投资者的红利分配，依照“利息、股息、红利所得”项目计征个人所得税。”

根据《国家税务总局关于印发〈个人所得税管理办法〉的通知》（国税发〔2005〕120号）第三十五条第（四）项的规定：“加强个人投资者从其投资企业借款的管理，对期限超过一年又未用于企业生产经营的借款，严格按照有关规定征税。”基于此文件规定，并按照新法优于旧法的原则，对老板或股东借款自借款之日起超过一年，且又未用于企业生产经营的，必须依法按照20%的比例税率征个人所得税。

根据《财政部 国家税务总局关于企业为个人购买房屋或其他财产征收个人所得税问题的批复》(财税〔2008〕83号)的规定：“符合以下情形的房屋或其他财产，不论所有权人是否将财产无偿或有偿交付企业使用，其实质均为企业对个人进行了实物性质的分配，应依法计征个人所得税。

(1)企业出资购买房屋及其他财产，将所有权登记为投资者个人、投资者家庭成员或企业其他人员的；

(2)企业投资者个人、投资者家庭成员或企业其他人员向企业借款用于购买房屋及其他财产，将所有权登记为投资者、投资者家庭成员或企业其他人员，且借款年度终了后未归还借款的。”

因此，根据以上税法的规定，得出以下两点结论：

一是自然人股东从乙建设工程有限责任公司、丙工程机械租赁有限公司借入资金用于消费，自借款发生后12个月内未归还，且又未用于企业生产经营的，其未归还的借款可视为企业对个人投资者的红利分配，依照“利息、股息、红利所得”项目计征个人所得税。

二是自然人股东从乙建设工程有限责任公司、丙工程机械租赁有限公司借入资金用于购买房屋及其他财产，将所有权登记到自然人股东名下，且自借款发生后12个月内未归还的，视为企业对个人投资者的红利分配，依照“利息、股息、红利所得”项目计征个人所得税。

三、乙建设工程有限责任公司的股权布局控税设计策略和操作要点

(一)第一步：设立一家“家族企业”：某某企业管理咨询有限责任公司

以张先生及其家庭一员(例如张先生的儿子、女儿、父亲)共同出资设立一家“某某企业管理咨询有限责任公司”，实缴注册资本为10万元以内。其中张先生占股权80%、其家庭一员占20%。

(二)第二步：将乙建设工程有限责任公司的现有5个自然人股东

和第一步设立的家族企业共同认缴出资份额1000万元，设立一家“股权持股平台”：某某有限合伙企业。

实操要点：

1.将第一步设立的“家族企业”某某企业管理咨询有限责任公司注册为“股权持股平台”某某有限合伙企业的普通执行事务合伙人（GP），占有某某有限合伙企业的投资份额为0.2%（即出资份额为2万元）。

2.乙建设工程有限责任公司的原5名自然人股东注册为“股权持股平台”某某有限合伙企业的有限合伙人（LP），占有某某有限合伙企业的投资份额为99.8%（即出资份额为998万元）。

3.乙建设工程有限责任公司的原5个自然人股东各自在某某有限合伙企业里认缴的出资份额都是199.6万元（998万元 ÷ 5）。

4.根据《合伙企业法》第六十九条的规定：“有限合伙企业不得将全部利润分配给部分合伙人；但是，合伙协议另有约定的除外。”基于此规定，乙建设工程有限责任公司的原5个自然人股东、第一步设立的“家族企业”某某企业管理咨询有限责任公司签订的合伙协议可以约定：某某有限合伙企业的利润全部分给罗女士等5个自然人合伙人，某某企业管理咨询有限责任公司不参与利润分配。同时约定：某某企业管理咨询有限责任公司（GP）享有某某有限合伙企业所有的管理权、决策权、控制权，而罗女士等5个自然人合伙人（LP）只享有某某有限合伙企业的收益分配权，不享有管理权、决策权、控制权。

（三）第三步：将甲投资控股有限公司重组为一家防火墙公司

操作要点：

1.将自然人股东张先生100%持有的甲投资控股有限公司的股权，以0元转让价格全部转让给第一步设立的“家族企业”某某企业管理咨询有限责任公司。致使“家族企业”某某企业管理咨询有限责任公司100%持股甲投资控股有限公司。

法律依据：根据国家税务总局2014年第67号公告的规定，甲投资控股有限公司没有开展业务，注册资本是认缴制，公司净资产为零，按照0元进行股权转让，不缴纳个人所得税和印花税。

2.将甲投资控股有限公司的认缴注册资本由1000万元减资到100万元。

在实际操作过程中，设立防火墙公司必须注意4个原则：

第一个原则：防火墙公司必须注册为有限责任公司。

第二个原则：防火墙公司的注册资本必须实缴制而不能认缴制。

第三个原则：防火墙公司注册的经营范围：企业管理、企业计算服务、投资管理、企业策划、企业形象设计、企业财税培训、财税咨询等。

第四个原则：防火墙公司的注册资本不能大，一般控制在100万元以上（含100万元），200万元以下（含200万元）。根据《公司法》的规定，防火墙公司从下面或其直接投资的赚钱公司分回的投资收益，必须按照分回投资收益的10%计提法定盈余公积，积累的法定公积金达到注册资本的50%时就不计提。因此，防火墙公司注册资本越大，防火墙公司账上计提积累的法定盈余公积越大，该笔盈余公积提不出来，没办法提到防火墙公司上层的家族企业里，从而造成资金的浪费和闲置。

基于以上分析，建议将甲投资控股有限公司的认缴注册资本1000万元减资到100万元。当然，如果不进行认缴注册资本减资也可以，就保留认缴注册资本1000万元，但是该防火墙公司的100%持股股东家族企业必须借钱充实防火墙公司的注册资本。

（四）第四步：让乙建设工程有限责任公司的六个自然人股东和一个法人股东共同签订一份《股东分红协议》（签订时间写为：2017年9月）。

协议约定：2018年—2023年间，乙建设工程有限责任公司**产生的未分配利润全部分给**丙工程机械租赁有限公司，六个自然人股东不参与未分配利润分配。2024年后的未分配利润，按照股权比例参与分配。

有关定向分红（同股不同酬）的法律依据分析如下：

1.《公司法》关于“分配红利”的规定及其分析

《公司法》第二百一十条第四款规定：“公司弥补亏损和提取公积金后所余税后利润，有限责任公司按照股东实缴的出资比例分配利润，全体股东约定不按照出资比例分配利润的除外；股份有限公司按照股东所持有的股份比例分配利润，公司章程另有规定的除外。”

基于以上税收法律政策规定，有限责任公司在分配股息红利时，允许将公司的未分配利润只分配给某些股东，而另外一些股东可以放弃分红。即存在“同股不同酬”现象，但是必须满足两个前提条件：一是有限责任公司有未分配利润可分配；二是在《股东投资协议》或《公司章程》或全体股东一致签字同意的《股东分红协议》中约定**“全体股东不按照出资比例分取红利，只将公司可分配的未分配利润分配给一部分股东，其他股东放弃分红”**。

2.《企业所得税法》及其实施条例关于“分配红利免税”的规定及其分析。

《公司法》第二百一十条第四款规定：“公司弥补亏损和提取公积金后所余税后利润，有限责任公司按照股东实缴的出资比例分配利润，全体股东约定不按照出资比例分配利润的除外；股份有限公司按照股东所持有的股份比例分配利润，公司章程另有规定的除外。”

《企业所得税法》第二十六条第（二）项规定，符合条件的居民企业之间的股息、红利等权益性投资收益为免企业所得税收入。**《企业所得税法实施条例》**第八十三条规定：“企业所得税法第二十六条第（二）项所称符合条件的居民企业之间的股息、红利等权益性投资收益，是指居民企业直接投资于其他居民企业取得的投资收益。企业所得税法第二十六条第（二）项和第（三）项所称股息、红利等权益性投资收益，不包括连续持有居民企业公开发行并上市流通的股票不足12个月取得的投资收益。”**基于此税法规定，对于被投资的有限责任公司而言，只要有限责任公司（被投资的居民企业）的法人股东，通过投资形式成为被投资居民企业的法人股东，与其投资多长时间没有任何关系，都可以享受被投资居民企业的分红所得。**

（五）第五步：乙建设工程有限责任公司的未分配利润定向分配到丙工程机械租赁有限公司

实操要点：

1.2023年上半年第一季度之内，**乙建设工程有限责任公司**做出股东分配利润的股东决议，将账上的未分配利润全部分给丙工程机械租赁有限公司。

2.依据《企业所得税法》第二十六条第（二）项的规定，**乙建设工程有限责任公司**的未分配利润分配到丙工程机械租赁有限公司，作为投资收益入账，在税法上免征企业所得税。

（六）第六步：将**乙建设工程有限责任公司**的现有其他5个自然人股东和张先生的股权平价分别转让给某某有限合伙企业、甲投资控股有限公司（防火墙公司）

实操要点：

1.将**乙建设工程有限责任公司**的现有其他5个自然人股东占有的共50%的股权按照净资产0元定价（未缴纳的注册资本1000万元，由股权受让方某某有限合伙企业履行出资缴足的义务，实缴注册资本为0元，未分配利润为0元）转让给某某有限合伙企业。

2.根据国家税务总局2014年第67号公告的规定，某某有限合伙企业依法代扣代缴5个自然人股东股权转让的个人所得税共0元（0元×20%）和印花税0元（0元×0.05%）。

3.将张先生持有的**乙建设工程有限责任公司40%的股权按照净资产定价633927.2元（0元×40%+633927.2元）转让给**甲投资控股有限公司（防火墙公司），甲投资控股有限公司（防火墙公司）继续履行张先生未缴足的出资义务。

4.根据国家税务总局2014年第67号公告的规定，某某有限合伙企业依法代扣代缴张先生个人股权转让的个人所得税共0元[（股权转让定价633927.2元－投资成本633927.2元）×20%]和印花税317元（633927.2元×0.05%）。

（七）第七步：乙建设工程有限责任公司现有的三个股东修改《公司章程》、签订《股东投资协议》和《股东分红协议》：约定增资和分红事宜

实操要点：

1.约定增资事宜：**乙建设工程有限责任公司**的三个股东一致同意修改《公司章程》**或签订《股东投资协议》**，新的《公司章程》或**《股东投资协议》**规定：一是**乙建设工程有限责任公司**在出现公司增资时，公司内部股东有优先认缴出资权利，公司内部股东各自不按照其实缴的出资比例和认缴的出资比例出资。二是甲投资控股有限公司（防火墙公司）、某某有限合伙企业放弃优先认缴出资权利，出资后，股东各自按照新的认缴出资额计算出资比例。

法律依据：《公司法》第二百一十条第四款规定：“公司弥补亏损和提取公积金后所余税后利润，有限责任公司按照股东实缴的出资比例分配利润，全体股东约定不按照出资比例分配利润的除外；股份有限公司按照股东所持有的股份比例分配利润，公司章程另有规定的除外。”

2.**乙建设工程有限责任公司**的三个股东，即甲投资控股有限公司（防火墙公司）、丙工程机械租赁有限公司和某某有限合伙企业一致同意修改《公司章程》**或签订《股东分红协议》**，新的《公司章程》或**《股东分红协议》**规定：增资后，各自股东的认缴出资比例发生变化，但是不按照实缴出资比例分红，具体分红比例如下：某某有限合伙企业的分红比例为50%，甲投资控股有限公司（防火墙公司）、丙工程机械租赁有限公司按照增资后变化的认缴出资比例分红。

法律依据：

《公司法》第二百一十条第四款规定：“公司弥补亏损和提取公积金后所余税后利润，有限责任公司按照股东实缴的出资比例分配利润，全体股东约定不按照出资比例分配利润的除外；股份有限公司按照股东所持有的股份比例分配利润，公司章程另有规定的除外。”

基于以上税收法律政策规定，有限责任公司在分配股息红利时，允许将公司的未分配利润只分配给某些股东，而另外一些股东可以放弃分红。即存在“同股不同酬”现象，但是必须满足两个前提条件：一是有限责任公司有未分配利润可分配；二是在《股东投资协议》或《公司章程》或全体股东一致签字同意的《股东分红协议》中约定“全体股东不按照出资比例分取红利，只将公司可分配的未分配利润分配给一部分股东，其他股东放弃分红或少分红”。

（八）第八步：到乙建设工程有限责任公司管辖区的市场监督管理局办理工商变更手续

经过以上八步后的股权布局如图4-18所示。

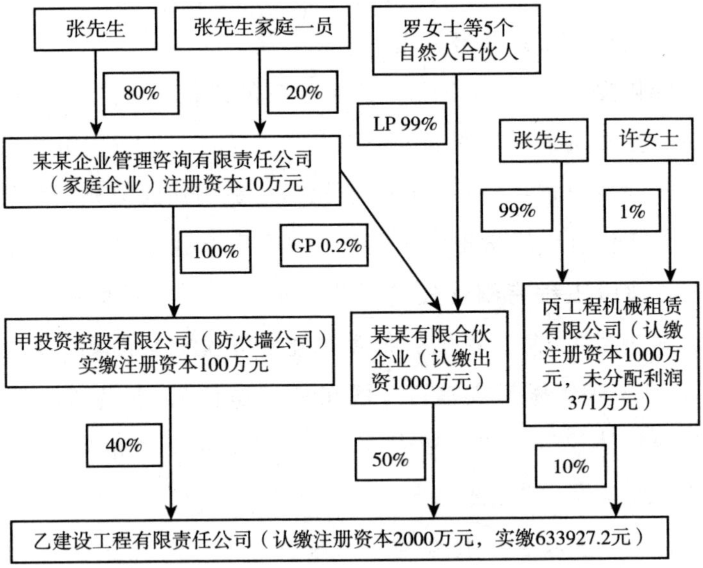

图4-18　乙建设工程有限责任公司的股权布局

（九）第九步：丙工程机械租赁有限公司弥补累计5年内的亏损

实操要点：

2023年6月，丙工程机械租赁有限公司从**乙建设工程有限责任公司分回的投资收益，在财务上作投资收益，用于弥补丙**工程机械租赁有限公司5年内累计发生的亏损57万元，账上还剩未分配利润314万元。

（十）第十步：将丙工程机械租赁有限公司账上的全部未分配利润314万元（笔者提醒：该未分配利润以丙工程机械租赁有限公司弥补亏损后的实际数据为准）对乙建设工程有限责任公司进行增资。

实操要点：

1.乙建设工程有限责任公司的三个股东：甲投资控股有限公司（防火墙公司）、丙工程机械租赁有限公司和某某有限合伙企业，一致签字确认公司增资的股东决议。

2.按照股东各自认缴的出资额重新计算股东在乙建设工程有限责任公司的出资比例。

假设丙工程机械租赁有限公司以其弥补亏损后，实际用于增资的未分配利润为A万元。则**乙建设工程有限责任公司**增资后的注册资本为（2000万元+A万元）。股东各自的出资比例如下：

（1）甲投资控股有限公司（防火墙公司）认缴的出资比例为800÷（2000+A）×100%；

（2）丙工程机械租赁有限公司认缴的出资比例为（200+A）÷（2000+A）×100%；

（3）某某有限合伙企业认缴的出资比例为1000÷（2000+A）×100%。

通过以上第九步弥补亏损，第十步的增资后的股权布局如图4-19所示。

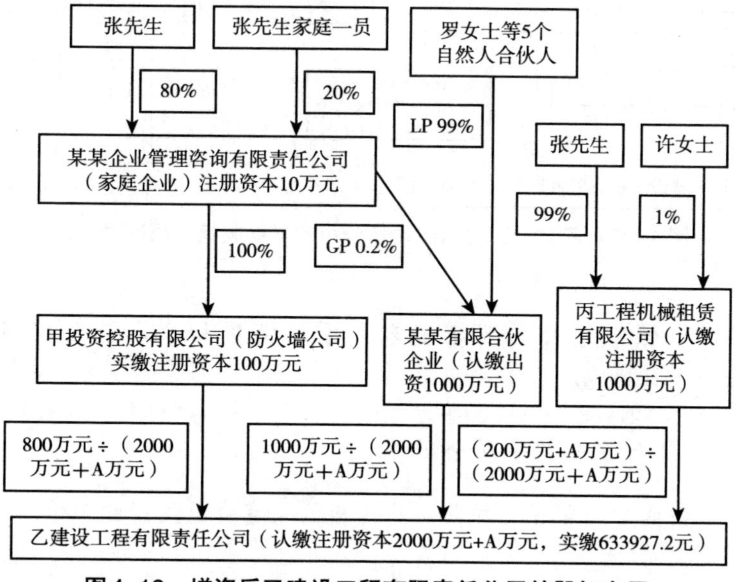

图4-19　增资后乙建设工程有限责任公司的股权布局

（十一）第十一步：将张先生持有丙工程机械租赁有限公司99%的股权按照净资产转让给第一步设立的"家族企业"某某企业管理咨询有限责任公司。

由于丙工程机械租赁有限公司注册资本是认缴制，且该公司一直处于亏损状态，而且经过分回投资收益、弥补亏损、转增资本等法律程序，账上的未分配利润为0。因此，按照净资产0元转让股权，不缴纳自然人股权转让的个人所得税和印花税。

乙建设工程有限责任公司最终的股权布局控税设计如图4-20所示。

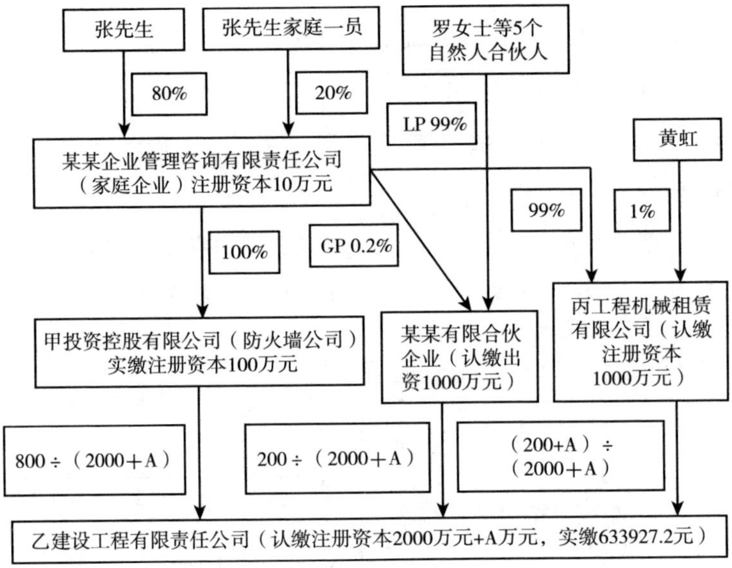

图4-20　乙建设工程有限责任公司的最终股权布局控税设计

四、钱袋子公司可实现老板家庭消费和个人消费少缴税的股权布局设计策略

（一）什么是钱袋子公司

所谓的"钱袋子公司"是指老板的家庭成员注册的个体工商户、个人独资企业。

（二）个体工商户、个人独资企业的税负

1.依据现有税法的规定，小规模的增值税纳税人（年销售额500万元以下，含500万元），按照3%征收率计征增值税。《关于增值税小规模纳税人减免增值税政策的公告》（财政部 税务总局公告2023年第19号）规定，自2023年1月1日至2027年12月31日，合计月销售额在10万元（含本数）以下，季度销售额30万元（含本数）以下，免征增值税。增值税小规模纳税人适用3%征收率的应税销售收入，减按1%征收率征收增值税；适用3%预征率的预缴增值税项目，减按1%预征率预缴增值税。

2.依据《中华人民共和国民法典》和《企业所得税法》的规定，个体工商户和个人独资企业不是法人单位，不缴纳企业所得税，只是按照5%—35%的五档累进税率缴纳经营所得的个人所得税。

3.个体工商户、个人独资企业依法缴纳经营所得的个人所得税后，税后收入直接从公账户转入个体工商户业主和个人独资企业投资者的私人账户是合法的“公转私”。

（三）解决老板家庭消费和个人消费合法节税的股权布局设计策略

第一步：注册个体工商户和个人独资企业（钱袋子公司）。

由老板张先生的家庭成员（该家庭成员在第一条股权布局设计路线的股权架构的公司中不可以担任任何职务）注册设立两家个体工商户或个人独资企业，专门从事建筑辅料或很难取得采购发票的辅材采购，或专门从事建筑劳务中的某一工种的专业作业劳务的业务。

第二步：将乙建设工程有限责任公司的辅助业务外包给钱袋子公司。

通过第一步设立的企业股权布局中的最底层的乙建设工程有限责任公司（赚钱公司），将一部分辅料采购、专业作业劳务外包给第一步设立的个体工商户和个人独资企业（钱袋子公司）。

第三步：钱袋子公司在“四流一致”情况下，开票给乙建设工程有限责任公司。

将第一步设立的个体工商户和个人独资企业在真实业务发生且符合

“四流一致”的情况下，开发票给**乙建设工程有限责任公司**。

第四步：合法的公转私，将个人独资企业和个体工商户的钱从其公账上转入个人独资企业投资者和个体工商户业主账户。

通过以上股权布局控税设计策略，最终版的股权布局如图4–21所示。

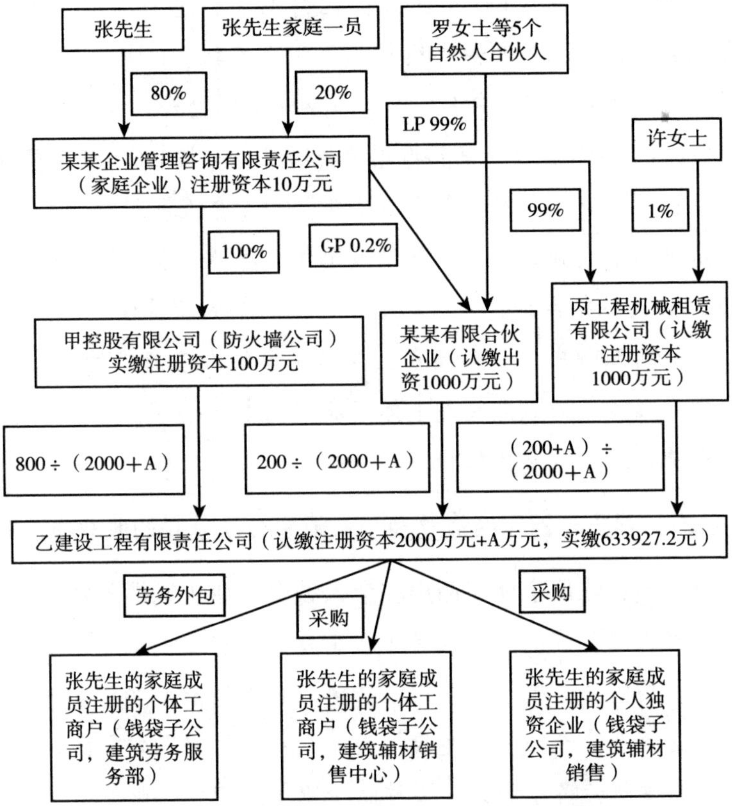

图4–21　乙建设工程有限责任公司最终版股权布局

五、公司控制权和合法控税分析

（一）公司控制权分析

（1）张先生持有某某企业管理咨询有限责任公司（家族企业）80%的股权，是家族企业的实际控制人。

（2）某某企业管理咨询有限责任公司（家族企业）是某某有限合伙

企业的GP，是该股权持股平台某某有限合伙企业的实际控制人。

（3）某某企业管理咨询有限责任公司（家族企业）100%持股甲投资控股有限公司（防火墙公司），张先生间接控制甲投资控股有限公司（防火墙公司）80%的股权，大于绝对控制线67.7%。

因此，张先生通过甲投资控股有限公司（防火墙公司）间接掌握了**乙建设工程有限责任公司**的控制权。

（4）张先生通过某某有限合伙企业间接掌握了**乙建设工程有限责任公司**的控制权。

（5）张先生通过丙工程机械租赁有限公司间接掌握了**乙建设工程有限责任公司**的控制权。

因此，张先生最终掌握了乙建设工程有限责任公司的控制权。

（二）节税分析

1. **乙建设工程有限责任公司**的未分配利润分配到甲投资控股有限公司（防火墙公司）免征企业所得税。

2. 甲投资控股有限公司（防火墙公司）依法计提法定公积金后，再分配到某某企业管理咨询有限责任公司（家族企业）的未分配利润免征企业所得税。

3. **乙建设工程有限责任公司**的未分配利润分配到某某有限合伙企业，根据财税〔2008〕159号文件第二条的规定，合伙企业本身不缴税，合伙企业的合伙人是纳税义务人。如果合伙企业的合伙人是自然人，则按照“利息、股息、红利所得”税目依法申报缴纳20%的个人所得税。因此，**乙建设工程有限责任公司**的未分配利润分配到某某有限合伙企业时，该某某有限合伙企业本身不缴纳税，由罗女士等5个自然人自己申报缴纳个人所得税。

4. 丙工程机械租赁有限公司从**乙建设工程有限责任公司**分回来的未分配利润免征企业所得税，依法计提法定公积金后，再分回某某企业管理咨询有限责任公司（家族企业）也免征企业所得税。

5.某某企业管理咨询有限责任公司（家族企业）从**乙建设工程有限责任公司分回的股息和红利主要用于以下支出是免税的：**

第一，用于家庭成员发工资、缴纳社保费用，作为家族企业的费用列支。

第二，用于投资设立别的公司的投资款。

第三，用于购买家庭成员的车辆，车辆产权在家族企业名下，车辆的保险费用、油费、修理费用、停车费用，都可以在家族企业作成本费用报销。

第四，将现金资产委托给信托公司进行运营，信托收益给予指定的家庭成员免个人所得税。

第五，将现金资产用于购买不动产，产权登记在家族企业名下，然后交给信托公司运营，信托收益给予指定的家庭成员免个人所得税。

第六，用于给乙建设工程有限责任公司转增资本，增加乙建设工程有限责任公司的注册资本免税。

以上是通过家族企业解决老板从**乙建设工程有限责任公司分回的股息和红利，用于投资消费免税的问题。**

另外，解决老板家庭消费和其他个人支出的钱来自以下渠道：

第一，老板家庭成员可以通过与家族企业签订劳动合同，给其发工资，缴纳社保费用。

第二，通过钱袋子公司实现“公转私”合法化，解决各自个人消费支出。

第五章

股权搭建“税务+法律”风险破局：以增资扩股方式引进新投资者

企业在引进新的投资者时经常面临两种方式：一是股权转让方式；二是增资扩股方式。在以上两种引进新的投资者方式中，如果选择股权转让方式，则新股东的资金是支付给股东转让方，而且会涉及股权转让要缴纳所得税和印花税。如果选择增资扩股方式，则增资扩股方式不涉及任何税收问题，且新投资者的投资资金是支付给被投资企业，实现被投资企业融资的目的。因此，企业在选择引进新的投资者时，优先选择增资扩股方式。

第一节　引进新的投资者优先选择增资扩股的原因

一、增资扩股与股权转让的区别

（一）新投资者资金流向的区别

1.股权转让中的资金流向

股权转让业务是股权转让方将其持有的公司股权卖给股权受让方的民事买卖法律关系，新投资者的投入资金是股权受让方将投资资金直接支付给股权转让方，而不支付给股权转让方持有股权的公司。

2.增资扩股中的资金流向

增资扩股是一种通过股权融资的方式，是股权融资的公司与新投资者之间的权益资本融资的民事法律关系。新投资者的投入资金直接支付给股权融资的公司，而不支付给股权融资公司的原股东。

（二）是否缴纳税的区别

1.股权转让涉及纳税

在股权转让实践业务中，股权转让的定价分为：平价转让、折价转让、溢价转让。其中平价转让、折价转让股权的股权转让方不缴纳所得税，但要以股权转让价格为计税依据，按照0.05%的印花税税率，申报缴纳印花税。溢价转让股权的股权转让方必须以股权转让价格减去股权原始投资成本作为应纳税所得额，依法按照20%税率缴纳个人所得税（股权转让方是自然人股东的情况下），或者依照25%税率缴纳企业所得税（股权转让方是企业法人股东的情况下）。

2.增资扩股不缴纳税

在增资扩股的实践业务中，增资扩股分为平价增资、折价增资、溢价增资。在我国现有税法和税收政策的规定下，增资扩股业务不缴纳任何税收。

因此，从节约企业税收的角度而言，增资扩股比股权转让更省税，同时可以解决被投资公司的资金融资问题。

二、增资扩股不缴税的财税处理分析

在增资扩股融资实践中，增资扩股融资分为平价增资、溢价增资和折价增资三种情况。具体的财税处理如下：

（一）平价增资的财税处理

平价增资是指新投资者投入被投资企业的资金等于新投资者在被投资企业所占的投资比例乘以接受新投资者投资后的被投资企业的净资产公允价值，或者说，被投资企业的旧投资者在接受新投资者投资后的被投资企业所占的投资比例乘以接受新投资者投资后的被投资企业的净资产公允价值等于新投资者投资前的被投资企业的净资产公允价值。平价增资行为对被投资者企业的新旧股东都没有产生所得，因此都没有产生纳税义务。

【案例分析32：某企业新投资者平价增资后的财税处理分析】

（一）基本情况介绍

自然人C投资100万元成立B公司（即B公司的注册资本为100万元），持有B公司100%的股权，截至2024年12月31日，B公司的净资产账面价值为500万元，公允价值为800万元。为了扩大经营，自然人C计划引入新的战略投资者A进行增资扩股，增加注册资本。双方签订的增资协议如下：A投入200万元现金参股，A在B公司所占的股权比例按照A投入的资金占增资后的B公司净资产公允价值的比例确定（**假设按照出资比例配比股权比例**），即A占B公司的股权比例为20%[200÷（200+800）]。请分析该增资扩股业务的财税处理。

（二）B公司的会计处理

假定A投入的200万元在B公司内体现的实收资本为a，则a ÷（a +100）＝20%，解得a＝25（万元），因此，B公司的账务处理如下：

借：银行存款	2000000
贷：实收资本——A	250000
资本公积——资本溢价	1750000

（三）涉税处理分析

增资后，B公司的净资产为1000万元，其中，自然人C拥有B公司的净资产或权益为800（1000×80%）万元，与增资前B公司净资产的公允价值800万元是相等的；A拥有B公司的净资产或权益为200（1000×20%）万元，与增资时投入B公司的资金200万元是相等的。这就是所谓的“平价增资”行为。

本案例中，增资前，B公司的原股东自然人C将其实际占有B公司净资产公允价值的部分160（800×20%）万元转移给了新投资者自然人A的同时享有新投资者自然人A投入资金200万元中的160（200×80%）万元，即B公司原股东自然人C因为增资扩股并没有获得额外的利益或所得，没有产生纳税义务。同样A和被投资企业B公司也没有产生纳税义务。

（二）折价增资的财税处理

折价增资是指新投资者投入被投资企业的资金小于新投资者在被投资企业所占的投资比例乘以接受新投资者投资后的被投资企业的净资产公允价值，或者说，被投资企业的旧投资者在接受新投资者投资后的被投资企业所占的投资比例乘以接受新投资者投资后的被投资企业的净资产公允价值小于新投资者投资前的被投资企业的净资产公允价值。折价增资后的被投资企业以后发生股权转让时，计算股权转让所得的历史基础是不变的，而且股权转让价格是以后发生股权转让时点的公允价，不会发生国家税收流失问题。目前为止，折价增资后的被投资企业的新股东拥有的净资产溢价没有征税的法律依据，不征收所得税。

【案例分析33：某企业新投资者折价增资后的财税处理分析】

（一）基本情况介绍

自然人C投资100万元成立B公司（即B公司的注册资本为100万元），持有B公司100%的股权，截至2024年12月31日，B公司的净资产账面价值为500万元，公允价值为800万元。为了扩大经营，C计划引入新的战略投资者A进行增资扩股，增加注册资本。双方签订的增资协议如下：A以100万元资金参股，占B公司20%的股权比例（假设按照出资比例配比股权比例）。请分析该增资扩股业务的财税处理。

（二）B公司的会计处理

假定A投入的100万元在B公司内体现的实收资本为a，则a÷（a+100）=20%，解得a=25（万元），因此，B公司的账务处理如下：

借：银行存款　　1000000

　　贷：实收资本——A　　250000

　　　　资本公积——资本溢价　　750000

（三）涉税处理分析

增资后，B公司的净资产为900万元，其中，自然人C拥有B公司的净资产或权益为720（900×80%）万元，小于增资前B公司净资产的公允价值800万元，即少80万元；自然人A拥有B公司的净资产或权益为180（900×20%）万元，比增资时投入B公司的资金100万元多80万元。这就是所谓的“折价增资”行为。

本案例中，增资前，B公司的原股东自然人C将其实际占有B公司净资产公允价值的部分160（800×20%）万元转移给了新投资者自然人A的同时，享有新投资者自然人A投入资金100万元中的80(100×80%)万元，即B公司原股东自然人C因为增资扩股将其原拥有的B公司净资产公允价值的80（900×20%-100）万元转移给了A个人。增资后，C拥有B公司净资产公允价值的720（900×80%）万元，比增资之前的权益少了80万元；A拥有B公司净资产公允价值的180（900×20%）万元，比增资时投入的100万元资金多了80万元。

对B公司而言，其净资产的公允价值是900万元（增资前净资产公允价的800万元+增资的100万元），注册资本为125万元（其中自然人股东C的权益资本为100万元，A的权益资本为25万元）。这就意味着A少付出80万元获得B公司20%的股权，而A少付出的80万元是B公司原自然人股东C买的单。由于B公司以后发生股权转让时，计算股权转让所得的历史基础是不变的，而且股权转让价格是以后发生股权转让时点的公允价，不会发生国家税收流失问题。对于自然人股东A在B公司拥有的净资产公允价增加80万元，没有征税的法律依据，不征收个人所得税。

（三）溢价增资的财税处理

溢价增资是指新投资者投入被投资企业的资金大于新投资者在被投资企业所占的投资比例乘以接受新投资者投资后的被投资企业的净资产公允价值，或者说，被投资企业的旧投资者在接受新投资者投资后的被投资企业所占的投资比例乘以接受新投资者投资后的被投资企业的净资产公允价值大于新投资者投资前的被投资企业的净资产公允价值。溢价增资后的被投资企业以后发生股权转让时，计算股权转让所得的历史基础是不变的，而且股权转让价格是以后发生股权转让时点的公允价，不会发生国家税收流失问题。目前为止，溢价增资后的被投资企业的旧股东拥有的净资产溢价没有征税的法律依据，不征收所得税。

【案例分析34：某企业新投资者溢价增资后的财税处理分析】

（一）基本情况介绍

自然人C投资100万元成立B公司（即B公司的注册资本为100万元），持有B公司100%的股权，截至2024年12月31日，B公司的净资产账面价值为500万元，公允价值为800万元。为了扩大经营，C计划引入新的战略投资者A进行增资扩股，增加注册资本。双方签订的增资协议如下：A以100万元资金参股，占B公司1%的股权比例。请分析该增资扩股业务的财税处理。

（二）B公司的会计处理

假定A投入的100万元在B公司的体现的实收资本为a，则a ÷（a+100）＝1%，解得a＝1（万元），因此，B公司的账务处理如下：

借：银行存款　　1000000
　　贷：实收资本——A　　10000
　　　　资本公积——资本溢价　　990000

（三）涉税处理分析

增资后，B公司的净资产为900万元，其中，C拥有B公司的净资产或权益为891（900×99%）万元，大于增资前B公司净资产的公允价值800万元，即多91万元；A拥有B公司的净资产或权益为9（900×1%）万元，比增资时投入B公司的资金100万元少91万元。这就是所谓的“溢价增资”行为。

本案例中，增资前，B公司的原股东自然人C将其实际占有B公司净资产公允价值的部分8（800×1%）万元转移给了新投资者自然人A的同时，享有新投资者自然人A投入资金100万元中的99（100×99%）万元，即B公司原股东自然人C因为增资扩股而拥有B公司净资产公允价值的891（900×99%）万元，比增资之前的权益多了91万元；A拥有B公司净资产公允价值的9（900×1%）万元，比增资时投入的100万元资金少了91万元。

对B公司而言，其净资产的公允价值是900万元（增资前净资产公允价的800万元+增资的100万元），注册资本为101万元（其中自然人股东C的权益资本为100万元，A的权益资本为1万元）。这就意味着A多付出91万元获得B公司1%的股权，而A多付出的91万元是B公司原自然人股东C获得的额外收益。由于B公司以后发生股权转让时，计算股权转让所得的历史基础是不变的，而且股权转让价格是以后发生股权转让时点的公允价，不会发生国家税收流失问题。对于自然人C在B公司拥有的净资产公允价增加91万元，没有征税的法律依据，不征收个人所得税。

（四）涉税分析结论

关于增资扩股融资的涉税处理问题，总结如下：

第一，平价增资行为对被投资者企业的新旧股东都没有产生所得，因此，都没有产生纳税义务。

第二，折价增资后的被投资企业以后发生股权转让时，计算股权转让所得的历史基础是不变的，而且股权转让价格是以后发生股权转让时点的公允价，不会发生国家税收流失问题。目前为止，折价增资后的被投资企业的新股东拥有的净资产溢价没有征税的法律依据，不征收所得税。

第三，溢价增资后的被投资企业以后发生股权转让时，计算股权转让所得的历史基础是不变的，而且股权转让价格是以后发生股权转让时点的公允价，不会发生国家税收流失问题。目前为止，溢价增资后被投资企业的旧股东拥有的净资产溢价没有征税的法律依据，不征收所得税。

总之，在现有的税收政策的情况下，企业发生增资扩股的环节，无论怎样增资，只要没有发生资本溢价转增资本的情况下，都不发生纳税义务。

第二节　增资扩股的股权布局控税搭建

一、增资扩股中应分“股份”而不分“股权”

在企业增资扩股的实践操作过程中，融资企业给股权投资者到底是分“股权”还是分“股份”呢？如果分“股权”，则原始股东的股权将会被稀释而失去公司的控制权；如果分“股份”，则会调动新的股权投资者投资的积极性！为什么呢？因为分“股权”是做“减法”，而分“股份”则是做“加法”。具体分析如下。

（一）股份和股权的区别

1.概念不同

股权是股东基于其股东资格所享有的，从公司获得经济利益并参与公司经营管理的权利。或者说，股权是财产所有权的一部分，是指股东通过出资或受让等合法方式拥有公司股份或出资份额，并因此享有参与公司管理决策、享受利润分红的可转让权利。一般而言，股权包括以下权利：股东身份权、参与决策权，选择、监督权、知情权、优先受让、认购新股权，诉讼和代位诉讼权，退出权、召开临时会议权。

股份是公司资本的最基本单位，代表股东对公司的部分拥有权，它包含三层含义：股份是公司资本的构成成分；股份代表了股份有限公司股东的权利与义务；股份可以通过股票价格的形式表现其价值。上市的股份有限公司的股份表现形式是股票。如果公司按出资比例配置股权比例的情况下，则“股权”等于“股份”，否则，“股权”不等于“股份”。

2.适用公司形式不同

公司分为股份有限公司和有限责任公司两种形式。“股权”只适用于有限责任公司，而“股份”只适用于股份有限公司，**只有股份有限公司才有“股份”，有限责任公司没有“股份”**。股份有限公司记载股份总额、每股金额和注册资本，股东以认购的股份为限承担责任，默认按股份比例行使权利和获得分红。

3.股份的称呼形式

由于有限责任公司不存在“股份”，只存在“股权”，所以，将有限责任公司改制为股份有限公司后（简称为“股改”），才存在“股份”。如果有限责任公司不进行改制，则可以实行“虚拟股份”，将有限责任公司的资本金额折算成股份数量。

“股份”的称呼形式有两种：一是按照“百分比”称呼；二是按照“股数”称呼。笔者建议按照“股数”称呼。

例如，一个股份有限公司的资本总额为1亿元，按照每股1元，换算为1亿股份。公司决策层决定给一位对公司有突出贡献的经理实行股权激励，给予其0.1%的股份，获得10万股，显然该经理对外称“公司给我10万股股份”比“公司给我0.1%的股份”更有面子。

（二）对外增资扩股分“股份”不分“股权”的实操案例

有限责任公司因新的股东投资者增资扩股而给予其“股权”必然会使公司原始股东或大股东的股权比例被稀释，遭到有限责任公司原来股东的不满和反对，因为严重情况下会致使有限责任公司的大股东失去公司的控制权。**而给予新的投资者“股份”，有限责任公司原股东在公司占有的股份股数保持不变，并且会增值，则增资扩股举措容易得到有限责任公司原股东的同意。**

例如，公司注册资金为5000万元的某某有限责任公司有原始股东甲、乙、丙，其占有的股权比例分别为70%、20%、10%。公司总共5000万股，每股1元，甲、乙、丙占有的股份数量分别为3500万股、1000万股、500万股。投资者丁向某某有限责任公司投资3000万元，要占20%的股份，请问公司应给丁分“股份”还是分“股权”？

第一，如果分“股权”，则某某有限责任公司的原股东甲、乙、丙要同比例稀释20%的股权比例。因此，增资扩股后的甲、乙、丙各自股权比例分别为56%（70%×80%）、16%（20%×80%）、8%（10%×80%）。原来的股东肯定不乐意，会影响合伙人之间的工作协同和默契度。

第二，如果分“股份”，则某某有限责任公司应向投资者丁扩股的股份数或者投资者丁应获得的股份数=5000÷（1–20%）×20%=1250（万股）。

某某有限责任公司增资扩股后的总股份数=5000+1250=6250（万股）。

某某有限责任公司融资后的注册资金由原来的5000万元调整到8000万元，公司的股价为每股1.28元（8000万元÷6250万股）。

原股东甲、乙、丙在某某有限责任公司的总股份数量保持不变，还是分别为3500万股、1000万股、500万股。而且甲、乙、丙在某某有限责任公司的账面价值或净值分别为：4480万元（3500万股×1.28元）、1280万元（1000万股×1.28元）、640万元（500万股×1.28元）。

原股东甲、乙、丙在某某有限责任公司的持股比例分别为：56%（3500万股÷6250万股）、16%（1000万股：÷6250万股）、8%（500万股÷6250万股）。

从以上数据分析可知，采用分“股份”的方式，虽然原股东甲、乙、丙在某某有限责任公司的持股比例分别下降，但是原股东甲、乙、丙在某某有限责任公司占有的股份数量未变，而且其净值增加。

二、对外增资扩股的股权布局控税搭建策略

（一）关于融资的两个专业术语

1.投前估值（Pre-Money Valuation），也就是企业在VC投资前，值多少钱。

2.投后估值（Post-Money Valuation），也就是企业在VC投资后，值多少钱。投后估值=投前估值+融资额。

如果一家企业融资300万元，投前估值为700万元，投后估值就是1000万元。投资人投300万元，就可以占30%（300÷1000），创始人团队占70%。

（二）股权布局控税搭建原则：保持大股东地位，保留一票否决权

公司进入到高速发展期，一定会受到资金的瓶颈制约，需要对外进行融资，特别是进行股权融资，而公司对外进行股权融资的表现形式往往是增资扩股。在增资扩股过程中，公司的原始股东或大股东将因股权稀释而面临失去公司控制权的危险。**因此，公司的大股东在增资扩股的股权融资过程中，必须保持大股东地位，保留一票否决权。**

（三）增资扩股前后的被投资企业各股东占有的股权比例分配及其原因分析

1.经过增资扩股的股权融资后，公司的原始创始大股东的股权比例必须大于33.4%（一票否决权线）。

只有大股东持有一票否决权，才可以掌握公司的控制权。如果增资扩股后的大股东股权比例达不到33.4%以上，则必须修改公司章程，在公司章程中设计控权和控人规则，确保原始大股东不失去公司控制权。

2.对外融资前的公司必须预留10%—15%或5%—20%的“股权池”或“期权池”，**作为招募未来人才的筹码，而不是增资扩股同比例稀释其他股东的股权比例，**以防今后投资者投入资金后对投资者的股权比例产生稀释。

3.公司上市前的风险投资在选择对其增资扩股前，会很关心公司原始团队的稳定性，因此，融资前的公司原始团队持有公司的股权比例大概为20%。

4.融资前企业的股权结构大致为：企业创始（50%—60%）+期权池（5%—20%）+合伙人（10%—20%）。尽量不要出现创始人50%、合伙人40%、其他小股东各占5%的股权结构。

5.在融资前，企业的股东分配股权时一定要遵循一个控股原则：（2+3）<1。即公司的二股东与三股东的股权加起来不超过企业创始人的股权。

（四）增资扩股后，股东持股比例的计算

一般情况下，增资扩股存在以下两种方式：一是公司原股东自行内部增资；二是对外增资扩股。这两种增资方式下的股东持股比例计算方法不一样，具体分析如下。

1.由股东自行内部增资后的股东持股比例的两种计算方法

第一种方法：公司原股东可按照自己所占股权比例增资，增资后股权比例不发生改变。

例如：某公司注册资本为100万元，甲、乙两位股东各占50%的股份。一年后决定增资扩股，将注册资本增至300万元。甲、乙两位股东按比例各认缴增资100万元，增资后注册资本达到300万元。

由于甲、乙双方出资增资的比例与本身所持股权比例相同，因此，双方股权均不发生改变。

第二种方法：公司原股东未能按照所占股权比例增资，则需要按照协议重新计算并分配股权。

例如：某公司注册资本为100万元，甲股东出资60万元占60%的股份，乙股东出资40万元占40%的股份。两位股东商议决定将注册资本增至300万元，甲股东认缴50万元，乙股东认缴150万元。如果按照出资比例计算股

份比例，则甲股东总出资额为110万元，占公司增资后注册资本的36.67%（110÷300×100%），乙股东总出资额为190万元，占公司增资后注册资本的63.33%。

2.对外增资扩股后的股东持股比例的两种计算方法

在发生对外增资扩股的情况下，股东持股比例计算有以下两种方法：

第一种方法：通过评估得出公司的市值，以此市值为基数，为新股东计算股份，计算出新股东占有公司的股份比例，然后同比例稀释原股东的股份比例。这既不会对创始人股东造成大量的稀释，也能让新股东满意。

例如：某公司注册资本为100万元，甲股东出资60万元占60%的股份，乙股东出资40万元占40%的股份。天使投资李总看准该企业，决定投资300万元入股，要求占10%的股份，则甲、乙的股权同比例稀释10%，稀释后的甲的股份比例为54%（60%×90%），乙的股份比例为36%（40%×90%）。

第二种方法：股东协商分配股权比例。

由于后期注资的股东本身已经躲过了企业风险最高的阶段，注资后，是否参与公司的管理与运营都是股权分配时需要考虑的关键因素。因此，股东协商决定分配合理的股权给予投资人是非常实用的一种手段。

例如：某公司注册资本为100万元，甲股东出资60万元占60%的股份，乙股东出资40万元占40%的股份。天使投资李总看准该企业，决定投资300万元入股，经甲、乙、李总三人协商一致同意：甲、乙、李总的股份比例分别为56%、34%、10%，李总不参与公司的经营管理，只享受公司的收益分红权。

在股权融资实践中，给予新股东的股权比例多少才合适，必须注意以下几点：

第一，对于初创企业而言，给投资人的股权比例不宜过多。一般第一轮融资后，给予新股东的股权比例为8%—25%。

第二，对发展方向比较好、创业团队优秀的公司，最多给投资人不超过30%的股权，一般给10%—20%。

第三，企业发展起来之后，会有风投公司进行投资，公司给出的股权一般为20%—30%。

第四，公司发展壮大后，在上市前还要进行几轮融资，在每轮融资中，公司一般给出10%左右的股权，一直到上市为止。

【案例分析35：股权融资后的股权结构变动分析】

（一）基本情况介绍

1. 第一轮融资：天使B投入200万元

2019年8月，甲、乙、丙三人成立一家公司A，注册资金50万元，1元/股，共50万股，三个股东均分股份。2020年9月，公司A拟向天使B融资200万元，出让股份10%。问公司A应向B发行多少股份？公司A新增注册金200万元后的股价为多少？甲、乙、丙的股份净值或账面价值为多少？比前一年公司刚成立时增长了多少？公司A的股权结构如何？

2. 第二轮融资：A轮融资2000万元

2020年底，公司A决定引进外部投资者，经全体股东同意，同比例扩股4.5倍，例如甲合伙人持股数由50/3万股扩大至75万股，仍然4.5元/股。

2021年，公司A全体股东同意，进行A轮融资2000万元用于企业的建设，出让股份20%。此时公司A需向A轮投资者发行多少股份？

同时，经公司A全体股东同意，资本公积金的750万元转增注册资金，即公司A的注册资金由2250万元增至3000万元。至此，公司A第二轮的增资扩股已完成，公司A的股权结构如何？

经过第二轮融资，公司A股价为多少？甲合伙人的净值或账面价值为多少？公司A的市场估值为多少？甲合伙人的估值为多少？公司A估值后的股价为多少？

（二）股权结构变动分析

1. 天使B投入200万元后各方持股数量和持股比例

第一，假设公司A应向天使B发行的股份数（天使B获得的股份数）为a股，则：

a ÷ （a+50万）=10%

a=55555.6（股）

第二，公司A新增注册金200万元后的每股的股价计算如下：

增资扩股是指企业向社会募集股份、发行股票、新股东投资入股或原股东增加投资扩大股权，从而增加企业的资本金。本案例中的公司A新增200万元的注册金，新增扩股为55555.6股。

因此，公司A新增注册金200万元后的股价=增资后公司A的注册资金 ÷ 公司A新增注册金200万元后的总股数=250万元 ÷（50万股+55555.6股）=4.5元/股。

第三，甲、乙、丙的股份净值或账面价值为50/3万股 ×4.5元/股=75万元比前一年公司刚成立时增长了（75万元–50/3万股 ×1元/股）÷50/3万股 ×1元/股 ×100%=350%。

第四，公司A融资200万元后，注册资金由原来50万元调整为250万元，相当于甲、乙、丙合伙人各出资75万元（250万元 ×30%），天使B出资25万元（250万元 ×10%）。

第五，天使B投资200万元后各方持股数量和持股比例如表5–1所示。

表5–1　　天使B投资200万元后各方持股数量和持股比例

内容 股东	股份数	第一轮融资（天使轮）200万元后的注册资金	持股比例	资本公积金
甲	50/3万股	75万元	30%	—
乙	50/3万股	75万元	30%	—
丙	50/3万股	75万元	30%	—
天使B	55555.6股	25万元	10%	175万元
合计	555555.6股	250万元	100%	175万元

2. 第二轮融资：A轮融资2000万元各方持股数量和持股比例

第一，由于2020年底，经全体股东同意，公司A同比例扩股4.5

倍，所以A轮融资2000万元之前的总股数为250万股（555555.6股×4.5）。假设公司A应向A轮投资者发行的股份数（A轮投资者获得的股份数）为b股，则：

b÷（b+250万）=20%

b=62.5（万股）

第二，A轮融资2000万元各方持股数量和持股比例如表5-2所示。

表5-2　A轮融资2000万元各方持股数量和持股比例

股东＼内容	股份数	第二轮融资（A轮）2000万元后的注册资金	持股比例	资本公积金
甲	75万股	540万元	24%	—
乙	75万股	540万元	24%	—
丙	75万股	540万元	24%	—
天使B	25万股	180万元	8%	175万元
A轮	62.5万股	450万元	20%	1550万元
合计	312.5万股	2250万元	100%	1725万元

注意以上表中的数据计算如下：

24%=75万股÷312.5万股

540万元=2250万元×24%

第三，经过第二轮融资，公司A股价为9.6万元（3000万元÷312.5万股）。

第四，甲合伙人的股份净值或账面价值为720万元（75万元×9.6），公司A的估值为1亿元（2000万元÷20%），此时甲合伙人的估值为2400万元（1亿元×75万股÷312.5万股），即公司A估值的股价为32元/股（1亿元÷312.5万元）。

第五，经公司A全体股东同意，资本公积金的750万元转增注册资金，即公司A的注册资金由2250万元增至3000万元。至此，公司A第二轮的增资扩股已完成，公司A的股权结构如表5-3所示。

表5-3 公司A的股权结构

股东＼内容	股份数	第二轮融资（A轮）2000万元后的注册资金	持股比例	资本公积金
甲	75万股	720万元	24%	尚剩余975万元
乙	75万股	720万元	24%	
丙	75万股	720万元	24%	
天使B	25万股	240万元	8%	
A轮	62.5万股	600万元	20%	
合计	312.5万股	3000万元	100%	975万元

（五）股权布局控税搭建策略

第一步：公司的原始大股东注册一家有两个自然人股东（一位是原始大股东，另一位是原始大股东的家庭成员）的某某企业管理咨询有限责任公司（家族企业），注册资本是50万—100万元。

第二步：以第一步设立某某企业管理咨询有限责任公司（家族企业）与公司的创始团队人员共同注册设立一家某某有限合伙企业1（持股平台），专门用于创始团队人员的股权激励。其中，某某企业管理咨询有限责任公司（家族企业）作为普通合伙执行事务人（GP），公司创始团队人员为有限合伙人（LP）。某某有限合伙企业1（持股平台）合伙人资本为150万元，其中某某企业管理咨询有限责任公司（家族企业）出资1.5万元，公司创始团队人员出资148.5万元。

第三步：以公司的原始大股东的一位家庭成员作为预留股权池的股权代持人，与第一步设立的某某企业管理咨询有限责任公司（家族企业）注册设立一家某某有限合伙企业2（持股平台），其中某某企业管理咨询有限责任公司（家族企业）作为普通合伙执行事务人（GP），股权代持人为有限合伙人（LP）。某某有限合伙企业2的合伙人资本100万元，其中，某某企业管理咨询有限责任公司（家族企业）出资1万元，股权代持人出资99万元。

第四步：某某企业管理咨询有限责任公司（家族企业）、某某有限合伙企业1（持股平台）、某某有限合伙企业2（持股平台）共同出资认缴1000万元注册资本，设立注册资本为1000万元的主体经营公司“某某有限责任公司”（赚钱公司）。某某企业管理咨询有限责任公司（家族企业）、某某有限合伙企业1（持股平台）、某某有限合伙企业2（持股平台）占有的股权比例分别为50%、25%、25%，认缴“某某有限责任公司”（赚钱公司）的注册资本500万元（实缴500万元），250万元（已缴足），250万元（实缴100万元）。

第五步：新的投资者“风投A”（一般为有限责任公司）通过增资扩股投资8000万元，致使某某有限责任公司（赚钱公司）的注册资本从1000万元调整为9000万元，风投A占有某某有限责任公司（赚钱公司）的40%的股权比例。

第六步：通过“风投A”的增资扩股后，某某企业管理咨询公司（家族企业）、某某有限合伙企业1（持股平台）、某某有限合伙企业2（持股平台）占有主体经营公司“某某有限责任公司”（赚钱公司）的股权比例被稀释后，分别为30%、15%、15%。

通过以上步骤设计的股权布局控税的股权架构如图5-1所示。

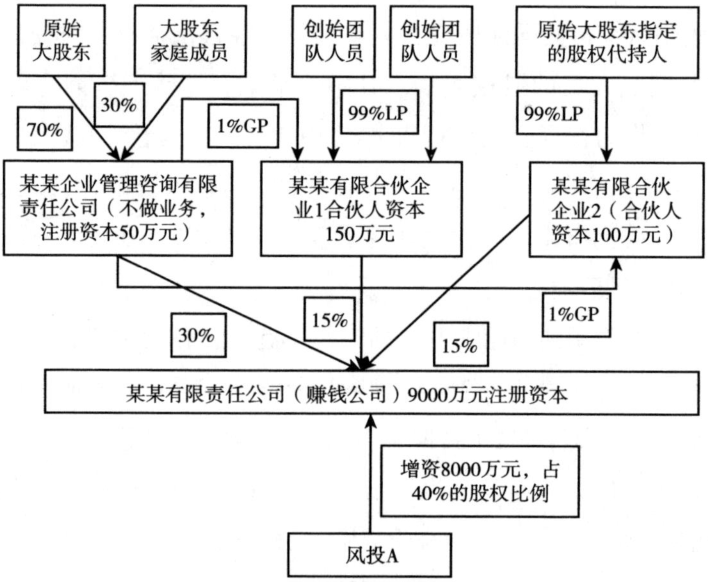

图5-1　企业对外增资扩股后的股权布局控税二层股权架构

（六）公司控制权和涉税分析

1.公司控制权分析

基于图5-1的股权布局，通过股权融资，某某企业管理咨询有限责任公司在某某有限责任公司（赚钱公司）的股权比例稀释为30%，低于重大事项的一票否决权线。从股权比例来看，某某企业管理咨询有限责任公司的原始大股东失去了某某有限责任公司（赚钱公司）的公司控制权。但是由于某某企业管理咨询有限责任公司是某某有限合伙企业1 和某某有限合伙企业1的GP，享有管理权、决策权、控制权，因此，其间接拥有某某有限责任公司（赚钱公司）的股权比例为60%（30%+15%+15%），大于33.4%（一票否决权线），大于51%（相对控制权线）。因此，某某企业管理咨询有限责任公司掌握了某某有限责任公司（赚钱公司）的公司控制权，具有绝对控制权优势。

2.节税分析

第一，某某有限责任公司（赚钱公司）赚钱后依法缴纳25%的企业所得税后的未分配利润分别按照股权比例分回原始大股东注册设立的不做业务的某某企业管理咨询有限责任公司免征企业所得税。该税后的未分配利润给某某企业管理咨询有限责任公司的家庭成员（与某某企业管理有限责任公司签订劳动合同）发工资、缴纳社保费用，投资设立别的公司，给某某有限责任公司（赚钱公司）增加注册资本都是免税的。节约按照利息、股息、红利所得征收的20%的个人所得税。

第二，某某有限责任公司（赚钱公司）赚钱后依法缴纳25%的企业所得税后的未分配利润按照股权比例分回某某有限合伙企业1 和某某有限合伙企业2的股息红利收入，根据财税〔2008〕159号文件的规定，不作为两家某某有限合伙企业的生产经营所得，必须按照“穿透性”原则，两家某某有限合伙企业不缴纳税，由其合伙人作为纳税义务人。如果合伙人是自然人，则按照“利息、股息、红利”税目依法缴纳20%的个人所得税。因此，本股权布局图中某某有限合伙企业1的合伙人（创始团队人员）和未来招募的管理技术人员必须按照20%的税率缴纳个人所得税。

第三，某某有限责任公司（赚钱公司）赚钱后依法缴纳25%的企业所得税后的未分配利润按照股权比例分回风投A（“风投A”是有限责任公司，是法人单位）的股息红利收入，依据《企业所得税法》及其实施细则的规定，免征企业所得税。

参考文献

1. 曾弘毅.《股权激励实操手册》, [M]. 天津：天津人民出版社，2020.

2. 罗中赫.《合伙人制度》, [M]. 北京：中国纺织出版社，2021.

3. 李琼嘉.《合伙人思维》, [M]. 北京：中国纺织出版社，2021.

4. 仝宝雄.《公司控制权顶层设计》, [M]. 北京：中国纺织出版社，2021.

5. 于胜.《股权最重要的事》, [M]. 北京：中国人民大学出版社，2020.

6. 单海洋.《非上市公司股权激励实操手册》, [M]. 北京：中信出版社，2017.

7. 卢庆华.《公司控制权》(第二版), [M]. 北京：机械工业出版社，2021.

8. 王美江.《合伙人裂变与股权密码》, [M]. 北京：人民邮电出版社，2019.

9. 单海洋.《别让股权陷阱害了你》, [M]. 北京：北京大学出版社，2019.

10. 藏其超.《股权战略》, [M]. 广州：广东经济出版社，2016.

11. 周晓林，董冬冬.《股权控制战略》, [M]. 北京：人民邮电出版社，2019.

12. 郑指壄，吕永丰.《合伙人制度》, [M]. 北京：清华大学出版社，2017.

13. 杨晓刚.《股权激励一本通》, [M]. 北京：人民邮电出版社，2017.

14. 郑指梁.《合伙人制度》, [M]. 北京：清华大学出版社，2020.

15. 顾鸣杰，周全.《股权思维》, [M]. 北京：中国纺织出版社，2021.

16. 李利威.《一本书看透股权架构》, [M]. 北京：机械工业出版社，2020.

17. 肖太寿，钟天宁.《股权布局控税》, [M]. 北京：中国财政经济出版社，2022.

18. 肖太寿，杨璐.《建筑企业税收安全之策》, [M]. 北京：中国财政经济出版社，2023.